国家出版基金项目

NATIONAL PUBLICATION FOUNDATION

中宣部2022年主题出版重点出版物

“十四五”国家重点图书出版规划项目

纪录小康工程

全面建成小康社会

广西变迁志

GUANGXI BIANQIANZHI

本书编写组

广西人民出版社

责任编辑：覃结玲
责任校对：周月华
封面设计：石笑梦　陈晓蕾
版式设计：王欢欢

图书在版编目（CIP）数据

全面建成小康社会广西变迁志 / 本书编写组 编著 .— 南宁：广西人民出版社，2022.10
（“纪录小康工程”地方丛书）
ISBN 978－7－219－11376－9

I. ①全…　II. ①本…　III. ①小康建设－成就－广西　IV. ① F124.7

中国版本图书馆 CIP 数据核字（2022）第 064856 号

全面建成小康社会广西变迁志
QUANMIAN JIANCHENG XIAOKANG SHEHUI GUANGXI BIANQIANZHI

本书编写组

广西人民出版社 出版发行
（530021　广西南宁市桂春路 6 号）

广西民族印刷包装集团有限公司印刷　新华书店经销

2022 年 10 月第 1 版　2022 年 10 月广西第 1 次印刷
开本：787 毫米 ×1092 毫米 1/16　印张：21.75
字数：282 千字

ISBN 978－7－219－11376－9　定价：76.00 元

邮购地址 530021　广西南宁市桂春路 6 号
广西人民出版社市场中心　电话：（0771）5523667　5507887

总　序

为民族复兴修史　为伟大时代立传

小康，是中华民族孜孜以求的梦想和夙愿。千百年来，中国人民一直对小康怀有割舍不断的情愫，祖祖辈辈为过上幸福美好生活劳苦奋斗。“民亦劳止，汔可小康”“久困于穷，冀以小康”“安得广厦千万间，大庇天下寒士俱欢颜”……都寄托着中国人民对小康社会的恒久期盼。然而，这些朴素而美好的愿望在历史上却从来没有变成现实。中国共产党自成立那天起，就把为中国人民谋幸福、为中华民族谋复兴作为初心使命，团结带领亿万中国人民拼搏奋斗，为过上幸福生活胼手胝足、砥砺前行。夺取新民主主义革命伟大胜利，完成社会主义革命和推进社会主义建设，进行改革开放和社会主义现代化建设，开创中国特色社会主义新时代，经过百年不懈奋斗，无数中国人摆脱贫困，过上衣食无忧的好日子。

特别是党的十八大以来，以习近平同志为核心的党中央统揽中华民族伟大复兴战略全局和世界百年未有之大变局，团结带领全党全国各族人民统筹推进“五位一体”总体布局、协调推进“四个全面”战略布局，万众一心战贫困、促改革、抗疫情、谋发展，党和国家事业取得历史性成就、发生历史性变革。在庆祝中国共产党成立100周年大会上，习近平总书记庄严宣告：“经过全党全国各族人民持续奋斗，我们实现了第一个百年奋斗目标，在中华大地上全面建成了小康社会，历史性地解决了绝对贫困问题，正在意气风发向着全面建成社会主义现代化强国的第二个百年奋斗目标迈进。”

这是中华民族、中国人民、中国共产党的伟大光荣！这是百姓的福祉、国家的进步、民族的骄傲！

全面小康，让梦想的阳光照进现实、照亮生活。从推翻“三座大山”到“人民当家作主”，从“小康之家”到“小康社会”，从“总体小康”到“全面小康”，从“全面建设”到“全面建成”，中国人民牢牢把命运掌握在自己手上，人民群众的生活越来越红火。“人民对美好生活的向往，就是我们的奋斗目标。”在习近平总书记坚强领导、亲自指挥下，我国脱贫攻坚取得重大历史性成就，现行标准下9899万农村贫困人口全部脱贫，建成世界上规模最大的社会保障体系，居民人均预期寿命提高到78.2岁，人民精神文化生活极大丰富，生态环境得到明显改善，公平正义的阳光普照大地。今天的中国人民，生活殷实、安居乐业，获得感、幸福感、安全感显著增强，道路自信、理论自信、制度自信、文化自信更加坚定，对创造更加美好的生活充满信心。

全面小康，让社会主义中国焕发出蓬勃生机活力。经过长期努力特别是党的十八大以来伟大实践，我国经济实力、科技实力、国防实力、综合国力跃上新的大台阶，成为世界第二大经济体、第一大工业国、第一大货物贸易国、第一大外汇储备国，国内生产总值从 1952 年的 679 亿元跃升至 2021 年的 114 万亿元，人均国内生产总值从 1952 年的几十美元跃升至 2021 年的超过 1.2 万美元。把握新发展阶段、贯彻新发展理念、构建新发展格局、推动高质量发展，全面建设社会主义现代化国家，我们的物质基础、制度基础更加坚实、更加牢靠。全面建成小康社会的伟大成就充分说明，在中华大地上生气勃勃的创造性的社会主义实践造福了人民、改变了中国、影响了时代，世界范围内社会主义和资本主义两种社会制度的历史演进及其较量发生了有利于社会主义的重大转变，社会主义制度优势得到极大彰显，中国特色社会主义道路越走越宽广。

全面小康，让中华民族自信自强屹立于世界民族之林。中华民族有五千多年的文明历史，创造了灿烂的中华文明，为人类文明进步作出了卓越贡献。近代以来，中华民族遭受的苦难之重、付出的牺牲之大，世所罕见。中国共产党带领中国人民从沉沦中觉醒、从灾难中奋起，前赴后继、百折不挠，战胜各种艰难险阻，取得一个个伟大胜利，创造一个个发展奇迹，用鲜血和汗水书写了中华民族几千年历史上最恢宏的史诗。全面建成小康社会，见证了中华民族强大的创造力、坚韧力、爆发力，见证了中华民族自信自强、守正创新精神气质的锻造与激扬，实现中华民族伟大复兴有了更为主动的精神力量，进入不可逆转的历史进程。今天，我们比历史上任何时期都更接近、更有信心和能力实现中华民族伟大复兴的目标，中国人民的志气、骨气、底气极大增强，奋进新征程、建功新时代有着前所未有的历史主动精神、历史创造精神。

全面小康，在人类社会发展史上写就了不可磨灭的光辉篇章。中华民族素有和合共生、兼济天下的价值追求，中国共产党立志于为人类谋进步、为世界谋大同。中国的发展，使世界五分之一的人口整体摆脱贫困，提前十年实现联合国2030年可持续发展议程确定的目标，谱写了彪炳世界发展史的减贫奇迹，创造了中国式现代化道路与人类文明新形态。这份光荣的胜利，属于中国，也属于世界。事实雄辩地证明，人类通往美好生活的道路不止一条，各国实现现代化的道路不止一条。全面建成小康社会的中国，始终站在历史正确的一边，站在人类进步的一边，国际影响力、感召力、塑造力显著提升，负责任大国形象充分彰显，以更加开放包容的姿态拥抱世界，必将为推动构建人类命运共同体、弘扬全人类共同价值、建设更加美好的世界作出新的更大贡献。

回望全面建成小康社会的历史，伟大历程何其艰苦卓绝，伟大胜利何其光辉炳耀，伟大精神何其气壮山河！

这是中华民族发展史上矗立起的又一座历史丰碑、精神丰碑！这座丰碑，凝结着中国共产党人矢志不渝的坚持坚守、博大深沉的情怀胸襟，辉映着科学理论的思想穿透力、时代引领力、实践推动力，镌刻着中国人民的奋发奋斗、牺牲奉献，彰显着中国特色社会主义制度的强大生命力、显著优越性。

因为感动，所以纪录；因为壮丽，所以丰厚。恢宏的历史伟业，必将留下深沉的历史印记，竖起闪耀的历史地标。

中央宣传部牵头，中央有关部门和宣传文化单位，省、市、县各级宣传部门共同参与组织实施“纪录小康工程”，以为民族复兴修史、为伟大时代立传为宗旨，以“存史资政、教化育人”为目的，形成了数据库、大事记、系列丛书和主题纪录片4方面主要成果。目前已建成内容全面、分类有序的4级数据库，编纂完成各级各类全面小康、脱贫攻坚大事记，出版“纪录小康工程”丛书，摄制完成纪录片《纪录小康》。

“纪录小康工程”丛书包括中央系列和地方系列。中央系列分为“擘画领航”“经天纬地”“航海梯山”“踔厉奋发”“彪炳史册”5个主题，由中央有关部门精选内容组织编撰；地方系列分为“全景录”“大事记”“变迁志”“奋斗者”“影像记”5个板块，由各省（区、市）和新疆生产建设兵团结合各地实际情况推出主题图书。丛书忠实纪录习近平总书记的小康情怀、扶贫足迹，反映党中央关于全面建成小康社会重大决策、重大部署的历史过程，展现通过不懈奋斗取得全面建成小康社会伟大胜利的光辉历程，讲述在决战脱贫攻坚、决胜全面小康进程中涌现的先进个人、先进集体和典型事迹，揭示辉煌成就和历史巨变背后的制度优势和经验启示。这是对全面建成小康社会伟大成就的历史巡礼，是对中国共产党和中国人民奋斗精神的深情礼赞。

历史昭示未来，明天更加美好。全面建成小康社会，带给中国人民的是温暖、是力量、是坚定、是信心。让我们时时回望小康历程，深入学习贯彻习近平新时代中国特色社会主义思想，深刻理解中国共产党为什么能、马克思主义为什么行、中国特色社会主义为什么好，深刻把握“两个确立”的决定性意义，增强“四个意识”、坚定“四个自信”、做到“两个维护”，以坚如磐石的定力、敢打必胜的信念，集中精力办好自己的事情，向着实现第二个百年奋斗目标、创造中国人民更加幸福美好生活勇毅前行。

目　录

一、生产篇：百业兴盛

1958年，党中央决定在柳州规划建设新工业区，为广西播下了现代工业的种子。弹指一挥间，广西逐步形成以汽车、冶金、机械为支柱产业，以化工、制糖、造纸、制药、建材、日化等为主要产业的现代工业体系，柳钢、柳工、上汽通用五菱等跻身全国工业500强的企业已成为柳州乃至广西各行业的龙头企业。

“广西平果铝要搞！”改革开放总设计师邓小平同志的话掷地有声，广西欢腾，国家重点建设项目在百色革命老区破土动工。这个当时中国投资最多、规模最大、技术水平最高的有色金属项目，成为带动百色革命老区经济发展的龙头，泽被千万广西人民。

2011年，广西生产总值首次突破1万亿元；2019年翻番突破2万亿元，是60年前的800多倍。“十三五”时期，广西生产总值年均增长6.1%，实现地区生产总值、居民人均可支配收入比2010年翻一番的目标。广西现已打造10个千亿元级产业、6个千亿元级特色农业产业集群和一批现代服务业集聚区，食品、冶金、汽车3个产业的年产值均已突破2000亿元。

广西全力推进产业振兴，坚持做优传统产业、做强主导产业、做大新兴产业、做实特色产业，发展新产业新业态新模式，加快构建现代产业体系，努力建设西部制造强区。

机械工业提质增效，铝产业在突破中前行，冶金产业扬帆再起航，汽车产业从量变到质变，甜蜜的事业更加甜蜜，拉长产业链、做深精加工、提升附加值、提高科技含量，形成上、中、下游产业链，广西优势传统产业逐步走出一条创新驱动、转型升级、提质增效的发展新路。

在新旧动能转换的关键时期，在日新月异、风起云涌的新经济发展大潮面前，广西抓住机遇，不断完善各类扶持政策，谋划新兴产业发展新格局，抢占未来发展制高点。新兴产业从无到有、从弱到强、从多点开花到集聚增效，新技术、新业态、新模式不断涌现，新一代信息技术、智能装备制造、新材料、新能源汽车等一批战略性新兴产业体系快速崛起。

围绕打造特色优势产业集群和推进产业优化升级，广西大力实施农业产业化“339”工程，加快推进以“品种品质品牌”为核心的现代特色农业产业“10+3”提升行动，稳步推进500万亩“双高”（高产、高糖）糖料蔗基地建设，糖料蔗、水果、蔬菜、桑蚕、食用菌、茶叶等主要农产品规模、效益同步增长，“桂”字品牌农产品享誉全国、走向世界。现代特色农业示范区从无到有，从少到多，从点到线到面，在八桂大地形成了遍地开花、争奇斗艳的局面，成为广西农业一道亮丽的风景。

广西紧紧扭住发展不放松，聚精会神搞建设，一心一意谋发展，全区经济规模从小到大，总体实力大幅提升，现代农业稳步发展，工业化信息化水平显著提高，现代服务业快速增长，改革开放全面激发发展动力活力，“南向、北联、东融、西合”全方位开放发展新格局加快形成，经济高质量发展迈出全新步伐。

（一）产业经济壮大育强

制造强区成色新

工业，经济稳增长与调结构的主战场。

在广西经济发展前行的进程中，工业强桂战略贯穿于发展的理念和发展的脉络中。在量变与质变的转化中，实现从量的厚积到质的飞跃，“稳”的基础不断夯实；在新生与蜕变的重构中，实现从结构优化到效益提升，“优”的态势持续显现；在增量崛起与存量变革中，实现从体系完善到集聚效应凸显，“进”的动能加快积蓄……广西工业从无到有，从小到大，由弱变强，展现了一场波澜壮阔的变迁。

广西经济经过“十三五”爬坡过坎的攻坚期、转型升级的机遇期、结构调整的关键期，在前所未有的机遇与挑战面前，吹响工业高质量发展的号角，形成了“强龙头、补链条、聚集群、抓创新、创品牌、拓市场”的新思路，开创高质量发展新局面。

一根钢丝可以做到多细？

柳钢集团自主研发的新产品给出了答案——LX70A 帘线钢盘条在柳钢实业公司桂龙金属制品厂成功拉拔出直径 0.3 毫米的钢丝，单丝直径只有约 5 根头发丝那么细。这是柳钢集团在高精尖产品研发上的一个大跨步。

帘线钢在生产过程中对原材料质量、冶炼、轧制等各个工序的要求极为严格，因此在钢铁行业内被誉为线材产品“皇冠上的明珠”，帘线钢盘条的成功开发，为柳钢集团挺进高端市场拿到了一把“金钥匙”。

在上汽通用五菱，以智能化、网联化为代表的新业态正在重塑企业产品新的竞争力：内置 5G 芯片、手机与车机无感连接、车内摄像头疲劳检测、智能网联自动驾驶、“最后一公里”智能召泊车……

2020年6月，搭载着一系列“黑科技”的新宝骏E300上市，凭借出色的智能化配置赢得市场青睐。在汽车市场价格战硝烟四起时，上汽通用五菱却沉下来，建设研发和认证中心，打造“新四化”（电动化、智能化、网联化、共享化）团队，建立并完善有自主核心技术的整车性能开发体系，赋能新宝骏品牌向上发展。

在机械工业领域，玉柴集团正成为行业强势复苏的重要推动者，不仅在传统动力领域领先推出全系列满足车用国六排放法规和非道路国四排放法规的发动机，而且在新能源领域成功完成技术路线的确定并推出新品，形成传统动力与新能源动力并驾齐驱的产品战略全布局。

广西工业的三大龙头企业在不同领域的创新与耕耘，折射的是广西工业发展理念的变化——创新能力更强、融合程度更深、供给质量更高、产业结构更优、经济效益更好、资源消耗更少的发展。

传统产业摆脱传统资源的依赖，在创新驱动中实现“二次创业”，在培育壮大新兴产业中开新局。糖业转型升级取得新突破，基本建成500万亩“双高”糖料蔗基地，制糖生产加工水平显著提高；铝产业创新“铝—电—网”发展模式，破解多年制约产业发展的瓶颈；机械产业“二次创业”加快实施，“两企三城”的总体布局已经完成；冶金产业以“一核三带九基地”，向着千万吨级沿海钢铁核心基地的目标不断迈进；汽车产量占全国的比重为7.2%，以柳州、南宁、贵港、桂林为核心的新能源汽车产业基地初步形成。汽车、冶金、食品等3个产业的产值突破2000亿元，实现从低技术水平、高消耗向高技术水平、高附加值转变。

新兴产业从萌芽拔节到茁壮成长。全区战略性新兴产业企业超过750家，战略性新兴产业增加值对工业增长贡献率超过30%，已形成10个千亿级工业产业集群。新材料、新能源汽车、高端装备制造、节能环保等新兴产业从无到有，由弱变强。

轻工业振兴发展扬帆起航。柳州智能家电产业园、梧州不锈钢制品产业园、崇左山圩林产林化基地等一批轻工业产业园加速崛起，造纸及木材加工、纺织服装、家用电器、桂酒等轻工业发展成效显著。

一批批龙头企业聚焦建链、补链、延链、强链，不断推进产业链向价值链中高端挺进，一批特色鲜明、集中度高、关联性强、市场竞争优势明显的产业集群得到构建和壮大：柳州依托3家整车企业、4家专用车企业，集聚了方盛实业、上汽汽车变速器、双英汽配、嘉诚饰件等1000多家骨干零部件企业，形成了千亿汽车产业集群；广西智能制造城（柳州）、广西先进装备制造城（玉林）、南宁高端装备制造城等机械产业集群初步形成；南宁、桂林、梧州、玉林四大生物医药产业集聚区加快推进；贺州打造“原料开采—加工—销售—应用”一体化碳酸钙产业集群，建设全国碳酸钙产业示范基地；南宁科创中心、钦州华为数字小镇、河池长寿健康养生产业等新兴产业集群蓬勃兴起……

从粗放型向成长型、集约型转变，由小而散向大而强转变，多元化、特色化、集约化的广西新型产业发展格局正逐渐成型。

传统产业孕育发展新机

广西深入实施创新驱动战略，瞄准国家和产业重大需求，打好关键核心技术攻坚战，着力推动资源、平台、人才等要素向产业创新领域集聚，聚焦新技术、新工艺、新装备，传统产业从资源要素驱动向创新驱动发展转变，重塑了竞争力，实现“二次创业”。

2021年，广西组织实施第一批自治区技术创新项目82项；推进中国工业互联网研究院广西分院等一批制造业创新平台建设，重点推进汽车、机械、石化、冶金、有色金属、食品等传统产业智能化装备升级，认定自治区智能工厂60家以上，实施“机器换人”100项以上。

通过一系列举措，汽车产业产品和技术不断得到创新，每年推出新车型 10 多款，打造了新宝骏、五菱银标、新风行 T5 等新品牌，推进建设吉利、天际、合众等新能源整车项目。机械、冶金等传统产业智能化装备升级，有色金属、建材等高耗能行业节能技改速度加快，向绿色发展转型。

0.85mm×1280mm 规格的钢带在柳钢集团广西钢铁热轧厂 1780mm 生产线成功轧制下线，刷新了行业常规宽带钢热连轧轧制成品厚度最薄的世界纪录，标志着广西钢铁热轧 1780mm 生产线在装备控制、工艺操作等方面达到了行业领先水平。

一袋袋云鸥白砂糖在南宁糖业股份有限公司伶俐糖厂装车，销往全国各地。经过改革创新重组公司，优化产业体系布局和高水平建设糖料蔗生产基地、高质量打造产业集群、高起点推动糖业数字经济发展、持续优化高质量发展环境，广西糖越来越甜！

南宁糖业股份有限公司伶俐糖厂繁忙的工作场景（陆石生 摄）

在高端铝加工方面，广西集中人力物力财力，攻克高纯铝的偏析法生产技术，成功解决高纯铝电解技术“卡脖子”问题，形成了完整的高纯铝电子新材料产业链，实现铝产业从粗加工、低质量发展向精加工、高质量发展的转变。

在柳工的户外展厅，摆放着拥有自主知识产权的大吨位装载机、纯电驱动挖掘机、无人驾驶智能施工设备等优势产品，展示着柳工高质量发展的成果。作为目前国内唯一产品销量和性能经过批量使用和验证的电动化工程机械设备，柳工电动装载机和挖掘机成功适应川藏铁路极限工况，引领行业技术发展方向。由柳工主导起草、编制的电动装载机、挖掘机行业标准，填补了全球电动装载机、挖掘机行业的空白。

轻工业振兴扬帆起航

加快振兴轻工业，是调整优化工业结构，实现工业高质量发展的重大任务。

广西轻工业发展具有良好的基础，也蕴藏着巨大的潜力、机会和空间。2018 年以来，广西把振兴轻工业作为结构调整的重要任务，提出要加快振兴轻工业，补齐产业结构短板，提高产品市场竞争力，强龙头、补链条、聚集群，以发展壮大特色轻工产业集群为主题，深入实施增品种、提品质、创品牌“三品”战略，提升轻工业比重，构建优势明显、特色突出、质效优良的轻工产业集群，全面推进广西工业振兴。

家用电器行业实现新突破。建设推进了柳州智能家电产业园、广西盈田年产 150 万套高效节能空调项目、广西美电小家电生产基地项目等重点产业园区、项目，实现了冰箱、空调等智能家电“广西制造”零的突破。

皇氏集团华南乳品有限公司是目前国内唯一拥有规模生产加工水牛奶干酪技术和能力的乳制品企业。图为该公司达到国际先进水平的智能制造工厂繁忙的生产场景（范先芳 摄）

造纸与木材加工业快速发展。广西山圩产业园、桂中现代林业科技产业园等产业园区快速成长；新威林、德科等一批项目顺利推进并建成达产；北海市引进了玖龙纸业、太阳纸业等纸业龙头企业，打造产业集群。

食品工业成为重要支柱产业。食品工业产值已经突破两千亿元，螺蛳粉成为“网红”产品，实现预包装螺蛳粉销售收入 110 亿元、拉动配套及衍生品销售收入 130 亿元、实体门店销售收入 118 亿元等“三个百亿”销售收入。

纺织服装业加快转型。桂林溢达纺织服装产业园、玉林（福绵）节能环保工业园项目竣工投产，来宾三江口节能环保生态产业园、贵港平南大湾区科技生态纺织工业园等项目开工建设，邕宁、宜州、象州等地的 15 个茧丝绸业规模化集约化桑蚕示范基地建设顺利推进。

桂酒产业加速升级。柳府酒业等项目入选桂酒产业升级工程项目库；河池市贯彻落实振兴桂酒战略，打造百亿丹泉，全力支持广西丹泉酒业有限公司抢占国内市场。

广西认定23个特色轻工产业园区，一批特色优势明显、产业带动性强的产业集聚区、园区不断形成，越来越多新名片从广西走向全国，轻工业“断层缺位”状况得到初步改善。轻工业的快速发展为全区经济发展、改善民生、扩大就业等作出了积极贡献，成为全区经济稳增长的重要力量。

新兴产业拔节壮大

战略性新兴产业，代表新一轮科技前沿和产业发展新方向。在新旧动能转换的关键时期，在日新月异、风起云涌的新经济发展大潮面前，广西新技术、新业态、新模式不断涌现，数字经济风起云涌，新

智能化机器人已是柳州工业生产的标配。图为智能化机器人在工作（谌贻照 摄）

广西北部湾经济区加速建设沿海海洋工程装备和高端船舶修造基地，不断完善高端装备制造业链条。图为中船广西船舶及海洋工程有限公司海上风电产业基地一角（张维芳 摄）

产品不断涌现，智能制造开辟发展新路径，新一代信息技术、智能装备制造、新材料、新能源汽车等一批战略性新兴产业体系快速崛起，为全区工业高质量发展注入了源源不断的新活力。

在北海，以软件和信息化服务业为主体的新经济异军突起，京东、新奥南方总部等 30 多家头部企业，引领“网红”经济、名人经济、平台经济、数字经济等新经济蓬勃发展。

在工业重镇柳州，一辆辆新能源汽车往来穿梭，成为城市流动的符号。2021 年以来，上汽通用五菱宏光 MINIEV 连续位居中国新能源市场销量冠军，广西新能源汽车市场占有率不断提高。一个个新兴产业项目从无到有，由弱变强。

以“互联网 + 制造业”新模式新业态为重点，广西加快推动互联网、大数据、人工智能和实体经济深度融合，智能装备制造业快速发展。柳工智能化工程机械产品走出国门，在全球赢得巨大竞争优势；北部湾经济区正加速布局沿海海洋工程装备和高端船舶修造基地；机器人、无人机、轨道交通等产业在孕育中成长。

从要素驱动、投资驱动向创新驱动转换，广西战略性新兴产业正经历着令人瞩目的“换挡提速”阶段：据统计，2020 年末，全区拥有工业战略性新兴企业 986 家，较 2017 年增加 441 家，占全区规模以上工业企业总数的 14.5%；战略性新兴产业增加值为 730.4 亿元，占全区规模以上工业增加值的比重由“十二五”期末的 5.4%提高到 15.5%。

广西糖业优化升级，降本增效

“全国每三勺糖就有两勺来自广西。”广西的糖料蔗种植面积和食糖产量已连续 17 个榨季占到全国的 60%左右，在保障国家食糖供给安全中，广西的地位举足轻重。

2021 年 4 月，习近平总书记视察广西时指出：“要推动传统产业高端化、智能化、绿色化，推动全产业链优化升级。”2021 年 9 月，李克强总理在广西考察期间，走进甘蔗田与蔗农交谈，从甘蔗“吃干榨尽”、推进甘蔗种植机械化、甘蔗良种研发等方面对广西糖业发展作出指示。

广西以深化体制机制改革为主线，以推进糖业降本增效为抓手，破解制约广西糖业高质量发展的难题，全力推动糖业优化升级，着力打造国内最具竞争力的产业。

降低糖料蔗生产成本，从源头提升竞争力

糖业是广西在全国最具比较优势的特色产业。但是由于糖料蔗综合生产能力低，广西糖厂原料蔗的成本占到食糖总成本的 70%以上，制约了糖业整体竞争力的提升。

广西对标全球糖业发展先进水平，针对糖料蔗生产成本高等突出

问题，集中攻坚，重点突破，补齐短板，巩固提升“双高”基地生产能力，加快糖料蔗良种繁育推广、推进糖料蔗生产全程机械化，夯实糖业发展基础，建好糖业“第一车间”。

手有良种，便有蔗糖产业的“甜蜜春光”。秋日艳阳下，郁郁葱葱的“桂糖 42 号”粗壮挺拔。扶绥县龙头乡那唐村那唐屯的蔗农唐其能连续 5 年种植“桂糖 42 号”，截至 2021 年种植面积超 100 亩，跟原来种植的品种相比，每亩能增收上千元。

2020 年，桂糖系列品种种植面积 522.3 万亩，占全区种植总面积的 44.5%，同比增加 76 万亩。糖料蔗良种研发推广不断取得突破，建成甘蔗良种繁育推广基地 51 个，面积约 7.1 万亩，广西拥有自主知识产权的甘蔗品种覆盖率已跃升至 78.2%。

糖料蔗优良品种的繁育推广能从源头上保障糖业高质量发展。2020 年，全区糖料蔗良种覆盖率 96.89%，达到历史新高。

全程机械化，推动降本增效

一头头“大铁牛”在阡陌上纵横驰骋，一根根甘蔗被干干净净地除叶去泥；搭载着北斗卫星导航的无人驾驶农机，可以按照预定路线进行作业，确保实现精准收割……

“2021 年初甘蔗收获季，我们一台大型甘蔗收割机每天能收割甘蔗 100 吨，而人工收割，每人每天只能收割 1 吨左右。”柳州市穿山镇王排村“双高”基地负责人说。

广西丘陵山地多、地块小、种植分散，糖料蔗生产全程机械化一直是制约广西糖业发展的瓶颈，也是突破的关键。当前广西正加快制定糖料蔗收获机研发奖励政策，以市场为导向、企业为主体，加强对关键技术和装备的研发，争取重大科技创新攻关项目落地。同时，以“双高”基地为依托，加快建设一批全程机械化示范基地。

2020 年，广西基本完成 500 万亩“双高”基地建设。“田成方、

运载原料蔗的卡车排队进入崇左糖厂（周军 摄）

蔗成行、渠相通、路相连”的高标准蔗田为进一步推动甘蔗全程机械化奠定了基础。从 2021 年起，广西十大制糖企业集团每年将创建糖料蔗生产高效机收示范基地、“双高”基地建后工程管护示范项目各 1 个，每个项目建设规模在 1000 亩以上，以点带面，提高糖料蔗单产和全程机械化水平。

延伸产业链，将甘蔗“吃干榨尽”

“吃”进去的是甘蔗渣，“吐”出来的是餐盘、纸杯等环保生活用品——位于来宾市的广西华宝纤维制品有限公司年产 3 万吨甘蔗渣可降解环保餐具生产线上，每 2 秒钟就可压模成型一个一次性餐具。

“以往甘蔗渣只能做卫生纸，现在做成可降解餐具后，实现了经济效益的翻番。”广西华宝纤维制品有限公司一位负责人说。通过利用来宾的优质甘蔗渣，该公司每年能生产 4.5 万吨甘蔗渣可降解环保材料制品。

2020年，来宾市制糖综合利用多样性发展实现综合总值超过100亿元，蔗糖深加工产品已超过20个，综合利用产品30余种，全区酵母产能10万吨以上，绿色环保餐具产能9万吨以上。看似不起眼的甘蔗，其实蕴含宝藏，甘蔗“吃干榨尽”的过程，也是糖业经济生态循环发展的过程。如今，广西已形成多条糖业循环经济产业链。

在崇左江州，占地面积2万亩的糖业循环经济产业园内，甘蔗榨糖后，蔗渣用于生产纸浆；废糖蜜用来生产酒精酵母，酒精废液作为液肥灌溉蔗田；滤泥用来生产有机肥，再用于甘蔗种植……2020年，这个广西糖产业链最齐全的产业园产值达120亿元。

广西全面提升整合加工能力，推动糖业加工链、价值链“双链”提质。一方面，加快推进制糖企业自动化、智能化、数字化改造，加大对制糖企业技术改造和技术创新的支持力度，加快糖业新产品研发；另一方面，深入推进蔗糖精深加工，扎实推进蔗渣、糖蜜、滤泥等副产品高值化利用，加快推进甘蔗植物水产业化生产，打造全国最大绿色餐具出口产品生产基地和酵母生产基地。

强化科技支撑，信息化服务产业全流程

实时监控、远程控制、智能决策……打开广西气象科学研究所“甘蔗气象　智慧农业”App，系统可以根据未来3—5天内的天气预报和气象分析，结合近期天气条件、当前甘蔗需水情况以及当天可能发生的降雨量，对土壤水分含量作出判断，通过手机就可以实现远程智慧灌溉。

预知头顶天气的变化，掌握脚底土壤的墒情，农民种蔗就不再看天吃饭。截至2021年9月，基于大数据、智能化的甘蔗智慧气象业务系统和服务终端已对全区80余家糖厂实现全覆盖，为糖料蔗“种、管、收、榨”全产业链的生产活动提供及时、动态的精细化服务。

2019年广西出台《关于深化体制机制改革加快糖业高质量发展

的意见》，提出强化科技支撑，提高糖业自动化、智能化、数字化水平，加快推动糖业“二次创业”，促进糖业高质量发展。如今，信息化与甘蔗生产加速融合，不仅在甘蔗种植中大显身手，而且服务于甘蔗生产的各个流程，为这个传统产业插上了科技的翅膀。

在广西糖业大数据云平台上，“耕、种、管、收、运”全流程一站式高效服务云集其中，糖企、农户足不出户即可在线办理业务。2020年，这个在广西率先建成的“产业云”也是全国第一朵“糖业云”正式上线，让广西糖业走在全国产业互联网数字经济发展前列。该平台贯穿制糖前、中、后3个环节，汇聚1100万亩糖料蔗种植地块、各市订单、砍运收数据以及气象等部门数据，可精准掌握全区地块种植、蔗田农情长势等信息。该平台在北海市、来宾市、崇左市龙州县进行试点，通过人工智能、卫星遥感等技术，有效解决了糖料蔗产销订单“一地多签”“一户多签”等问题。

“糖业上云”，提高了政府对糖业的预测、监管和调控能力，提高了种植户对甘蔗“耕、种、管、收、砍、运”一体化调度效能及订单履约率，助力制糖企业精准估产，提高生产调度效率，实现降本增效。“互联网＋糖业”迅猛发展，推进甘蔗生产、经营、管理、服务与“耕、种、管、运、收”有效融合，推动糖业高质量发展。

柳州汽车产业与共和国共成长

在广西汽车集团一间会议室里，70多岁的罗润生翻开一本画册，找到一张黑白汽车照片，告诉记者：“这是柳州生产的第一辆微型车。”

照片是1982年拍的，这是广西汽车产业历史上一个值得铭记的时刻。

此前，一代代艰苦奋斗、敢为人先的广西汽车人为汽车产业奠定了坚实的基础；此后，柳州汽车产业逐渐发展，直至今天成为广西工业的一张名片。

10 辆“柳江牌”汽车，开启广西汽车工业化序幕

退休前的罗润生，是广西汽车集团的专家。40 多年前他曾参与“敲打”出柳州第一辆微型车。

1980 年，柳州拖拉机厂厂长丁叔到机械工业部开会，带回一辆微型车。这辆样车被拆出 2500 余种、5500 余件零件，分到各个车间各个工段各个工人手中。“大家照着零件的样子，逐一测量、绘图、制模，用机床或锤子一点点敲、一点点修。”罗润生说。

1982 年 1 月 20 日，柳州第一辆微型车生产，该车是师傅们用锤子一锤一锤地敲打出来的，开到南宁，开到北京，通过所有测试。次年，微型汽车批量生产，首批 220 辆投放市场，很快销售一空。

1969 年，东风柳汽生产出新中国广西第一辆汽车——“柳江牌”汽车。当年 9 月 30 日，10 辆“柳江牌”汽车开赴首府南宁，向新中国成立 20 周年献礼，由此拉开了柳州汽车工业化制造的序幕。

2 个市场，拖拉机转微型车

1958 年 10 月 28 日，柳州市西郊河西村，一铲土，揭开了广西汽车发展序章——柳州动力机械厂破土兴建。广西人的“汽车工业林”种下了一粒种子。就在这片荒地上，广西汽车人日复一日过着“早上拆床，晚上铺床，竹篱笆围墙”的艰苦日子。

有耕耘，就有收获。两年后，“丰收 -35 型”拖拉机开始试制。1966 年 1 月，柳州动力机械厂改名为“柳州拖拉机厂”（简称“柳拖”），开始进入让柳州人引以为傲的柳拖时代。

改革开放后，拖拉机销量逐渐下降，到 1980 年，柳拖积压拖拉机 1713 台，全年亏损 58 万元，企业陷入绝境。是继续在计划经济中等待，还是转身拥抱市场？“市场上需要什么就生产什么，不能等计

划。”柳拖摆脱计划经济思维，开始勇敢面对市场经济浪潮，在市场上寻找新的出路——厂长丁叔从北京带回一辆微型车，打开了柳州汽车产业大门。

五菱“神车”，中国汽车工业30强

如今，五菱车被广大车友称为“神车”。

1985年5月10日，“柳州拖拉机厂”更名为“柳州微型汽车厂”（简称“柳微”）。同年，一个名叫韦宏文的年轻技术员设计出“五菱”商标，并被正式启用。这个技术员后来成了广西汽车集团董事长。

随后的16年时间里，柳微克服重重困难，独自完成了从焊装夹具到冲压模具、从工装测绘到油漆生产线的全过程技术研发与制造。

20世纪90年代初中期，五菱车跑遍全国各地，即便是首都北京，街头也奔跑着许多挂着五菱车标的“面的”。1998年，五菱微车突破10万辆生产大关，拿下微车行业第一的地位，创造了微车领域“低成本、简单化”发展的奇迹。

2002年6月，五菱与上汽集团、通用汽车中国公司三方合资成立上汽通用五菱汽车股份有限公司，开创了“中、中、外”合资先河。从此，一个响当当的名字——上汽通用五菱，登上了柳州汽车产业大舞台，柳州汽车产业进入加速度时代。

2020年5月25日，上汽通用五菱第2200万辆整车下线，同时发布新商标——全球银标。汽车专家称，五菱全球银标在外形、造型上与红标一致，只是颜色发生了变化，但全球银标所承载的意义至少有3个新内涵：五菱品牌从商用车向乘用车领域延展，发布全球银标是迈向全球化新征程的开端，顺应时代、品牌向上。

广西汽车集团现拥有超200万台套汽车零部件、80万台汽车发动机、2万台轻型客车和12万台专用车的综合产能，连续多年营业收入超200亿元，成长为中国汽车工业30强、中国制造业企业500强企业。

玉柴：中国内燃机行业第一品牌

2021年6月22日，世界品牌实验室在北京发布了2021年《中国500最具价值品牌》分析报告。在这份基于财务数据、品牌强度和消费者行为分析的年度报告中，玉柴以638.25亿元的品牌价值位居榜单第99名、广西企业第1名，连续16年蝉联内燃机行业第一。

玉柴围绕发动机核心主业打造特色优势产业，2020年累计实现销售收入超450亿元，以历史最佳经营业绩交出了玉柴集团“十三五”收官战的亮眼答卷，为实现“十四五”良好开局奠定了坚实基础。

积蓄创新潜力

玉柴集团深入推进研发、制造、管理等领域创新，发展势头强劲。

在科技创新方面，实现了国一至国六排放标准升级的全程领跑，在行业领先形成传统动力与新能源动力并驾齐驱的产品战略全布局，企业技术中心位列全国前五。产业升级方面，玉柴纯电动商用车项目、埃贝赫后处理项目、桂平农光互补光伏发电项目、国六“黑灯工厂”等一批绿色重大项目建成投产。国际化经营方面，玉柴产品销往180多个国家和地区，成为行业首家海外发动机保有量突破50万台的企业，品牌影响力和市场竞争力进一步提升。玉柴集团品牌形象逐步向高端化、国际化迈进。截至2021年6月，玉柴集团已在国内15个商品和服务国际分类类别上陆续注册“玉柴”系列商标212件，在德国、美国、日本等近百个国家和地区获得注册商标或认证保护商标94个。

小麦夏收主力军

2021年夏，全国小麦夏收工作如火如荼。在河南、安徽、湖北、河北、山东、江苏等产粮大省超2亿亩的麦田里，近百万台装配玉柴发动机的小麦收割机奔走穿梭。

截至2021年6月，我国小麦机收率在97%以上，其中90%的夏收机械都装配了玉柴发动机。玉柴发动机广泛配套雷沃、勇猛、巨明、牧神、沃得、中联、英虎、金大丰、科乐收、九方泰禾等农机公司研发的YCA05、YCF36等小麦收割机专业动力，成为推动中国农业机械化的主力军。玉柴在国内小麦收割机动力、玉米收割机动力、花生收割机动力、甘蔗收割机动力、80马力以上拖拉机动力市场份额连续8年高居行业领先，是我国名副其实的农机动力第一品牌。

打破进口品牌对采棉机动力的垄断

2021年，100台搭载玉柴重型农机动力YCK13的自走式打包采棉机在新疆各地投入使用。

采棉机市场属于农业机械领域技术含量较高的细分市场，由于行业技术壁垒较高，国内采棉机市场一直被进口品牌占据。玉柴于2020年正式启动高端采棉机配套柴油机的研制开发工作，此次大批量订单的交付，标志着玉柴打破了进口动力长期占据我国采棉机行业的格局。

此前，玉柴在国内小麦、玉米、花生收割机和100马力以上拖拉机等农机动力市场长期占据行业第一份额。2016—2020年，玉柴累计投入研发经费50亿元，专攻基础技术和核心技术，进一步缩短了玉柴与国际先进水平的差距，技术水平居世界前列。2021年1—9月，玉柴发动机产销量均实现两位数高速增长，其中农机动力销量同比增长30%以上。

发布中国首台商用车燃氢发动机

2021 年 12 月 21 日，玉柴在北京理工大学正式发布中国首台商用车燃氢发动机。该款发动机点火实现稳定运行，标志着玉柴在掌握大规模、低成本利用氢能的关键技术上迈出了关键步伐。这是玉柴发布氢燃料电池后，在氢能应用上又一里程碑成果，也是我国内燃机行业在氢能时代背景下迈出推动动力转型的重要一步，标志着玉柴成为我国内燃机行业传统动力、新能源动力技术路线最多、技术储备最为丰富的企业。

研制和应用燃氢发动机是我国内燃机行业落实“双碳”目标的重要技术路径。技术领先的玉柴，为了突破燃氢发动机关键技术，率先在国内商用车领域立项启动了燃氢发动机研发工作，并与北京理工大学加强科研合作。本次成功点火的 YCK05 燃氢发动机采用高压多点进气道喷射、高效低惯量涡轮增压和高效稀薄燃烧等多项先进专项技术，并对整机结构、燃烧和配气等子系统进行了全面优化升级，攻克了燃氢发动机易回火、易爆震等技术难题，能广泛应用于公交、市政、环卫、物流配送等领域。一旦技术成熟、基础设施完善，燃氢发动机的推广应用将迎来爆发式增长。

南南铝加工：创新引领蝶变，转型制胜未来

创新是引领发展的第一动力。高端铝新材料先进制造商南南铝加工对此深有体会。

广投集团坚决落实“国有企业要做落实新发展理念的排头兵、做创新驱动发展的排头兵、做实施国家重大战略的排头兵”要求，以重组南南铝加工为契机整合铝产业链资源向下游延伸发展，推动南南铝加工不断深化体制机制改革，加强技术创新，向打造全球铝新材料创新引领和一流产品制造企业迈出坚实步伐。

2021 年 4 月 29 日，长征五号 B 遥二运载火箭将空间站天和核心舱精准送入预定轨道，发射任务取得圆满成功，其所用关键铝合金材料部分来自南南铝加工。

自主技术创新，是南南铝加工陆续摘取多颗“明珠”的底气。近年来，南南铝加工围绕产业链部署创新链，围绕创新链布局产业链，先后破解航天用铝合金超宽幅板材、航空用高强高韧耐蚀铝合金极厚板、高速动车组车体用型材等行业关键技术难题，成为国内多个行业细分领域关键装备产业化唯一保障企业，多次创下中国第一、亚洲第一、世界第一的纪录。

在转型发展中，南南铝加工不可避免地遇到关键核心技术、装备严重依赖国外进口的局面。只有加快攻克重要领域“卡脖子”技术，掌握更多关键核心技术“撒手锏”，才能掌握发展主动权。

南南铝业股份有限公司汽车组件事业部厂区的数控车间里，机器人正在对工件进行高精密加工（黄维业 摄）

在热轧制造中心内，由南南铝加工联合国内知名高校和多家制造企业共同研发的国内首台套辊底炉格外引人注目，该炉自2020年5月建成投产至今，已累计生产合格产品超4万吨，打通了航空航天铝合金中厚板全线生产装备中受制于人的最后一环。

2022年4月6日，许多南宁市民还在欢度“壮族三月三”假期，而南南铝加工首台套气垫炉车间里却是一片繁忙的景象。随着当日首次送电试车的实施，该公司离高端高精铝材首台套气垫炉项目建成试运行的日子越来越近。这是南南铝加工持续在关键材料、关键装备“卡脖子”的地方下功夫、落地实施国家重大战略的一个缩影。

“这是我们争当实施国家重大战略的排头兵，推进关键材料和装备自主可控取得的重要成果。”南南铝加工冷轧制造中心一名负责人指着一台长300余米、正在紧张安装中的气垫炉说道。

该负责人介绍，目前国内尚无国产气垫炉，此次气垫炉项目创新，实现了高端铝合金装备制造领域核心技术和关键零部件国产化，投产后将大幅提升企业高表面、高性能铝合金薄板生产能力，解决国内高品质铝合金板带材热处理生产线成套装备开发中的关键装备技术难题，达到国内领先、国际先进水平。

南南铝加工以国家铝973项目首席科学家张新明教授50多年理论研究沉淀，及百余名硕士、博士研发创新成果为基础，与航空工业制造院、各航空主机厂、知名汽车制造商、全球3C泛半导体头部企业等产业链上下游单位，围绕前沿铝新材料应用问题开展深入合作，不断推进创新链与产业链深度融合。

如今，南南铝加工销售的铝合金材料积极嵌入全球产业链、供应链，各类产品远销全球40多个国家和地区。2021年，南南铝加工航空航天、汽车板、3C泛半导体、硬合金产品订单同比分别增长190%、152%、51%、203%。

在产业数字化的风口下，2021 年南南铝加工正式上线智慧制造管控平台，以数字化重构制造业竞争优势，企业的生产效率大幅提升，有力激发产业链潜能。

柳钢：大力优化升级全产业链

2021 年 12 月 9 日下午，柳钢集团冷轧厂。透过退火工序主控室的玻璃窗，可以看见两侧整齐排列着七八米高的"大罐子"——这是全球最大的全氢罩式退火炉群，共有 181 个。

在主控室的一台电脑上，显示着退火工作区域有 7 个动态小动画人像，每个人像上都有一个名字。"退火工作区域长 290 米、宽 34 米，共两个，并在一起，你可以把它当成一个。"冷轧厂退火一班班长介绍道。这里是冷轧厂二级危险源区域，电脑的安全定位系统，数字化显示了工作人员的即时位置与安全状态。

实现高质量发展，产业是关键，创新是动力。柳钢集团大力推动

柳钢生产车间一角（韦小明 摄）

钢铁全产业链优化升级，通过加大技术创新投入、推进柳钢5G+数字化转型等，力争进入国内钢铁行业第一方阵。

柳钢集团冷轧厂正是转型升级、技术创新的一个典型，经过技术攻关，实现了退火步进梁全自动上料和退火4条翻钢全自动操作。2021年退火车间退火产量比2020年增加20万吨。加强数字经济应用场景建设给柳钢集团冷轧厂干部职工极大的鼓舞。2021年，柳钢集团冷轧厂和华为、阿里巴巴等公司深度合作，通过“云钉一体”的创新模式，实现“透明工厂”全链路数字化，实现“利用AI机器视觉打造全流程工业态势感知平台，从酸轧入口到重卷出口全流程智能识别”等7项数字化技术创新。

2022年，柳钢集团加强与互联网大公司深入合作，借助云端大算力的优势，努力实现数据上云，对生产数据进行云端清洗、分析、治理，为建立冷轧工业大脑提供数据聚合和跨域治理的平台，实现打造钢铁行业首个“云上钢厂”的终极目标等多项创新模式，为建设一流的“灯塔工厂”奠定坚实的基础。

柳工：引领工程机械“智造”之光

这是一个以往只能在电影里看到的梦幻般的场景：只需下达一个工作指令，各种工程机械就自行投入工作，该挖掘的挖掘，该装载的装载，该运输的运输，各干各的，有条不紊。

2021年11月26日下午，在柳工全球研发中心，来自全球的400多位友人目睹了无人驾驶工程机械闪亮登场。

从小山般的工程土堆后面缓缓驶过一台挖掘机，紧接着一台压路机跟着出现，最后一台装载机出来了。3台设备驶到观众台前，整齐排列后熄火。

只有到达跟前，人们才能看清楚，这3台设备的驾驶室里没有驾驶员。

这 3 台基于 922F 挖掘机、856HMAX 装载机、6626E 压路机的工程机械，正是柳工此次在全行业首发的无人驾驶工程机械。

这是柳工在工程机械智能施工机器人领域的又一重大突破。这 3 台设备也代表着当今工程机械无人驾驶的“天花板”。

“这不是遥控，而是机械设备自主工作。”柳工副总工程师兼全球研发中心智能技术研究院院长蔡登胜说，“它就像一个人一样，你跟它说，去把这堆土装上车，它就自行过去执行，你不需要再做什么。”

柳工已经站在工程机械智能化、电动化和数字化技术的潮头浪

柳工无人驾驶装载机作业表演（覃伟立 摄）

尖。这3款无人驾驶设备，采用了柳工完全自主创新开发的慧眼系统和智行控制系统，同时配备任务管理系统、自主定位导航系统、环境感知系统，能够实现精准定位、自主作业、智能派工、数据可视等复杂操作。这3款市场化的无人驾驶设备的推出，标志着柳工真正开启了行业无人驾驶的新时代。

“工程机械无人驾驶，比汽车无人驾驶难度大得多，因为工程机械工作的环境是未知的，任何情况随时出现。”柳工首席科学家初长祥表示。比如：给挖掘机下达工作指令，挖掘机自动驶往目的地的过程中，会碰到一个个障碍物，挖掘机得自主重新规划路径，绕过障碍物才能抵达目的地；工作时，挖掘机还得计算从哪个点开始挖起，怎样才能装满铲斗；挖起一铲后，形成一个坑，工作对象发生变化，又要重新计算从哪个点挖；等等。

“现在无人驾驶工程机械的感知算法、规划算法、决策算法以及执行算法，统统是我们自己研发的。”蔡登胜说，“下一步，我们将追求无人驾驶的工作效率，能够达到甚至超过人类操作的效率。”

当日，柳工还发布柳工智慧矿山系统2.0，该系统的核心功能是生产智能协同、智能调度、设备云管理、安全智能防护、成本统计和功能扩展等。通过此系统，柳工可实现生产、设备、安全、效率、全流程实时数据化管理，进一步优化管理、降本增效。

“田七”活了

广西奥奇丽股份有限公司（简称“广西奥奇丽”）旗下的“田七”牙膏虽在2004年前后取得年销售收入10亿元、年销售牙膏4亿多支的傲人业绩，但却因产品萎缩、资不抵债、渠道易主而陷入10年发展困难时期，濒临破产。

2020年11月，中恒集团协同地方政府推动广西奥奇丽重整项目，振兴“田七”品牌。这既是产业、金融、投资协同发展的新探索，也是广西工业振兴宏阔蓝图中的工笔画。

2019 年 7 月，梧州市中级人民法院裁定受理广西奥奇丽破产重整申请。然而，商标过户遇阻、债权人无法公平清偿等困境让破产重整变得举步维艰，“田七”系列商标也面临随时被注销或抢注的风险。

化解企业金融危机、挽救广西地方品牌迫在眉睫。

中恒集团作为广西投资集团控股的医药上市公司，是目前国内较大的田七（三七）开发利用企业，在田七（三七）种植、深加工、制药等环节拥有产业链优势，与“田七”品牌也有着天然的产业协同纽带。

2020 年 11 月，中恒集团围绕广西打造“千亿元大健康产业”目标，通过“出售式重整”的方式，推动债权人转股参与重整后经营，形成了产业布局与金融债权盘活相结合的重整方案，把具有发展潜力的“田七”元素从广西奥奇丽的债务中剥离出来，有效维护职工利益并平衡各债权人受偿利益。

2021 年 7 月，“田七”三大系列 40 款新品在全国上市，进入各大商超。

世界 500 强企业品牌倾力支持，“田七”的市场热度从“流量”变成“留量”；中国医药工业百强企业重整控股，“田七”的创新驱动蕴含无限潜力；“田七”三大系列 40 款新品组成产品矩阵，“田七”带来了“爱牙齿、爱干净、爱家人”的一站式家庭护理服务新理念。

“田七”，活了！

上海中医药大学三七研究中心研究出田七（三七）提取物制成护手霜、面膜等护肤品的关键处方；国家中医药管理局管理的三七产品深度开发及资源利用重点研究室首次采用生物学转化方式，提高田七

(三七)活性成分转化率。

重组之后，在中恒集团“产、学、研”校企合作平台收获的阶段成果中，美妆日化领域的好消息接踵而至。“田七”从中恒集团得到了充分的研发支撑。

中恒集团在研发生产拳头产品“血栓通”过程中积累了大量提取田七(三七)有效成分的核心技术，像三七素这样有着天然止血功效的成分完全可以直接应用到日化产品开发领域。

中恒集团与上海中医药大学共建三七研究中心，形成市场规模行业领先、制药技术行业领先、研发实力行业领先的发展优势。利用三七提取物中的其他有效成分升级28款日化洗护用品，让在制药和日化行业中工作多年的专业人士眼前一亮。《中恒口腔护理品及化妆品开发方案》中越来越多的产品开始在生产线上“兑现”。

中恒集团拥有两个“中华老字号”商标。梧州制药全面引入“智造中药”管理理念，实现智能化生产和物联网品质监控；双钱实业在坚守传统工艺制作的同时，推出龟苓宝植物饮料、乐吸吸龟苓膏、高端龟苓膏、杂粮龟苓膏等“双钱”系列产品，覆盖更多消费人群。

中恒集团便捷的产业协同、丰富的文化互鉴，让品牌创新路径变得有迹可循。

2021年，中恒集团从“田七”口腔护理业务起步，与全国头部营销策划咨询公司合作，全面激活“田七”“田七娃娃”“纯棉时代”“轻松管家”等多个子品牌，产品覆盖口腔护理、织物护理、家居护理，重塑日化美妆品牌矩阵，向消费者提供一站式家庭护理服务。

成人牙膏、儿童牙膏、漱口水、口喷、电动牙刷，以及洗衣液、洗衣凝珠、纸品等产品集中上市，不仅让市场看到了“田七”的品牌诚意，也看到了“田七”的品牌创意。

小螺蛳大产业

从原材料种养、初加工，到螺蛳粉生产、包装，螺蛳粉产业带动了一个城市物流业的发展，带动周边乡镇农业、旅游业、包装业升温。

举办螺蛳粉文化节

柳州市连续 4 年举办柳州螺蛳粉文化节，引导螺蛳粉产业与文旅产业融合发展。2021 年 12 月 18—19 日，柳州螺蛳粉小镇文化节在螺蛳粉小镇会客厅举行，鲜香热辣的螺蛳粉美食、趣味丰富的体验式旅游给市民、游客带来一场好吃好玩的盛宴。

螺蛳粉小镇是主会场，螺蛳粉文化馆、螺蛳粉生产集聚区、柳南体育园设分会场，涉及柳州螺蛳粉全产业链的六大板块游玩路线，还有柳州螺蛳粉小镇音乐节、体育趣运会、嗍螺蛳大赛、螺蛳粉工业探寻研学营等系列活动。柳南区各乡镇开展了“红动柳南镇当潮”乡镇文化旅游推介会，各乡镇负责人化身“带货主播”，向游客推介柳南区乡镇美景和特色产业。

提升原材料自给率

2021 年，柳州市已建设螺蛳粉原材料基地规模约 55.2 万亩，总产量超过 42 万吨。21 个螺蛳粉原材料农产品获得“三品一标”认证，“柳州螺蛳”获得农产品地理标志登记。

柳州市通过加大政策扶持、资金补助、技术支持等手段，强化螺蛳、酸笋、豆角、木耳等柳州螺蛳粉原材料生产基地的标准化、集约化、规模化和现代化建设，培育原料初加工龙头企业，加强农产品质量安全监管，从提升单产、增加规模和监管安全 3 个方面，提升原材料自给率，推动柳州螺蛳粉全产业链做实做优做强。

螺蛳粉年寄递量过亿件

2021 年 11 月 28 日上午，在中通快递柳州转运中心出港仓，一箱箱印着“柳州螺蛳粉”标识的包裹，在传送带上快速通过自动化五面读码机，经过全自动分拣发往全国乃至世界各地。据柳州市邮政管理局统计，截至当日，当年通过快递渠道寄出的袋装柳州螺蛳粉达到100000138件，寄递业务收入达2.75亿元。袋装柳州螺蛳粉成为广西首个年寄递量过亿的单类产品。

袋装柳州螺蛳粉自2014年底诞生以来，在“互联网＋快递”的推动下已成为畅销全球的“网红”食品。袋装柳州螺蛳粉寄递量增长迅猛：2017年突破2000万件；2018年和2019年分别是2266万件和3198万件；2020年，在新冠肺炎疫情影响下，袋装柳州螺蛳粉销量爆发式增长，寄递量达到7763.8万件。2021年，从柳州发出的螺蛳粉快件占当年快递寄出业务量的六成，“双十一”期间出港快件九成是柳州螺蛳粉。2021年，中通快递柳州转运中心平时每天出港快件约10万件，其中柳州螺蛳粉占80%以上；而在2014年，该转运中心每天出港快件只有2000件左右。

2021年1—10月，柳州市袋装螺蛳粉实现销售收入125.77亿元，同比增长44.12%；柳州海关监管出口的柳州螺蛳粉167批，出口额约3500万元，出口额同比增长42.8%。

（二）农林水高质量发展

广西“三农”取得历史性成就

中国共产党始终把为广大农民谋幸福作为重要使命，始终坚持把“三农”工作作为重中之重来抓，实施一系列符合广西实际的“三农”重大举措，广西农业农村发展取得历史性成就，发生历史性变革，胜利完成农业农村发展各项重要目标任务，为广西经济社会稳定发展奠定了坚实基础。

稳产保供基础牢。广西作为农业大省区，始终以坚持保障国家粮食安全和重要农产品有效供给为己任，落实粮食安全责任制，坚持藏粮于地、藏粮于技，大力实施重要农产品保障战略，粮食和重要副食品稳产优供。强化现代农业发展的物质装备和技术支撑能力，加快构建现代农业生产体系，实施国家优质粮食工程，农业综合生产能力进一步巩固提升，“米袋子”“菜篮子”“果盘子”“糖罐子”供给充足且日渐丰盈。

现代农业魅力足。为深入贯彻落实习近平总书记 2017 年视察广西时提出的“扎实推进现代特色农业建设”重要指示精神，广西深入推进农业供给侧结构性改革，现代农业产业体系、生产体系、经营体系加快构建，物质装备和技术支撑能力明显增强，发展方式由规模速度型向质量效益型加快转变，质量、效益和竞争力不断提高，优质农特产品品种丰富，供应充足，有效实现人民群众由“吃得饱、吃得好”向“吃得健康、吃得绿色、吃得生态”转变。现代特色农业示范园区实现增点扩面提质升级，各类新型农业经营主体培育壮大，打造了一支具有新理念、新技能、新觉悟的新型农民队伍。

农产品供给结构和区域布局不断优化。现代特色农业产业“10+3”提升行动深入开展，全区农业产业结构进一步调优，成功打造粮食、蔗糖、水果、蔬菜、渔业、优质家畜 6 个千亿元级特色农业产业集群，蚕桑、中药材、优质家禽 3 个 500 亿元级产业集群和一批其他百亿元级产业集群，现代农业产业体系基本形成。优势产业向优势区域聚集，“小散乱”局面基本扭转，构建了桂北、桂东南、桂中、桂西、桂南等五大农产品主产区格局。

全面深化农村改革，全面完成农村承包地确权登记颁证工作，村集体产权制度改革取得阶段性成效，农村产权流转交易市场体系建设加快推进，农业支持保护制度逐步完善，以绿色生态为导向的农业补贴制度初步建立，农村改革系统性、集成性不断增强，农村发展内生动力充分激发，基本构建全区农村改革的“四梁八柱”，乡村振兴新动能持续激活，农民分享到了更多改革红利。

推进现代特色农业高质量发展

2021 年 8 月 12 日，自治区政府新闻办召开的广西现代特色农业高质量发展新闻发布会指出，广西全面启动现代特色农业高质量发展“九大行动”以来，有力推动了农业产业做实、农村经济发展、农民增收脱贫，为“十四五”期间全面实施乡村振兴战略打牢了产业基础。

实施特色产业集群发展行动，有力推动优势特色产业做大做强。糖料蔗、蚕桑、优质鸡等多个产业规模稳居全国第一，罗汉果、三黄鸡、桂系猪、广西芒果等 4 个产业入选国家级优势特色产业集群创建名单。

实施质量兴农绿色发展行动，绿色优质农产品供给能力大幅提升。全区有效期内的“三品一标”产品获认证总数 2416 个；累计获农产品地理标志登记 154 个，数量排全国第 7 名；获中欧地理标志登记产品 12 个，数量排全国第 9 名。农产品质量安全风险监测合格率稳定在 98%以上。

实施一、二、三产业融合发展行动，农业产业链条进一步延伸。打造 110 个农产品加工集聚区、12 个农产品加工强县、农产品加工 100 强企业，主要农产品加工转化率达到 65%。加快推进信息进村入户和数字农业示范创建，发展农产品电子商务。积极发展休闲农业，创建国家级休闲农业和乡村旅游示范县 14 个、自治区休闲农业和乡村旅游示范点 263 个，休闲农业综合实力进入全国 10 强。

玉林市福绵区的富硒水稻喜获丰收（袁琳　伍泽天 摄）

实施农业示范园区创建行动，成功打造大批农业产业发展高地。成功创建6个国家级现代农业产业园、18个国家级特色农产品优势区、37个国家级农业产业强镇、108个全国“一村一品”示范村镇，成功打造339个自治区级现代特色农业核心示范区、42个自治区级特色农产品优势区和一批田园综合体。

实施现代农业科技创新行动，科技兴农更加有力。加强良种攻关和新品种培育，主要农作物良种覆盖率在96%以上；组建国家现代农业产业技术体系广西创新团队21个，覆盖30个优势特色产业；高标准创建了一批现代农业科技展示推广中心、成果转化中心、示范基地。

实施品牌强农行动，“广西好嘢”品牌建设取得重大突破。在全国率先建立农业品牌目录制度，评审认定“广西好嘢”农业品牌共3批285个，11个广西品牌上榜首批中国农业品牌目录，品牌总价值超过2500亿元。

实施农产品产销对接行动，“桂字号”农产品行销全国。成功举办“一内一外”广西名特优农产品交易会、中国—东盟博览会农业展及“广西农业丝路行”等各类活动，打造了一批供粤港澳大湾区和出口农产品示范基地，国内国际市场进一步拓展。

实施农业龙头企业壮大行动，新型经营主体队伍不断发展壮大。全区累计培育农业产业化重点龙头企业1499家、家庭农场5.59万户、农民专业合作社6万多个。全区各类新型农业经营主体数量比2017年翻了一番。

实施现代农业经营体系创新行动，农村产权制度改革深入推进。农村承包地确权登记全面完成，颁证率达98.42%。全区1.5万个村建立了集体经济组织，“三变”改革稳步推进，集体经济加快发展。累计建立101个农村产权流转交易中心，业务覆盖所有县区。土地流转加快推进，流转面积占二轮承包面积的42.5%，农民分享到了更多的改革红利。

万顷青山生态美产业兴

“谈生态，最根本的就是要追求人与自然和谐。”2021年4月，习近平总书记视察广西时厚望如山的话语一直回响在八桂大地，成为广大林业干部职工干事创业的根本遵循和行动指南。

党的十八大以来，自治区党委、政府深入学习贯彻习近平生态文明思想，全力推进林业生态建设、强化生态资源保护、加快绿色产业展，八桂儿女走在了践行“绿水青山就是金山银山”理念的最前列。截至2021年底，广西森林蓄积量达到9.69亿立方米；森林覆盖率达62.55%，居全国第3位；生物多样性丰富度居全国第3位；红树林面积超过9330公顷，居全国第2位；林业产业总产值超8000

亿元，居全国第2位；木材产量约占全国近一半，人造板产量占全国1/6，是全国重要的森林资源富集区、森林生态优势区和林业产业集中区。

筑牢南方重要生态安全屏障

习近平总书记强调，要坚持山水林田湖草沙系统治理，坚持正确的生态观、发展观，敬畏自然、顺应自然、保护自然，上下同心、齐抓共管，把保持山水生态的原真性和完整性作为一项重要工作，深入推进生态修复和环境污染治理，杜绝滥采乱挖，推动流域生态环境持续改善、生态系统持续优化、整体功能持续提升。

广西是我国南方重要的生态屏障、重要的集体林区。多年来，广西林业人秉承“工作在山、学习在山、开会在山、吃饭在山、睡觉在山”的“五在山”理念，谨记习近平总书记“共同建设人与自然和谐共生的美丽家园”的嘱托，坚持生态优先、保护优先，统筹山上山下、上游下游，强化整体保护、系统治理，全面提升森林、草原、湿地、荒漠生态系统稳定性和生态服务功能，持续擦亮“山清水秀生态美”的金字招牌。

“十三五”期间，广西累计植树造林1738万亩，义务植树4亿多株，草原综合植被盖度达82.76%。生态状况明显改善，石漠化土地减少率及植被生态质量和植被生态改善程度均居全国首位。白头叶猴、东黑冠长臂猿、冠斑犀鸟等旗舰物种种群和数量不断增加，鳄蜥、穿山甲等珍稀濒危物种野外放归取得新突破。

10个设区市成功创建“国家森林城市”，771个单位获得“广西森林城市”系列称号。森林生态文化走进学校、进入寻常百姓家，14万多株古树名木实现普查并挂牌保护。全区森林资源调查监测实现“足不出户”，在全国率先建立“空天地网”一体化森林资源动态监管体系，形成全国区划精确度较高的森林资源管理“一张图”。

建设现代化林业经济体系

习近平总书记强调，要立足广西林果蔬畜糖等特色资源，打造一批特色农业产业集群。

丰富的森林资源促进了林业产业的快速发展。林业第一产业行业领航。广西以松树、杉树、桉树为主体，是全国人工林面积最大的省区和最大木材产区；以油茶领军，特色经济林发展迅猛。2021 年，广西油茶种植面积达 856 万亩，平均单产和最高产量不断刷新纪录，稳步向“千万亩面积、千亿元产值”推进。广西率先倡导并大力发展林下经济，形成林下种植、林下养殖、林下产品采集加工三大板块，中草药种在山野林间，鸡鸭鹅、牛羊猪上山进林，八桂林下处处有美景、处处有产业。2021 年，广西林下经济发展面积达到 6830 万亩，产值超过 1300 亿元，惠及林农 1400 多万人。

林业第二产业后来居上。2021 年，广西木竹材加工业产值 3100 亿元，率先成为“三千亿元产业”，挑起广西林业经济的大梁。

林业第三产业方兴未艾。2020 年和 2021 年，广西林业生态旅游和森林康养总收入都保持在 1300 亿元以上，显示出这一朝阳产业的坚实韧性和强大后劲。到 2021 年底，环首府、桂北、桂西、中越沿边、北部湾沿海、珠江—西江经济带六大生态旅游集群轮廓初显，高品质的自然公园、森林康养基地、森林体验基地成批建造。

成就乡村振兴美好生活

习近平总书记强调，全面推进乡村振兴，要立足特色资源，坚持科技兴农，因地制宜发展乡村旅游、休闲农业等新产业新业态，贯通产加销，融合农文旅，推动乡村产业发展壮大，让农民更多分享产业增值收益。良好生态环境是最普惠的民生福祉，正是多年来坚持“绿水青山就是金山银山”理念的实践与积淀，广西的绿水青山正在成为实现共同富裕的“金山银山”。

广西“八山一水一分田”，人均林地面积超过4亩，集体林地面积占全区林地总面积的90%以上。“十三五”以来，林业产业已成为县域经济发展和林农增收致富的重要引擎，木本粮油、林下经济、林业生态旅游等成为扶贫特色支柱产业。全区累计利用各级财政资金16.87亿元，选聘续聘生态护林员6.41万名，户均年增收达8000元，带动和巩固24万名以上建档立卡贫困人口实现“一人护林，全家脱贫”。

大地绿起来，生态美起来，百姓富起来。“十三五”期末，54个脱贫县林业产业总产值超过2400亿元，年均增长10%以上，2015—2020年累计直接带动60万名以上贫困人口稳定脱贫，带动120万名以上贫困人口增收。

七坡林场国家储备林（雷超铭 摄）

广西水利事业跨越发展

新中国成立以来，广西各族人民战天斗地，治水兴水管水，变水患为水利，共完成水利建设投资超2800亿元，建成各类水利工程211.2万处，初步形成了较为完善的水利工程体系，极大提升了水利的支撑和保障能力，不断推动水利大跨越、大发展。

兴水强基保发展

在桂平大藤峡峡谷出口处的弩滩，欢腾的黔江水在此汇合，又澎湃而去。这里就是投资357亿元、被喻为珠江流域“三峡工程”的大藤峡水利枢纽工程。

2014年11月15日，大藤峡水利枢纽工程全面动工。作为国务院确定的172项重大水利工程中的标志性工程，它肩负着保障流域防洪安全、粮食安全、供水安全、航运安全、生态安全的重任，在力保大河安澜的同时，着力打造“西江亿吨黄金水道”，促进珠江—西江经济带发展。

2020年，大藤峡水利枢纽工程建设经受住了新冠肺炎疫情的严峻考验，顺利实现了蓄水、通航、发电重大节点目标，提前56天完成年度发电任务，累计通航船舶1.39万艘次，年度完成建设投资24.5亿元，有效提升了粤港澳大湾区供水安全保障能力，为落实“六稳”“六保”作出重大贡献。

一个个重点水利工程，是见证广西水利加快发展的历史丰碑。党的十八大以来，在习近平新时代中国特色社会主义思想的指引下，广西水利事业步入了高速发展时期。尤其是“十三五”时期，广西累计完成水利固定资产投资超1000亿元，是“十二五”时期的1.3倍。

治水为民润八桂

农村饮水安全是老百姓最关心、最直接、最现实的民生问题。

大藤峡水利枢纽工程是国务院确定的 172 项节水供水重大水利工程的标志性工程和珠江流域关键控制性工程。2020 年 3 月 10 日，大藤峡水利枢纽正式下闸蓄水，标志着工程投入初期运用（周军 摄）

2005—2020 年，广西连续 16 年将解决农村群众饮水安全问题列为自治区为民办实事重点项目，创新思路，打破常规，超强组织，高位推动，全区农村饮水安全工程建设实现大提速。

巴马瑶族自治县的东山乡是典型的大石山区，又是革命老区、瑶族同胞聚居地。因地势影响，尽管红水河近在咫尺，但是东山百姓也只能望河兴叹。一个水润田园的梦，一代又一代人都盼望能实现。

为彻底解决东山乡长年缺水难题，经过反复调研、多番论证，巴马决定引红水河的水上东山。2019 年 9 月，总投资 6829 万元的东山乡供水工程正式动工。

经过 3 个月的艰苦努力，5 座泵站、2 座高位水池、1 个水厂顺利建成，彻底解决了东山乡和周边 8 个村 1.6 万多人的饮水难题。

脱贫攻坚战打响以来，广西重点对施工难度大的大石山区、深度贫困地区、少数民族聚居区等难啃的硬骨头开展了集中攻坚。通过新建工程、扩网、管网延伸、水源保护和净水设施配套改造等多种措施，做好“精准”文章，补上贫困地区水利薄弱短板。至2020年底，广西初步建成了较为完整的农村饮水安全保障体系，共建农村集中供水工程5万余处，全区农村集中供水率和自来水普及率分别达到了90%和87.2%，分别比2015年提高了12.4个百分点和14.7个百分点。

广西火龙果：后起之秀，脱颖而出

“十三五”以来，广西火龙果产业在引进外来品种技术的基础上，依靠不断自主创新，实现产业持续快速发展。相比2015年，全区火龙果面积从14万亩增长到34万亩，产量从7万吨增长到46万吨，分别增长142.9%和557.1%，成为广西同期增幅最大的水果产业。同时，广西火龙果种植面积占全国火龙果种植总面积的1/5，居全国首位。

站在广西佳年农业有限公司（简称“佳年”）武鸣伊岭基地的观景台，只见在防冻遮阳膜保护下的3000亩火龙果苗整齐划一，气势磅礴。

该基地是佳年按照“农业生产工业化”理念打造而成的现代农业示范基地，195块标准化田块均采用统一的设施栽培技术，配套“水肥一体化”喷滴灌系统，以及抑草膜、物理防虫灯等标准化设施。

据了解，这个广西目前规模较大、标准化程度较高、示范效应较好的优质火龙果生产示范基地，利于17项拥有自主知识产权、获得国家专利的关键技术的推广和应用。

广西由于独特的地理环境，存在冬季寒潮和夏季高温两大阻碍火龙果生长的不利因素。为克服不良气候的影响，佳年、金福等多家企业在火龙果立架上安装支架，方便在需要时能及时安装防冻膜和遮阳

火龙果丰收，农民喜笑颜开（周肖群 摄）

布。玉林博白新业火龙果专业合作社为达到适度减光的目的，还将遮阳布设计为黑白双色，既遮阳又透光。据了解，经过防冻处理，花皮果可减少 20%—30%。经过遮阳处理，火龙果枝条可减少 80%以上的顶部晒黄现象。

火龙果自花授粉品种的引入和培育，是实现火龙果单产快速跃升的基础。“十三五”初期，振企、佳年等有关企业与科研部门合作，选育了自花授粉的桂红龙 1 号和美龙 2 号，同时又引进台湾的软枝大红和金都 1 号等自花授粉品种，不仅单产实现翻倍，品质也明显提高，从而大大提升了产业效益。据产业创新团队评估，广西火龙果自花授粉品种占比现已达 90%以上，而广西最大的火龙果种植区南宁市则实现该品种基本普及。

“佳年从火龙果种植、田间管理到采收均创建并严格采用标准化的作业流程。”佳年的负责人介绍道。除了所有田块都采用统一的设施栽培技术，基地还采用套种模式，在果地里套种红薯、太阳花等，并试验哪一种套种模式更加保水保肥。

广西水果技术指导站专家介绍，为推行绿色栽培，目前广西火龙果主产区的果园基本采用“地膜＋覆盖植物（太阳花、斑地锦、岩垂草等）”模式，确保果园生态平衡。在用肥上基本采用有机肥，尽量减少化肥用量。在用药上采取预防为主、早查早治和使用绿色药剂（波尔多液）的办法，根治了困扰多年的火龙果溃疡病。由于方法得当，基本解决了农残超标问题。据农业农村部驻桂检测中心检测的情况，广西火龙果大样本抽检合格率超过98%。

产业化发展、商品化包装、市场化运作都是提升广西火龙果品牌竞争力的不可或缺因素。早在2017年，佳年就斥巨资引进分选设备和冷库设备，保障基地果品质量，打响品牌，并在当年成为广西首家获得火龙果出口资质的“出境水果果园”。至2021年，该公司的火龙果全部实现了走高端冷链销售渠道。

中国食用菌产业冒出“桂菌奇迹”

2021年12月28日，自治区农业农村部门发布消息，至2021年底，广西食用菌鲜品产量连续4年达到100万吨左右。中国食用菌协会公布的最新统计数据显示，广西生产的金福菇、红椎菌、双孢蘑菇、茯苓、毛木耳等5个品种产量排名全国前列。中国工程院院士李玉教授等专家对此给予高度肯定，称赞广西创造了中国食用菌产业的“桂菌奇迹”。

近年来，自治区农业农村部门瞄准食用菌这个小产业蕴含的巨大潜力，围绕“品种、品质、品牌”主动出击，成立以国家食用菌产业技术体系广西创新团队专家为主的技术指导组，搭建自治区、市、县、乡四级联动专家指导体系和农业技术推广体系；整合相关科研院所和农业技术推广体系等本地食用菌科技力量，深度开发利用本地桑枝、稻草等作为食用菌栽培基质；引进推广银耳、姬松茸、大球盖菇

（赤松茸）等市场前景良好的新品种100余个；制定了食用菌生产、原料、抗病性鉴定、菌渣利用等相关标准10余项。

示范推广稻菇轮作、间套种、反季节生产等10多项实用技术模式。栽培模式由过去的三角棚地栽、大中棚农法栽培逐渐向设施化、规模化、专业化方向发展，实现了双孢蘑菇、杏鲍菇、巴氏蘑菇（姬松茸）、白玉菇的工厂化生产。

与此同时，广西通过招商引资，成功引进国内知名食用菌生产企业投资食用菌产业，依托龙州县北部湾食用菌产业（核心）示范区，建成目前国内单体规模最大、自动化生产程度最高的食用菌全产业链生产加工基地。

截至2021年广西已形成双孢蘑菇、香菇、木耳、平菇、桑枝食用菌、草菇六大中高温菇产区，栽培面积超过100万平方米的县（市、区）有20多个。全区涌现出“龙州君宝颜银耳”“灵川生态菌”“东兰贵隆食用菌”“融水灵芝”“贺州黑木耳”等一批“桂菌”区域品牌，一批产品通过了“三品一标”“富硒农产品”认证认定，“浦北红椎菌”“田林灵芝”“融水灵芝”获得国家地理标志保护。至2021年底，广西食用菌经营主体数量达到331家，有近33万人从事食用菌生产。

石漠化种桑树，小蚕虫织富路

汽车在山间盘旋了一圈又一圈，身披绿色戎装的大山连绵不绝，大片的桑树林下，石头偶露真容。

石漠化让平果市马头镇古念村一度成为贫困的代名词，曾被联合国官员称为“不适合人类生存的地方”，而现在荒山裸石已难觅踪影。

2019年12月，世界著名蚕学家、中国工程院院士、自治区主席院士顾问向仲怀到平果考察时，对广西石漠化地区种桑养蚕以改善生态、保障生计和助力脱贫攻坚给予充分肯定和赞赏。河池、百色、来宾、南宁、柳州等广西蚕桑主产区，大多数处于石漠化地区，通过发展桑蚕业，改变了面貌。截至 2021 年，广西桑园面积、蚕茧产量均居全国首位。

在平果市马头镇古念村种桑养蚕脱贫奔康产业园，平果市农业技术推广站站长说："再过些日子，桑苗长起来，石头就看不见了，就跟我们一路上看到的一样。"

桑树根系发达，生态固土能力强，可保持水土，且适应性强、耐旱耐贫瘠，具备良好的生态治理功能。

在桑园附近的蚕沙房里，桑枝、蚕沙得到再利用。"桑枝、蚕沙是蚕桑生产的副产物，随意堆放在田间地头容易污染环境。我们引导村民将蚕沙集中堆放在蚕沙池中，利用微生物堆沤无害化处理，成为优质有机肥还田，保护环境，改善土壤，提高效益。"自治区蚕业技术推广站总农艺师黄红燕介绍道。经过多年研究开发，目前广西已摸索出一套成熟、简易、实用的蚕沙、桑枝废菌包无害化堆肥处理技术，生产的蚕沙有机肥和桑枝废菌包有机肥，肥效高、改良桑园土壤效果显著，形成"桑树—养蚕—蚕沙、桑枝—有机肥—桑树"的循环生态种桑养蚕模式，为守住绿水青山作出了积极贡献。

近年来，广西通过在石漠化地区发展生态桑园，让不少石漠化严重的"光头山"穿上了漂亮的"绿衣裳"，石漠化治理取得显著成效。通过生物措施与工程措施相结合，生态保护与扶贫开发并举，2019 年与 2011 年监测结果相比，广西石漠化土地面积净减了 39.3 万公顷，减少了 20.41%。广西岩溶地区石漠化经治理后生态状况稳步向好，治理成效全国第一。

据统计，2020 年，全区 46 个脱贫县桑园面积达 172.27 万亩，占全区的 57.77%；生产蚕茧 16.95 万吨，占全区的 45.02%；蚕农养蚕售茧收入 56.98 亿元，占全区的 44.39%，养蚕脱贫户户均收入 1.57 万元。

钦州大蚝产业化发展

2021 年 12 月初的一天，在亚公山钦州大蚝科普基地，游客们有的正兴致勃勃地捞生蚝，有的跃跃欲试要潜水敲生蚝，还有的忍不住将鲜美的蚝肉直接塞进嘴里……

钦州是我国大蚝的主产区及苗种供应地，其中茅尾海又是我国南方最大的大蚝天然采苗基地，年产蚝苗 1.5 亿串。苗种不仅满足本地养殖需要，还输送到广东、海南等地，占我国南方大蚝种苗市场的 70%以上。

初冬时节，生蚝大量上市。在茅尾海槟榔岛海域，4 个大型蚝排分散在宽阔的海面上，俯身看去，田字格的结构均匀吊挂着一串串大蚝，每串都有七八个手掌大小的生蚝。“像这么大的生蚝就可以拿到市场上卖了。”钦州市维丰农业有限公司一名负责人说。

截至 2021 年 12 月，钦州市大蚝养殖面积 15.3 万亩，产量 29.7 万吨，占钦州市海产品产量的 65%，带动 2.3 万人创业就业，产业综合产值 30 亿元。2021 年 5 月，钦州大蚝继 2016 年、2018 年后第三次荣登中国地理标志农产品区域品牌价值评价榜，品牌价值逐年增长，达 48.84 亿元。

近年来，钦州市不断提升大蚝标准化生态养殖，延伸大蚝产业链，进一步增强生蚝产业的经济效益。

当地政府引导养殖户实行生态养殖，使用新型环保浮球，可阻挡紫外线，且无毒、无味，卫生安全性好。通过实行生态养殖，推广使用新型环保浮球，控制养殖密度，有效降低了海域养殖对环境的污染，促进水产养殖和生态养殖可持续发展。同时，大力推广新型抗风

钦州养殖户展示大蚝（潘云锋　李平　摄）

浪蚝排，标准化的养殖设施使用高分子材料 HDPE（高密度聚乙烯）蚝排，逐步取代传统竹制、木质浮排，杜绝使用泡沫浮球，减少海域白色垃圾。

通过实施大蚝特色产业提升工程，扶持养殖龙头企业、养殖大户开展深海大蚝标准化吊养示范，钦州大蚝呈现高质量发展，全市形成以龙门七十二泾海域为中心的连片万亩大蚝养殖基地 5 个、标准化大蚝吊养基地 15 个。

产品提质直接推动了大蚝加工产业链的延伸。

在广西钦州北部湾一蚝食品有限公司（简称“一蚝食品公司”）的生产车间，工人把刚收购的蚝肉清洗得洁白如玉，然后把最肥美的挑出来煮蚝水，再将蚝肉和蚝水分离，蚝水过滤备用，蚝肉熬至水分蒸发，提炼蚝油……在清脆的玻璃瓶碰撞声中，一瓶瓶蚝油不断地从生产车间运送出来，发往全国各地。

一蚝食品公司总经理介绍，公司平均每月收购生蚝 200 多吨，每小时生产 4500 瓶蚝油，每月可以销售 100 多吨蚝油。除此之外，一蚝食品公司长期大量采购玻璃瓶，直接带动了周边玻璃瓶加工厂的发展。

一蚝食品公司通过延伸大蚝加工产业链，实现了大蚝加工产品四季均衡销售，有效提升产品附加值。

在钦州云一生物科技有限公司的生产车间，工人们穿着白色工作服，从头到脚包裹严实，仅露出一双眼睛，细心地操作着干燥机上的电子屏。溶解、过滤、浓缩、干燥，经过一系列深加工流程后，从100吨的蚝肉中提取了1吨的牡蛎肽，这些牡蛎肽将用于饮料加工、临床医学研究等方面。“我们的牡蛎小分子蛋白固体饮料因为含有牡蛎肽，营养价值高，深受消费者喜爱。2020年销售额超过1000万元。”云一生物科技有限公司研发总监说。

问鼎高精尖，全球夺“头香”

打开可乐瓶盖，随着泡沫冒起，会有一股淡淡的杏仁香气扑鼻而来。这种吊人胃口的香味近似杏仁，却与杏仁无关，其主要成分叫苯甲醛，是从肉桂中提取的天然香料。

这种珍贵的“头香”香料，全球1/3产量出自中国广西肉桂（东兴桂）标准化示范区。这个人们知之不多的示范区，将肉桂油进一步深加工，生产出高端产品苯甲醛，纯度高达99.99%，品质得到国际公认，远销欧美，占据全球市场大部分份额。

肉桂是广西的道地中药材。2000多年前，肉桂在我国第一部药物学专著《神农本草经》中早有记载。它不仅是国人喜爱的调味香料，还是名贵中药材。“东兴桂”是广西肉桂一大品牌，其自然条件、生长环境等均是其他地方的肉桂难以比拟的。

广西肉桂（东兴桂）标准化示范区经营单位广西庚源香料有限责任公司，长期从事肉桂油初级加工，不甘于出口廉价产品在国际市场上为人作嫁，2015年初成功攻克肉桂精深加工核心技术，先后研发出肉桂醛、苯甲醛等升级产品，2016年实现工厂化生产。苯甲醛正是肉桂产业链的终端产品，也是国际市场上的高端产品。

通过与广西林科院联合开展肉桂精深加工和高效栽培研究与推广，该示范区引进专利技术8项、科研成果3项，并开展SGS质量体系认定，建成广西最大的肉桂种植基地，每年生产所需桂枝、桂叶原料超9000吨。2019年3月，该示范区获评为四星级广西现代特色农业核心示范区。

2021年，该示范区已成为国家高新技术企业和自治区林业产业化重点龙头企业。近年来，通过“公司＋合作社＋示范基地＋农户”的产业发展模式，该示范区大幅提高收购价格，从农户手中收购桂枝、桂叶，为当地种植户每年增加收入超过1000万元。

（三）新业态拉动双引擎

“物流舰队”推进供应链服务现代化

随着西部陆海新通道建设的深入推进，广西现代流通业不断升级换代，传统物流企业通过数字化、“冷链＋”等形式不断丰富经营内容和服务形式，形成集团优势，推进广西供应链服务现代化。

面对传统业态增长乏力、亏损企业包袱沉重、转型发展困境重重等棘手难题，“腾挪转型”成为破解老旧物流园区发展难题的关键词。在柳州，老牌物流园区“红卫仓”与桂中海迅物流园“腾笼换鸟”，经过一年艰苦努力，实现了新老园区的“无缝衔接”，“新红卫”的“一广场两中心”于2021年投入运营，入驻企业600多家，提供超1万个就业岗位，预计2022年创造利税1亿元。在南宁，广西桂储物流东盟园区“仓储＋”模式的服务链条不断延伸，提供超10亿元的质押监管服务，粤桂地区首家预应力钢绞线生产线成功投产。在桂林，梦想储运文旅产业园成为世界旅游名城的独特一隅，打造了国际文创园区和“前店后仓”的现代物流园区。在贵港，传统物流园正向城市生活资料配送物流园转型迈进。

贸易业务转型发展迈出新步伐，成功向“贸易＋物流”的供应链贸易模式转型。广西供应链集团运输业务从无到有、从有到优，跨境运输实现零的突破，依托“行·好运”网整合物流资源打通公铁水联运节点，在全国布局服务网点；承接柳工集团、柳钢集团、广投集团、广西汽车集团等区直国企业务，年均增收超2亿元。金融业务发挥杠杆功能，为全区超过120家中小微企业提供金融贷款服务。

柳州“新红卫”、南宁东盟物流园、桂林物流园、贵港物流园焕发新的生机与活力，7条铁路专用线穿梭畅行、货物往来，国内外贸易、多式联运、金融业务加速转型，服务地方经济社会发展的能力显著提升，成为广西供应链集团打造一体化供应链服务体系的有力支撑。

广西物流公共信息服务平台“行·好运”网2021年12月16日

在柳州市柳东新区安吉物流园，一批新能源汽车正整装待运（黎寒池 摄）

线上服务货值累计突破 1 万亿元大关，其中 2021 年服务货值超 5000 亿元。该平台仅用 2 年时间就达成了从零到千亿元的目标，又用 2 年时间完成了从千亿元到万亿元的突破，实现了里程碑式的跨越发展。

以“行·好运”网为“大脑”，通过数字化赋能物流各环节，提升产业链供应链现代化水平，持续整合区内外物流资源，推动传统物流向智慧供应链转变，着力打破广西物流业信息壁垒，实现网络货运、云仓储、运力池、金融服务等功能的整合，为全平台 7.8 万家注册企业（用户）和近 8 万辆物流车辆提供服务。广西供应链集团承接了广西煤炭工业互联网、北部湾集中采购中心平台、交通强国广西信息化平台等国家级和自治区级数字化平台，全区物流业“数字通道”效应不断凸显。

一体化废钢供应链日臻成熟。广西物产城矿发展有限公司业务链已覆盖全国，先后与 69 家钢厂开展合作，“基地 +”模式的废钢供应链加速成型。2021 年，该公司累计销售废钢超 400 万吨，业务规模和增长速度均位列国内废钢加工行业前茅。

国际贸易加快融入“双循环”格局。广西物产国际贸易有限公司实现国贸业务零的突破，成功开展生鲜产品、整柜自行车、铝材、煤炭、石油焦等产品的进出口业务，合作链条延伸至美国、菲律宾、泰国、印度尼西亚、越南等国家。

冷链物流加速崛起。广西北部湾（防城港）国际生鲜冷链园区是西部陆海新通道重大项目，是广西打造国家骨干冷链基地的重要抓手。该园区融合多式联运、仓储加工、展示交易、金融服务等功能，培育冷链物流产业集群，打通中国—东盟生鲜产品“双向流通”渠道，项目建成达产后年加工、冷藏、交易生鲜产品将达 200 万吨，年交易货值超 300 亿元，成为中国—东盟现代冷链物流一体化服务商。

小山村的新物流

凤山县群山环绕，境内没有铁路，过去只有2条省道经过，物流业发展面临重重困难。2018年11月28日，河池至百色高速公路开通运营，同步开通的39.7公里连接线将凤山县与高速公路“打通”，推动凤山县物流业快速发展。

“以前邮车都是每天16时以后才到，18时左右开始分拣投递，到21时才投递完。高速公路开通以后，邮车14时就到了，分拣投递一般在18时前完成。”中国邮政集团凤山县分公司揽投员杨春丽说。

以前，邮车从金城江区到凤山县需4个多小时，现在仅需2小时。高速公路通达凤山县后，大大缩短了车辆在途时间。区内邮件在凤山县实现次日投递，大大提升了相关物件的流通时效及客户体验感。

凤山县邮政寄递事业部副总经理用“加速度”来形容河池至百色高速公路开通后，邮政物流业迎来的发展。他指出：“依托高速公路网，农产品销售难、物流难的问题得到有效解决。为抓住高速公路网络接通的发展契机，邮政企业正在构建完善县、乡、村三级物流体系，解决生产、流通‘最后一公里’问题，极大提升‘工业品下乡、农产品进城’的时效。”

凤山县出口快递业务量从2018年的14.5万件，增长到2020年的19.8万件，年均增幅25%以上；进口邮件全年处理量从2018年的58万件，增长到2020年的80万件。

截至2021年7月，凤山县电子商务仓储物流配送中心已有5家物流快递企业入驻运营。该县下辖的9个乡（镇）99个行政村（社区）已建成乡镇电子商务服务站和配送站9个，覆盖率达100%；建设村级电子商务服务站和物流配送网点50个。进口快递已实现从县级仓储物流中心到乡镇配送站24小时内完成配送，到村级物流配送网点

72 小时内完成配送。

“进出口快递业务量的增长，既得益于县域特色农业、电商产业的蓬勃发展，也离不开高速公路的贯通。”凤山县电子商务公共服务中心运营方——中国检验认证集团广西有限公司凤山分公司市场部副经理说。据介绍，2020 年，该中心指导和拉动凤山县电商企业、农产品加工销售企业采购、销售扶贫产品金额达 1360.18 万元。该中心出口快递业务量从 2018 年的 40.5 万件，增长到 2020 年的 60.2 万件，年均增幅 20%以上；进口快递全年处理量从 2018 年的 174 万件，增长到 2020 年的 260 万件，年均增幅近 25%。

“百色一号”果蔬绿色专列入百城

“百色一号”果蔬绿色专列是国务院实施“南菜北运”惠民工程的重点项目，也是我国首条“南菜北运”铁路绿色通道。为解决果蔬南方产区“卖难”和北方销区“买贵”的问题，2013 年全国两会期间，全国人大代表提出“开通百色至北京果蔬绿色专列”的建议，获得有关部门支持。2013 年 12 月 11 日，百色—北京果蔬专列“百色一号”正式开行。

“百色一号”开行 8 年多来，已在南宁、深圳、北京、沈阳、武汉、重庆等 13 个国内城市以及越南、柬埔寨、泰国等东盟国家的 4 个主要城市建立果蔬专列物流分拨中心，构建“起步百色、立足广西、辐射全国、链接东盟”的流通网络，在推动革命老区农产品流通现代化、农业转型升级、打造农产品品牌等方面发挥积极作用。

2021 年初冬时节，在百色市右江区四塘镇百兰村，致富带头人罗世高带领村民开展芒果树冬季管护工作。“全村 2300 亩芒果与‘百色一号’合作，采取标准化种植和管理，实现订单销售。”罗世高说，芒果搭乘专列销往全国各地，有了稳定的市场和可观的效益，乡亲们发展产业的热情高涨。

如今，百色的新鲜果蔬，不到72小时就能到达北京周边批发市场，甚至走出国门送达越南市场。专列采用全程冷链技术，建立跟踪监测系统，管理人员随时通过网络查询专列运行情况，及时调整车厢温度，保证果蔬新鲜度。随着物流设施进一步完善，专列还运载电子产品、机电配件及木板等出口货物。

“百色一号”公司是专列运营主体，在果蔬销量逐步提升的基础上，该公司在百色铁路沿线建设标准化生产种植示范基地5000亩，建立合作种植基地5万亩，生产包括芒果、圣女果、火龙果、蔬菜等品类丰富的果蔬。每年，专列持续向北京、上海、广州等100多个城市批量供货，带动30万人增收。

专列无缝连接产业基地，保证货源充足，同时倒逼农产品质量提升，推动百色市农产品规模化、标准化、品牌化发展。“百色一号”的农产品深受市场欢迎，专列拥有稳定的货源和持续的订单，品牌竞争力日益提升。专列从开行之初的每月1列增加到每周至少1列，车皮最多时有15个，业务范围不断扩大。

位于百色市百东新区的中国—东盟农产品交易中心，是“百色一号”的配套项目之一。作为集仓储、物流、加工、贸易等功能于一体的综合性农产品集散平台，其已建成容量达5.6万吨的冷库、水果加工厂等设施。

“百色一号”依托农产品交易中心与农业龙头企业合作，构建涵盖生产、加工、存储、销售、运输等各个环节的全产业链，随着专列影响力增强，百色农产品生产标准主动向专列辐射的市场靠拢，全市“三品一标”产品总数已达295个，认证数量保持全区第一。

截至2021年12月，“百色一号”开通了中越跨境直通运输班列，“百色一号”公司升格为国家西部陆海新通道冷链专列运营主体。百色依托专列与龙头企业、相关部门深入合作，优化西部陆海新通道冷链专列运行网点，加快构建跨境跨区域物流运输、交易、仓储、加工、信息等服务平台，打造覆盖百色、辐射云贵、面向东盟的西南物流仓储分拨集散中心，进一步推进高水平对外开放。

数字广西奋力开创高质量发展新局面

2021 年 7 月 20 日，广西北部湾国际港务集团携手华为打造的 OCC 数字化运营管控平台正式上线，标志着西部陆海新通道门户港向智能化、数字化迈进。

2015 年，习近平总书记在第二届世界互联网大会开幕式上强调："中国正在实施'互联网 +'行动计划，推进'数字中国'建设。"两年后，建设数字中国写入了党的十九大报告。

广西深入实施国家大数据战略，从 2018 年开始全面启动数字广西建设，把中国—东盟信息港和数字广西建设作为培育发展新动能、推动高质量发展的重要抓手，取得明显成效。数字广西建设 3 年来，广西产业数字化转型提速增效，数字经济生机勃勃。2020 年广西数字经济规模达 7267 亿元，同比增长 10.2%，高于地区生产总值名义增长率 5.9 个百分点；2020 年广西数字经济相关企业总数达 1.3 万家，软件和信息技术服务业业务收入增速居全国第 2 位。

数字技术成为新产业新业态的"催化剂"

"这是我们打造的数广宝德计算机，实现了自主可控计算机'广西制造'。"广西数广宝德信息科技有限公司（简称"数广宝德"）总经理向记者详细介绍了数广宝德国产化服务器、PC 终端等产品特性。数广宝德开创了广西国产自主可控计算机的全新产业，而这只是广西信创产业链的基础一环。

广西紧紧抓住国家实施信创工程的契机，全力打造以华为鲲鹏处理器为技术底座，涵盖部件、主板、服务器、操作系统、数据库、行业应用等软硬件产品和服务的鲲鹏产业生态。浪潮、长城、同方等企业在广西建成 PC 终端（含笔记本电脑）、服务器、网络产品等信创硬件生产基地 9 个，金山办公、人大金仓、东方通等 18 家信创软件头部企业落户广西，部分企业在广西设立区域研发中心，推动信创产业成为广西数字经济发展新引擎。

大力推进数字产业化、产业数字化，初步形成以南宁为“核”，南宁、柳州、桂林、北海为“轴”的“一核一轴”数字经济辐射带动发展格局。南宁总部经济、柳州智能制造、桂林移动终端、北海电子制造和软件服务等特色产业集聚发展。

数字技术成为传统产业转型升级的“润滑剂”

2018 年数字广西建设大会召开以来，广西推动科技创新赋能产业发展，数字化与工业、农业、服务业深度融合，为产业数字化转型不断积累新动能。2020 年广西产业数字化规模 6400 多亿元，占数字经济总量的 87.5%。

制造业效率提升。广西大力推进“企业上云”和千家企业“两化融合”，2020 年“两化融合”水平为 46.5，柳州大型工业企业生产装备自动化和半自动化率超过 90%。上汽通用五菱智能工厂项目实现整个生产制造过程自动化、智能化、绿色化；玉柴股份的“黑灯工厂”使工人劳动强度降低 95%以上；广西钢铁集团防城港市 5G 智慧钢铁项目入选中国钢铁行业协会 5G 优秀实践案例，被写入国家 5G 智慧钢铁技术白皮书。

农业现代化加快推进。广西 54 个县获批国家电子商务进农村综合示范县，建成农村电商服务站点近 7000 个，行政村站点覆盖率达 50.7%，建成广西农业农村大数据管理平台，推动数字技术赋能柳州市柳南区螺蛳粉、来宾市蔗糖、横州市茉莉花、都安瑶族自治县肉牛肉羊等 4 个国家级现代农业产业园发展。

服务业百花齐放。2020 年，广西实物商品网上零售额同比增长 37.7%，高于全国 22.9 个百分点。广西“33 消费节”累计交易额为 2385.43 亿元，参与活动商家 118.9 万家次，成为在全国具有影响力的电商促消费品牌。旅游、医疗、财务等多种业态更加智能高效。

传统产业与数字技术融合，奏响了转型升级的美妙乐章。横州市“数字茉莉”项目，利用传感数据和人工智能延长花期，提升品质，实现花农增产增收。崇左“糖云”覆盖所有区县、重点糖企、24 万名蔗农和 480 万亩蔗田，实现甘蔗种植、收割、销售、加工、物流全链条信息化管理。玉柴、广钢、柳工、南南铝等区内重点企业通过建设“黑灯工厂”、智能车间等，实现劳动生产率、能源利用率双提升，产品研发周期、不良产品率双下降。桂贸天下、广西启迪等跨境电商、直播、线上展会等新销售、新外贸商业规模迅速发展。

“数字丝路”畅通对外合作

推动数字互联互通，打造“数字丝路”。数字广西集团忠实履行建设中国—东盟信息港的历史使命，稳步落实《中国—东盟信息港建设方案》，以实施“数字丝路”畅通工程为抓手，加快推进信息港建设。

中国—东盟信息港基础设施不断完善。南宁国家级互联网骨干直联点加快建设；广西北斗综合位置服务平台顺利上线，北斗地基增强系统网络优化项目启动；中国—东盟地球大数据区域创新中心加快落地；未来网络试验设施南宁骨干节点基本建成，国际互联网数据专用通道覆盖范围逐步拓宽。

中国—东盟信息共享不断拓展，中国—东盟技术合作不断加强，中国—东盟经贸互联不断升级。北斗地质灾害监测、救援移动终端在东盟五国开展部署，数字及信息化项目遍布东盟十国；面向东盟的跨境电商集聚区加快建设，中国—东盟“数字丝路”产业生态圈加速形成。

国企数字化转型引领广西产业之变

2021 年 12 月，南宁市青秀区仙葫经济开发区内，广西投资集团主导的中国—东盟数字经济产业园项目建设如火如荼推进，项目一期将导入华为鲲鹏生态、中国电子 PKS 体系、中国电科生态三大国内主流信创体系，共同构建信创全产业新生态。

数字产业集群、数字政府、数字社会……在数字化转型风口下，广西产业之变迅速而深刻。

广西深入贯彻中央实施国家大数据战略，加快数字广西建设，软件和信息技术服务业增速连续 3 年位居全国前列，数字经济已成为广西经济发展的重要趋势和经济转型升级的重要驱动力。

当经济发展切换到“数字模式”，广西传统产业转型升级、培育壮大新兴产业迎来难得机遇。广西投资集团抢抓发展新机遇，围绕《广西数字经济发展规划（2018—2025 年）》要求，用数字技术为传统产业赋能，肩负起引领广西产业信息化、数字化、智能化转型升级的重任。

2018 年，广投集团组建数字广西集团，作为自治区党委、政府在数字经济领域的平台企业，重点围绕数字政府、数字经济、数字社会三大板块开展战略布局。3 年来，新产业、新业态纷纷在广西落地生根。

中国—东盟数字经济产业园已引入近 60 家企业投资入园，预计至 2025 年，产业园入驻企业将超过 300 家，带动投资超过 100 亿元，形成全价值链的服务体系，打造“中国信创第一园”。

搭乘地铁或公交车，打开“爱广西”App 扫码入站，成为不少广西群众出行的惯性操作。这个广西本土的热门应用，整合了全区和14个设区市超过100种掌上服务事项，累计注册用户超过1400万人。下一步，数字广西集团将升级“爱广西”App，重点推出“政府移动办公”“一网通办”“指尖畅游”“一码八桂”等超过50项重点应用服务。

当智能化、数字化转型的“春风”吹入传统产业，传统产业产生了巨大的“化学效应”。

在农业领域，数字广西集团建设的多个平台正持续发力。广西第一朵“经济产业云”糖业云平台覆盖涉糖农业、工业、商贸和金融领域，实现“种、管、收、运”一站式服务；桂品会智能供应链平台聚焦广西优势农特产品，为供给端、渠道端搭建了数字化产销对接通道，至2021年，平台入驻企业718家，签约金额超过3亿元，消费金额超过2.7亿元。

在先进制造产业，广投集团构建南南铝加工智慧制造平台，打通各部门、各加工流程间的“信息孤岛”，将全系统188万条数据全部抓取上云，建立大数据治理体系。

在能源产业，广投能源集团建成广西天然气调控中心，2021年上半年已为广西分输天然气5.8亿立方米，相当于减少标准煤消耗700万吨，为实现“双碳”目标持续增添新动力。

在医药健康产业，广西广投医药健康产业集团打造广西药品集团采购服务平台，多家医疗机构、药品生产企业、药品配送企业开展线上药品耗材集采，累计签订合同的总金额为34.6亿元，减轻群众用药负担47.56亿元。

“经过精心投资孵化，数字广西集团旗下涌现出了云上广西、梯度科技、云宝宝、慧云信息等4家国家高新技术企业以及一批有实力、有价值的子公司，数字经济发展后劲十足。”广投集团相关负责人表示，数字广西集团将通过与互联网巨头和行业领军企业开展全面合作，打造合作共赢的大数据产业链和数字经济生态圈，推动数字广西建设实现战略升级。

数字化带动横州茉莉产业发展

2021 年 9 月，南宁天气依然炎热，横州市现代农业产业园的茉莉花生产数字化标准种植大棚里却刮起了阵阵清风。墙壁上的智能控制箱实时显示大棚内外的日照强度、温度、湿度以及土壤水分含量、二氧化碳浓度等数据。“如果棚内温度超过了设定值，系统就会自动启动空调系统进行适时调节。”技术员打开手机，由叶面湿度传感器、土壤水分传感器等实时采集的各项数据和分析结果一目了然。“以前是‘靠天吃饭’，现在是‘数据赋能’。”技术员说。生长全程数值化管理的茉莉花，花期普遍延长 1—1.5 个月，每亩管理成本减少约 400 元，增产约 100 公斤，产品品质也有明显提升。当地茉莉花加工企业建设了近 5000 亩的标准化种植基地。

横州市石井村公路两侧，连片种植的茉莉花一望无际。在采摘茉莉花的间隙，花农们不时拿出手机查看实时花价。2019 年 8 月，当地融媒体中心与银行合作建设数字茉莉平台。“有了这个平台，我们就不需要再四处打听花价、行情，一切尽在掌握中。”石井村党委书记说。茉莉花数字化大棚、茉莉花智能采摘应用以及农产品质量溯源，一朵茉莉花从种植、采摘、加工到销售，是一趟完整的“数字之旅”。

数字化正在改变横州市茉莉花产业的生态。比如，茉莉花种植数年后植株会逐渐老化，影响花朵以及后续加工品的品质。以前有的种植户不舍得更新植株，给产业发展埋下隐患。近年来，大数据分析显示茉莉盆景销售前景很好，横州市现有 100 多家企业通过各种平台销售茉莉盆景，原本不值钱的老株成了“抢手货”。

横州市茉莉花种植园（黄汝德 摄）

横州青年何成添自2015年返乡创业以来，组建了一个30多人的茉莉花网上销售团队，向国内外客户销售茉莉盆景等产品，生意好的时候日均有上千单。“以前只能靠自己搞市场调研，摸不准可能就要赔本。现在有了各种数据支持，什么时候该卖什么心中都有一笔账。”何成添认为，大数据就是他做生意的底气。

横州是国家电子商务进农村综合示范县，是广西首个阿里巴巴农村淘宝示范县、全国首个阿里巴巴集团农村淘宝创业孵化中心，拥有覆盖县、乡、村三级的电商服务网络体系，电商孵化中心入选国家第三批大众创业万众创新示范基地，电子商务交易总额达126亿元，年均增长29%，其中农产品网络零售交易总额22亿元，年均增长36%，获评国家级双创示范基地创建县、全国农村创业创新典型县。

横州是首批国家数字乡村试点地区之一，全市所有行政村（社区）实现光纤和4G无线网络全覆盖，10个乡镇政府所在地实现5G站点覆盖，行政村100%通广播电视光缆；“好一朵横州茉莉花”品牌冠名高铁列车，“横州茉莉花号”遥感卫星成功发射，开启了品牌传播、智能升级的新征程；创新打造“数字茉莉”全产业链大数据平台，开发“畅行茉莉”等智慧治理系统，“智慧乡村”系统获评全国县域数字农业农村发展水平评价创新项目。

横州还是国家级出口食品农产品质量安全示范区；“横州茉莉花+花茶、盆栽、食品、旅游、用品、餐饮、药用、体育、康养”的“1+9”产业集群越做越强，已成功聘请两名中国工程院院士担任茉莉花产业首席发展顾问，国家茉莉花及制品质量检验检测中心进入国家认证阶段；优质稻、甜玉米、蔬菜等特色优势农业加快发展，粮食总产量近200万吨、水果总产量60多万吨。

电商助推农产品销售

近年来，广西乡村信息基础设施不断完善，截至2021年，全区的行政村100%通光纤并实现4G网络覆盖，5G网络实现14个设区市主城区基本连续覆盖、县城及乡镇区域重点覆盖，为数字乡村建设打下了良好基础。

乡村数字经济正加速发展，“互联网+”农产品成为时下热点，果园里的直播成为新兴的销售方式。2021年，广西农产品网络零售额达88.92亿元，培育农产品网销单品4678个。“一键游广西”数字化平台整合了乡村旅游“吃、住、行、游、购、娱”等要素，推动传统乡村旅游业智慧化转型升级。

玉州区：农村电商人才多

2021年，玉州区以实施农村电商人才培养计划为契机，结合香蒜、黑皮冬瓜、铁皮石斛、牛腩粉、牛巴等特色产业资源，精准选拔一批有较强从事电商工作意愿且具有一定电商基础知识的农村党员、返乡创业青年、回乡大学生等200余人，作为电商人才培养对象大力培育。同时，整合广西金拇指集团、玉林市电大职业学校等电商培训资源，采取集中办班、分散辅导、上门送教、自主选学等多种灵活方式开展精准培训，培训电商人才近 6000 人次，带动 178 人成功创业。玉林市香啦啦绿色农业有限责任公司负责人带领公司电商团队通过网络平台日售番薯近 5 万公斤。该区还推动建立阿里巴巴 · 玉林产业带区、镇、村（社区）三级电子商务运营服务体系，同步建立中药港电子商务运营中心、仁厚农村电子商务服务站、太阳村电子商务服务点等示范点，进一步打响了“智慧城市 · 电商玉州”的金字招牌。

灵山县：电商苗木销得快

“今天打包了 500 多株苗木，将陆续销往海南、贵州、云南等地。”灵山县伯劳镇大路村黄民龙夫妇熟练地将刚挖出来的苗木放进白色苗杯中，培土、压实，并按照品种分类排列、装车运输。灵山县打造乡村振兴苗木长廊示范带，以武利镇苗木电商交流中心为核心区，建设果苗标准化示范场、示范园、果苗科普教育基地及果苗交易中心。2021 年底，该县武利镇、伯劳镇苗木种植面积超过 1.4 万亩，年生产果苗 1.2 亿株，年产值 2.1 亿元。从事苗木种植已 30 多年的村民黄彬说，他承包了村里 20 亩地发展苗木种植。如今，他每年能收约 4 万株苗木，且销量逐年递增。在武利镇苗木大户黄忠文电商基地，除了有漫山遍野的荔枝、龙眼、柚子等苗木，还有各式摄像机、自拍杆、拍摄轨道以及直播间。直播间里，电商达人黄忠文正和粉丝们积极互动，分享盆栽水果的新品种。

灵山县不断加强信息进村入户工程运营能力建设，苗木销售方式发生了巨大变革。全县利用电商平台销售果苗占比超 90%，培育电商企业 600 多家，果苗销售网店 400 多家，从业人员 1000 多人，网上果苗交易额达 1.6 亿元，仓储物流、电子商务、餐饮住宿等高端、多元的市场需求应运而生。

东兰：山货插上电商翅膀“飞”得远

“有村里扶贫加工车间和电商平台收购，我不用担心产品销路，而且价格也非常合理，我发展种养产业心里更有底气了。”东兰县花香乡坡索村村民覃海峰家里2021年产稻600多公斤，养殖土鸡土鸭800多羽、土猪10多头。村干部主动与他对接，将其产品挂到电商平台上，一有订单就上门收购。仅凭网上卖米、卖鸡鸭和土猪肉，覃海峰一年收入大概有12万元。

2020年，在发展特色农业的同时，中国南方电网广西电网公司投入68万元支持坡索村建了扶贫加工车间和电商平台，打造“从田间到餐桌”产业链，形成产业与电商互促发展的双赢格局，让农民获得实惠，实现增收。作为村级农产品加工和电商服务网点，该平台主动与当地种养经营主体对接，按照“公司+支部+合作社+农户”

罗城仫佬族自治县一家食品电商企业抢抓时节加工、腌制、熏烤腊味制品，以满足冬季市场供应（蒙增师 摄）

和“互联网+”等模式，通过成立专业合作社、批量采购农产品、加工精包装、开发微商平台、开启带货直播、进驻南网商城等方式，帮助合作社和种养农户在网上销售农产品，深受村民和客户欢迎。

在扶贫车间和电商平台的推动下，坡索村特色农业蓬勃发展，带动更多农民增收。2021年，该村土鸡、土鸭、乌鸡蛋、大米、熏制品等系列农产品获得全国扶贫产品认证，获批进驻南网商城、扶贫销售平台等。坡索电商平台与该乡300多户农户建立长期合作关系，产品种类扩充到20多个。全年农产品销售额近千万元，村集体经济收入约百万元，坡索村也因此荣获“2020年度河池市村集体经济示范村”称号。

恭城：电商让农产品“飞”出大瑶山

2020年10月，恭城瑶族自治县获批成为国家数字乡村试点地区，用网络化、数字化、智能化等信息技术赋能产业振兴、乡村振兴的思路越发清晰：手机成为农民致富的“新农具”，直播则成为发展特色产业的“新农活”。

在嘉会镇，月柿滋香电商传媒公司老板看着不断增加的销量喜上眉梢：“‘双11’期间，基本上每天订单都超过2万单，平均每天销售7.5万公斤月柿。”“电商+直播”让该公司生意越做越大：2020年该公司销售了250多万公斤鲜柿子；2021年柿子销量超过500万公斤，销售额突破1000万元。

除此之外，恭城还进行了智慧医疗、智慧教育、应急管理和乡村治理等项目建设，走出了一条“生态化、低成本、可持续”的数字化发展路径。“数”“智”赋能，铺就了瑶乡百姓的致富路、振兴路，让恭城“三位一体”生态农业提质升级。智慧农业种植体系、产品溯源体系、电商直销体系和高效物流体系既保障了产品品质、降低了经营成本，又提高了经济效益，让农户和企业收获丰厚，让恭城的农产品

“飞”出大瑶山，走向全国。据统计，2020年该县电子商务交易额达3.53亿元，同比增长30.7%。

富川：全民电商卖货物

进入11月，富川瑶族自治县迎来脐橙收获的季节。在乡间果园里，“村播”成为脐橙销售的重要方式。

“今天我向大家推介的是富川脐橙、岔山腐竹及芋头产品。”朝东镇岔山风雨桥上，张珍玲正在“村播”。只见她一边切开脐橙对着镜头展示，一边讲解富川脐橙的特点。直播一年，张珍玲在当地家喻户晓。

在富川瑶族自治县朝东镇岔山村电商一条街，电商学习讲堂里人头攒动，学员们认真学习地方特色美食文化、古村落历史、瑶族民俗文化和直播“秘笈”，富川电商人才实现本土化。每当水果上市，富川“全民电商卖水果、人人线上来摆摊”，“卖山、卖水、卖风景、卖文化”，开辟了绿色发展新路径。

在“村播”带货的同时，富川电子商务发展中心一派忙碌发货的场景。工作人员在电脑前接单，产品分拣中心的工人们则抓紧时间备货，一切井然有序。当地村民农闲时来帮忙，每天上午7时多开工，下午6时下班，收入可观。在脐橙还没上市之时，当地的水果批发企业就接到了不少订单，有区内的，也有区外的。

作为国家数字乡村试点地区，富川建立了县、乡、村三级电商综合服务体系，建成1个县级电子商务公共服务中心、12个镇级电商综合服务站、100个村级电商综合服务点。县级财政每年配套电商产业发展风险担保金，为当地种植户、加工厂提供融资风险代偿。“探味君”“众君达”等电商平台头部卖家落地富川。2020年，“探味君”当季平均每天的线上交易量为5万公斤以上，最高日突破15万公斤。富川农产品电商产业园日供应电商件已从3万件增长到13万件，每年线上农产品销售达10亿元。

二、开放篇：向海图强

铺开地图，审视广西，区位“得天独厚”——背靠大西南、毗邻粤港澳、通达东南亚，一湾相挽十一国、良性互动东中西。

作为海上丝路重要枢纽的广西，在发展征程上奋力追赶，努力将独特的区位优势转化为开放发展优势。

72年前，伴随着新中国的成立，西南地区有了最便捷的出海港口——北海港。

15年前，钦州港、北海港、防城港“三港合一”，北部湾港应运而生，成为我国面向东盟开放发展的前沿。

如今，北部湾港这个已跻身中国沿海港口前10名的国际枢纽海港，正作为建设西部陆海新通道主力军，张开推动高质量发展的强劲风帆，破浪前行。

党中央始终深切关怀和大力支持广西发展，在开放发展中赋予广西“三大定位”新使命。2021年4月，习近平总书记视察广西时，充分肯定了广西在我国新发展格局中的重要地位，对广西开放发展寄予厚望，要求广西在服务和融入新发展格局上展现新作为。

广西发展的潜力在开放，后劲也在开放。党的十八大以来，广西充分释放“海”的潜力，着力激发“江”的活力，努力做足“边”的文章，加快推动全方位开放发展，成为中国面向东盟开放合作的前沿和窗口。

从北部湾经济区到珠江—西江经济带，从左右江革命老区到桂林国际旅游胜地，广西逐步实现国家战略全覆盖。

从中国—东盟博览会（简称“东博会”）、中国—东盟商务与投资峰会（简称“峰会”）永久落户广西南宁，到开创中马“两国双园”，获批建设面向东盟的金融开放门户，打造中国—东盟信息港，共建西部陆海新通道，成立中国（广西）自由贸易试验区……广西拥有越来越多令人羡慕的开放平台和渠道。

广西开放的大门越开越大，“朋友圈”不断扩容。

——高水平共建西部陆海新通道，深入推进扩能优服、大能力运输通道建设、通道物流提升、通道产业融合发展四大行动，加快建设北部湾国际门户港和国际枢纽海港。

——高效对接拓展国内市场，深入实施质量强桂和品牌强桂战略，提高广西产品对国内需求的适配性和竞争力。

——深度融入国内国际双循环，畅通国内市场和东盟市场循环大通道，加快构建跨区域跨境产业链供应链。

——高标准建设重大开放合作平台，东博会、峰会提质发展，加快中国（广西）自由贸易试验区建设，构建面向东盟的金融开放门户，推进中国—东盟信息港建设，推动防城港国际医学开放试验区高水平建设、高质量发展。

舵稳当奋楫，风劲好扬帆。

广西紧抓《区域全面经济伙伴关系协定》（RCEP）落地实施等重大机遇，突出抓好开放合作，以更加宽广的眼光和胸怀全方位开放，东西协作、南北互济，向海而兴、向海图强；把深化与东盟合作同全面对接粤港澳大湾区发展联动起来，与东盟共振，与大湾区相融，积极在服务和融入新发展格局中发挥新作用、展现新作为。

充分抓好建设中国—东盟命运共同体这个重大契机。广西与东盟合作源远流长，先后成功举办18届东博会、峰会，东盟连续21年成为广西第一大贸易伙伴。截至2021年11月，广西对东盟进出口额达2649.3亿元，同比增长26.2%。自治区第十二次党代会把积极服务建设中国—东盟命运共同体作为凝心聚力建设新时代中国特色社会主义壮美广西"三个共同愿景"之一，这是牵一发而动全身、关系广西开放发展全局的一件大事。广西紧紧抓住中国—东盟命运共同体加快构建、中国与东盟建立全面战略伙伴关系的重大契机，持续推动中国—东盟开放合作走深走实。

充分依托共建西部陆海新通道这个重大牵引。广西坚持陆海统筹、双向共济，促进沿线交通、物流、商贸、产业深度融合，推动西部陆海新通道成为贯通南北、衔接陆海、协同沿线的经济大动脉；始终坚持以西部陆海新通道建设为牵引，聚焦港口、基础设施、物流、产业融合协同发力。同时，主动对接长江经济带发展，加强与成渝地区双城经济圈、海南自贸港协同联动，深化与湘滇黔等周边省份合作，真正让通道畅起来、强起来、实起来。

充分发挥对接粤港澳大湾区发展这个重大优势。粤港澳大湾区是我国开放程度最高、经济活力最强的区域之一，多年来一直是广西的主要投资来源地。同时，广西也是粤港澳大湾区连接内陆地区和东盟国家的重要通道，具备对接大湾区海陆相通的独特优势。广西全面加强与大湾区的基础设施互联互通，推动铁路、公路、水路、航空等一批重点项目加快建设，构建连接粤港澳大湾区的快速通道网络。抢抓全球产业链供应链重构的机遇，加大承接东部产业转移力度，深入开展"湾企入桂"行动，大力发展沿边产业经济带，积极构建"大湾区—北部湾经济区—东盟"跨区域跨境产业链供应链。用好大湾区科技资源，积极建设"科创飞地"，创新合作模式，推动更多创新成果来桂转化。

广西有改革开放40多年的探索积累，有31年深入推进东西部协作的坚实基础，有与东盟国家合作特别是连续成功举办18届东博会、峰会的经验，将深度融入国家内需体系、加快构建国内国际双循环重要节点枢纽，由内及外、内外结合、协同推进，在高水平开放中促进高质量发展，走活下好广西改革开放这盘棋。

（一）开放合作走深走实

积极服务建设中国—东盟命运共同体

中国和东盟山水相连，友好关系源远流长。携手建设中国—东盟命运共同体是习近平总书记着眼于维护发展我国同东盟国家睦邻友好和互利合作大局提出的重大倡议。广西作为我国唯一与东盟国家陆海相邻的省区，始终是中国—东盟命运共同体的积极推动者、深度参与者和直接受益者。

积极服务建设中国—东盟命运共同体，是广西服务和融入新发展格局的战略重点。广西处于国内大循环和中国—东盟国际循环的交汇点，“走两步就是东盟”，与东盟国家产业互补性强，跨境产业合作密切，国际产能合作基础好。作为中国面向东盟开放合作的前沿和窗口，广西积极服务建设中国—东盟命运共同体的条件优越，优势明显。

开放合作平台方面，广西南宁是东博会、峰会永久举办地，2004年以来已经成功举办18届，共有105位中外领导人、3500多位部长级嘉宾出席，举办中国共产党同东南亚国家政党对话会以及各类高层论坛308个，形成中国和东盟开放合作的“南宁渠道”。近年来，国家还赋予广西建设西部陆海新通道、中国（广西）自由贸易试验区、面向东盟的金融开放门户、中国—东盟信息港、防城港国际医学开放试验区、沿边重点开发开放试验区等重大开放合作平台，搭建起中国与东盟国家双向开拓市场的重要桥梁和纽带。

互联互通方面，截至 2021 年底，广西已相继建成通车 5 条边境高速公路，在建 2 条抵达边境县（市）高铁，常态化开行广西至越南、广西至泰国、广西至老挝、广西至柬埔寨 4 条跨境公路班车和中越集装箱国际铁路联运班列。西部陆海新通道海铁联运班列保持高位增长，北部湾港航运服务网络不断织密，与 7 个东盟国家、47 个港口开通定期集装箱班轮航线。南宁国际空港综合交通枢纽建设加快推进，吴圩机场通航东盟航点数量排名全国第 6 位。

经贸合作方面，中马“两国双园”开启中国与东盟国家在对方互设产业园区先河，集产学研用投于一体的中国—东盟信息港建设生态圈不断夯实，东盟连续 21 年保持广西第一大贸易伙伴地位。“十三五”期间，广西与东盟贸易规模年均增长 5.6%，边境贸易进出口额全国排名第一，跨境人民币结算规模在边境省区、西部省区中排名第一。

人文交流合作方面，“十三五”期间广西每年接收东盟国家留学生近万人，与东盟 8 个国家缔结国际友城 56 对。中国—东盟文化论坛等平台不断丰富拓展，“中国—东盟文化艺术周”“中国—东盟音乐周”等活动成为广西对外文化交流的亮丽名片。广西在老挝万象市、琅勃拉邦市开展东亚减贫示范合作技术援助项目和减贫合作社区示范项目，分享中国智慧、中国方案。新冠肺炎疫情发生后，广西按照中央部署，及时组建中国向周边和东盟国家派遣的第一支抗疫医疗队支援柬埔寨，并向越南等国捐献抗疫物资，以实际行动诠释了守望相助、休戚与共的命运共同体精神。

中国与东盟从对话到全面战略伙伴关系，建立起面向未来、领域更宽、层级更高的友好合作伙伴关系，中国—东盟命运共同体建设迈上新台阶。广西发挥独特优势，强化开放引领，以更加开放的胸怀深入落实“三大定位”新使命，整合开放平台，抢抓中国与东盟互为最大贸易伙伴、RCEP 生效实施、中国—东盟自由贸易区 3.0 版建设等历史性机遇，加快形成面向东盟更好服务“一带一路”的开放合作高地和国内国际双循环重要节点枢纽，做深做实面向东盟的开放合作，持续助力建设更为紧密的中国—东盟命运共同体。

东博会为中国与东盟合作赋能

为深化中国—东盟合作而“量身定制”的东博会、峰会永久落户广西南宁，历经十几年的持续培育、发展，已成为广西亮丽的名片，成为中国—东盟重要的开放平台，形成中国和东盟开放合作的“南宁渠道”，在服务和融入新发展格局中发挥了积极作用。

2020 年、2021 年，习近平总书记先后在第 17 届中国—东盟博览会和中国—东盟商务与投资峰会开幕式上发表视频致辞、向第 18 届中国—东盟博览会和中国—东盟商务与投资峰会致贺信，连续向世界宣示中国扩大对外开放的坚定决心，擘画中国—东盟关系发展蓝图，进一步凸显广西的独特作用。

广西牢记习近平总书记的嘱托，全力走好走活开放发展这盘棋，用足用好中国—东盟博览会平台功能，加快构建面向东盟更好服务“一带一路”建设的开放合作高地和国内国际双循环重要节点枢纽。

东博会、峰会是由中国与东盟十国及东盟秘书处共办的国家一类展会，通过搭建开幕大会主旨演讲、领导人会见、部长级磋商、主题国活动、政商对话和推介会等平台，不断推动双方深化政治互信、扩大合作领域、促进全方位交流，推进中国东盟全面战略伙伴关系深入发展。前 18 届东博会共有 92.6 万名中外客商参展参会，举办了 282 个高层论坛，涵盖 40 多个领域。多国政要表示，东博会已然发展成

中国—东盟博览会、中国—东盟商务与投资峰会会址——南宁国际会展中心（周军 摄）

为中国与东盟进行贸易投资促进活动的重要平台，并成为中国与东盟成员国良好合作的典范。

马来西亚榴梿供应商黄国隆连续 6 年参加东博会，生意越做越大。中国庞大的消费市场，让他公司的榴梿制品从 4 种激增到 85 种，产品落地中国 100 多家超市。

东博会的展览内容设置具有鲜明的中国与东盟特色，从货物贸易、投资、服务贸易到国际产能合作、跨国园区建设、跨境金融创新等，不但集中了 11 国的企业、商品、项目、资金等方面的信息，而且反映出各个国家的经济发展水平、资源禀赋、产业结构和行业特点，符合企业开拓自贸区大市场的需求。东博会把进口与出口相结合，突出进口特色，是东盟商品进入中国的便捷桥梁，主场馆境外展位比例近 40%，在国内展会中处于前列；把投资和引资相结合，突出“走出去”特色，成为中国企业投资东盟的专业平台，孵化了中国—东盟技术转移中心、中马“两国双园”等重大项目；把技术合作和服务贸易相结合，使双边经贸合作从货物贸易、投资合作向服务贸易、技术转移等领域拓展。

紧扣中国—东盟自由贸易区启动、建成和升级版各阶段和进程，东博会畅通了贸易投资渠道，务实推动“一带一路”经贸合作。《推动共建丝绸之路经济带和21世纪海上丝绸之路的愿景与行动》强调继续发挥东博会等平台的作用。东博会邀请中国铁路总公司、中国中车公司等一批具有产能优势和“走出去”实力的企业参展，搭建了面向东盟的国际产能合作政策阐释平台、产业对接平台、信息服务平台。围绕西部陆海新通道建设，组织中国沿线省区市与东盟国家在经贸、农业、多式联运、冷链物流等方面进行对接，助力共建共享陆海新通道。专门设置“一带一路”国际展区，邀请沿线国家担任特邀合作伙伴，从服务“10+1”合作延伸到服务“一带一路”沿线国家和地区合作，使沿线企业和民众获得实实在在的利益。

峰会作为区域间的重要国际合作机制之一，坚持加强域内工商合作，在发挥贸易投资促进、跨境电商、机制建设、商事法律纠纷解决服务等功能作用方面取得丰硕成果。峰会框架下的东盟国家领导人与中国企业CEO圆桌对话会，自2009年创办以来成功举办了12次，促成中国企业在越南、印度尼西亚、马来西亚、缅甸、菲律宾、新加坡、泰国等东盟国家达成一批重大合作项目，项目涉及金融、能源、基础设施、工程、物流、科技、教育、农业、旅游等领域，有效推进中国与东盟相关国家重大合作项目的实施。峰会已成为目前中国和东盟国家之间商务与投资领域规格最高、影响最深的国际会议，成为中国与东盟国家最高级别的工商界盛会。

如今，日本、韩国、新西兰等更多RCEP成员国加入东博会“朋友圈”；制造业、高新技术、数字经济等更高水平的投资合作在这里孕育。从1981年至2021年，30年来中国—东盟双方贸易规模扩大85倍、相互累计投资总额超3100亿美元，更好的发展势头为建设更为紧密的中国—东盟命运共同体增添信心。

为改革闯新路，为发展注动能

2019 年 8 月 26 日，《中国（广西）自由贸易试验区总体方案》正式公布。建设好中国（广西）自由贸易试验区（简称“广西自贸试验区”）既是广西主动服务国家开放战略的重要举措，更是广西对标国际先进贸易投资规则、深化改革开放、发展高水平开放型经济的重要动力，对打造我国与东盟合作先行先试示范区、推动广西形成 21 世纪海上丝绸之路和丝绸之路经济带有机衔接的要门户具有重要意义。

广西自贸试验区分为南宁片区、崇左片区、钦州港片区三大片区。广西以制度创新为核心，大胆试大胆闯自主改，高标准高质量建设广西自贸试验区，初步建成了引领中国—东盟开放合作的自由贸易园区、国际陆海贸易新通道的重要节点枢纽、中国—东盟跨境产业合作示范区。

聚焦面向东盟、服务西部陆海新通道、沿边开放三大特色，广西自贸试验区对标国际经贸规则，充分发挥先行先试作用，开展更多制度创新改革压力测试，更好地以开放促改革，以改革促创新。

广西自贸试验区加快在政府职能转变、投资领域、贸易便利化、通关便利化、金融开放、现代服务业等领域大胆试、大胆闯，不断打通产业发展的制度瓶颈，积极推进高水平制度型开放。截至 2022 年一季度，国家赋予广西自贸试验区的 120 项改革试点任务已全面实施，先后形成两批共 84 项自治区级制度创新成果并在全区复制推广。“广西边民互市贸易集成改革”等 5 项制度创新举措获海关总署备案，备案数在全国 21 个自贸试验区中位居第二。自治区和相关部门、各片区管委会相继出台各类政策创新文件 70 多项，全面系统集成改革创新的成效逐步显现。

突出面向东盟，跨境金融改革多点突破。深入开展中马钦州产业园区金融试点创新，5 项创新业务全部落地，有效推动跨境人民币流动便利化。截至 2021 年 7 月，共有 9 家银行的 30 家分支机构备案成为跨境金融创新试点银行，跨境金融业务量达 52 亿元。

形成人民币对东盟国家货币在广西银行间市场直接挂牌交易机制，在中国外汇交易中心区域交易子系统上自律开展人民币对柬埔寨瑞尔等东盟国家货币银行间市场区域交易。截至 2021 年 6 月，广西区域货币交易市场已有 11 家境内外银行参与人民币对柬埔寨瑞尔银行间市场区域交易，金额累计 1072 万元。广西区域货币交易市场成为全国挂牌币种最多、境外参与行最多、交易最活跃的市场之一。

创新边境地区跨境人民币使用机制，创新人民币对越南盾资金清算，开展跨境现钞双向调入调出业务，全国首例以人民币结算的民营企业铁矿石交易落地。截至 2021 年 10 月底，广西跨境人民币结算累计总量已达 1.38 万亿元，在全国排名第十，在 9 个边境省（区）、12 个西部省（区）中排名第一，东盟继续保持广西跨境人民币收支第一大境外地域地位。

积极探索国际陆海贸易新通道高质量建设的新模式。依托国际陆海贸易新通道海铁联运物流体系，加快建设连接东盟和国内市场的国际物流枢纽。首创铁路集装箱与海运集装箱互认机制，形成“原箱出口、一箱到底、海外还箱”全程国际多式联运模式；加快推进与新加坡等东盟国家“单一窗口”数据信息互联互通。

对标对接国际贸易开放规则水平再提升。南宁片区打造全国首个“三合一”集约式监管新模式，实现海关监管通关服务一站式办理，通关时效从 24 小时以上缩短到 4 小时以内。钦州港片区开展集装箱“全生命周期”管理服务集成改革，口岸人工作业环节由 36 个减少到

8 个；实施“船边直提，抵港直装”等新模式，截至 2021 年 7 月，累计办理船边直提 286 票，节约费用超过 2000 万元。崇左片区在全国首创越南车辆直通厂区模式，凭祥口岸成为全国第一个铁路口岸水果进境指定监管场地，开行全国首趟中越、中泰进境水果班列，中越、中欧班列也首次联程运输开行。

融入双循环发展，激发沿边经济开放活力。为推动面向东盟的开放合作，崇左片区着力打造沿边制度创新高地，积极探索促进沿边经济发展的新路径。聚焦跨境贸易、跨境物流、跨境金融、跨境旅游、跨境劳务合作，形成“边境贸易 + 互联网”发展新模式、边境陆路口岸全信息化智能通关创新模式、边境地区跨境人民币使用创新、互市贸易进口商品落地加工模式集成创新改革，探索沿边开放创新经验。友谊关口岸成为全国沿边第一个启用全信息化智能通关模式的口岸、全国第三个实行进口“提前审结”模式的口岸。

广西崇左市凭祥综合保税区是开放层次高、优惠政策多、功能齐全、手续便捷的特殊经济开放区域。图为该保税区一派繁忙的景象（崇左市委宣传部 供图）

创新开展互市贸易“集中申报、整进整出”通关新模式，边民互市通关作业无纸化实现100%覆盖，整体通关时间压缩超80%。边境地区跨境人民币使用改革创新获评全国自贸试验区第四批最佳实践案例；截至2021年7月，累计办理13笔银行间越南盾清算业务，金额376万元。通过互市结算模式共为边民办理互市贸易集中结算金额302.35亿元，累计发放边民卡13108张，“边贸贷”贷款余额13.68亿元，直接惠及边民2235户。

构筑面向东盟的金融开放门户

从南宁大桥北端向南眺望，位于南宁五象新区的中国—东盟金融城，一栋栋高楼大厦鳞次栉比。3年多来，这片面向东盟的金融开放门户核心区域已粗具规模，金融中心集聚功能逐步显现。

建设面向东盟的金融开放门户，是我国金融业扩大开放的新实践新探索，是广西更好地深化中国—东盟开放合作、融入“一带一路”建设的重要使命。

2018年12月，广西建设面向东盟的金融开放门户正式上升为国家战略。

广西坚决贯彻落实党中央、国务院决策部署，在中央和各金融机构的大力支持下，以改革为牵引，以项目为抓手，以增量为突破口，大胆探索、积极实践，推动面向东盟的金融开放门户建设取得务实成效。

3年多来，广西充分发挥面向东盟的区位优势，强化跨境金融创新，扩大人民币面向东盟跨境使用，以市场化方式推动人民币国际化，着力推进131项重点改革任务，已形成案例成果175项，全国首创25项。

截至2021年12月底，中国—东盟金融城空间布局已基本完成，

中国—东盟金融城外景（周军 摄）

聚集了中银香港东南亚业务营运中心等 16 个中后台服务中心；中国—东盟黄金产业园运营中心已揭牌，累计入驻的金融机构（企业）达 275 家，成为中国与东盟金融合作的主平台。

近年来，广西相继出台推进跨境金融创新实施方案等改革举措，着力强化面向东盟的金融开放门户建设与陆海新通道建设、中国（广西）自由贸易试验区建设的深度结合，一批创新突破大、落地见效快、示范效应强的重点改革创新事项相继落地落实。

着力推动金融集聚。分层次分类别分区域推动金融集聚，着力打造南宁金融开放门户核心区、北钦防区域性航运金融中心和一批特色金融城市及金融改革示范区。加快建设中国—东盟金融城、中国—东盟金融城金融大厦等一批重点项目。搭建中国—东盟跨境金融服务中心、中国—东盟跨境金融咨询服务平台、跨境投融资服务平台、大宗商品跨境金融服务平台、跨境保险服务平台等，为跨境金融服务提供重要载体。成立中国—东盟金融合作学院，推动建立多元化的中国—东盟金融合作平台。

大力推进金融创新试点。中马钦州产业园区金融创新试点，拓宽跨境人民币双向流动渠道，跨境人民币双向流动便利化业务、跨境人民币同业融资业务、境外项目人民币贷款业务、简化人民币 NRA 账户离岸划转业务办理流程、境内信贷资产跨境转让业务等 5 项试点业务在园区全部落地，共有 9 家银行的 30 家分支机构备案成为试点银行，业务金额达 53 亿元。

创新推进人民币结算便利化。构建畅通的人民币结算清算渠道，46 家境外银行与广西区内 17 家银行建立了人民币结算代理行关系，中国工商银行成为境外机构投资银行间债券市场人民币结算的代理行。创新通过银行间市场区域交易提供人民币对柬埔寨瑞尔头寸平盘的双边本币结算新模式，引入中国银行金边分行、中国工商银行金边分行、柬埔寨加华银行等 3 家银行参与人民币对柬埔寨瑞尔银行间市场区域交易。

推动大宗商品人民币计价结算。全国首例以人民币结算的民营企业铁矿石在广西交易落地，铜精矿、大豆、天然石油气、玉米等多个品种大宗商品人民币计价结算取得积极进展。打造“百强千企聚链”工程，在中西部最先落地跨境区块链信保保单融资试点业务，边境地区跨境人民币使用改革创新入选全国自贸试验区最佳实践案例。

中国—东盟信息港打通信息大通道

为落实习近平总书记在第 17 届中国—东盟博览会和中国—东盟商务与投资峰会开幕式上提出的“提升科技创新，深化数字经济合作”的重要倡议，广西同东盟各国携手合作，大力推进中国—东盟信息港建设，深化数字经济合作，“数字丝路”通东盟步伐加快。

广西将中国—东盟信息港作为服务中国与东盟数字经济合作的重要抓手和平台，与东盟共同建设基础设施、技术合作、经贸服务、信息共享、人文交流五大平台，构建面向东盟、服务西南中南的国际通信大通道、区域性国际大数据资源应用服务枢纽、新一代信息技术创新与应用示范高地、中国—东盟信息经济开放合作集聚区以及中国—东盟人文交流与普惠服务区域合作中心，打造西南中南地区开放发展新的战略支点，促进21世纪海上丝绸之路和丝绸之路经济带有机衔接。

不断完善顶层设计，推进中国—东盟信息港建设与“数字丝绸之路”有机融合，广西印发了《共建中国—东盟信息港　助力打造“数字丝绸之路”实施方案》，从政策沟通、设施联通、贸易畅通、资金融通、民心相通5个方面设置了24项任务，建立上下联通、横向协同的工作机制，落地一批面向东盟的数字化示范工程，搭建一批面向东盟的信息服务平台，构建产学研一体的产业生态，促进与东盟国家在数字化领域的合作。着手编制《广西面向东盟的“数字丝绸之路”发展规划（2021—2025年）》，以及“数字丝绸之路”建设的行动方案。

截至2021年上半年，中国—东盟信息港总体规划对应的46个项目开工24个、竣工14个，开竣工率为82.61%，五大平台项目建设总体顺利。中国—东盟信息港已建成开通3条国际通信海缆，建成开通中越、中缅、中老12条跨境陆路光缆以及13个国际通信节点、1个国家域名CN顶级节点；建成运营中国—东盟信息港大数据中心、中国移动（广西）数据中心、中国电信（广西）东盟数据中心、中国—东盟信息港老挝云计算中心4个云计算中心。通过海陆空全方位信息基础设施建设，中国—东盟信息港打通了中国与东盟国家的信息大通道，极大提升了中国与东盟国家信息通信互联互通能力。

信息基础设施不断完善促进了中国—东盟信息共享不断拓展、技术合作不断加强、经贸互联不断升级、人文交流不断深化。中国—东盟信息港建成中国—东盟技术转移中心，与泰国、老挝等9个东盟国家分别建立政府间双边技术转移工作机制。中国—东盟贸易实现数字化、便利化、高效化，通关环节减少27项，累计跨境结算服务规模超过1000亿元。

（二）大道通衢货畅其流

西部陆海新通道建设再提速

随着《西部陆海新通道总体规划》的深入实施，西部陆海新通道建设已由“提战略、打基础”转入“破瓶颈、快发展”新阶段。

2021年4月，习近平总书记在广西视察时强调：“要主动对接长江经济带发展、粤港澳大湾区建设等国家重大战略，融入共建‘一带一路’，高水平共建西部陆海新通道，大力发展向海经济，促进中国—东盟开放合作，办好自由贸易试验区，把独特区位优势更好转化为开放发展优势。”

广西深入贯彻落实习近平总书记关于西部陆海新通道建设的系列重要指示精神，在自治区党委、政府的坚强领导下，紧紧围绕通道建设年度工作目标任务，不断完善政策措施，强力推进重大项目加快建设，培育做大通道物流规模，深入开展降费提效优服行动，持续提升通道开放合作水平，2021年圆满完成“600万标箱、6000列”目标。

为高质量建设西部陆海新通道，广西持续完善西部陆海新通道建设顶层设计，印发《广西高质量建设西部陆海新通道若干政策措

繁忙的北海铁山港码头（李君光 摄）

施》，从支持北部湾港海铁联运发展、支持跨境运输和航空物流发展、支持降低物流成本和提升通关效率、支持引进和培育物流企业、支持通道园区及重大项目建设、加大通道建设运营的财金联动支持等 6 个方面，提出了 22 项具体措施，推动高质量建设西部陆海新通道。

在系列“硬核”政策的加持下，西部陆海新通道重大项目建设跑出“加速度”。

——主通道铁路项目加快建设。钦州东至钦州港铁路支线扩能改造等 3 个铁路支专线项目主体工程均已完工，黔桂铁路增建二线、南昆铁路百色至威舍段增建二线等项目正抓紧开展前期工作。

——高速公路网络不断完善。柳州经合山至南宁、桂林至柳城等高速公路建成通车，横州至钦州港高速公路正加快建设。

——港航设施建设加快推进。钦州港东航道扩建工程已完工，具备 20 万吨级集装箱船通航条件；钦州港 30 万吨级油码头、钦州港金鼓江作业区 16 号、17 号泊位已建成投产，钦州港自动化集装箱码头，防城港赤沙作业区 1 号、2 号泊位等一批项目正在加快建设；平陆运河项目已完成项目建议书编制和评估。

——物流枢纽体系加快形成。南宁国际铁路港、中新南宁国际物流园、柳州铁路港均超额完成年度投资目标任务。

为持续优化营商环境，广西印发实施《北部湾港降费集中攻坚行动方案》。目前北部湾港综合服务收费与国内一流港口基本持平。

南宁国际铁路港是西部陆海新通道、中越跨境班列开行的重要物流节点。2021 年 5 月 30 日，南宁国际铁路港海关监管作业场所正式运营，实现海关一次申报、一次查验、一次放行，为广西南宁至越南河内跨境班列整体运行时间节省 72 小时，有效提升通关时效，降低物流成本，作业场所运营以来，已办理超 1400 项通关手续。

近年来，广西全面推广应用“提前申报”“两步申报”“两段准入”通关改革，进一步推动口岸通关便利化。2020 年，广西口岸进出口整体通关时间位居全国前列。

广西北部湾港是全国首个享受陆路启运港退税试点政策的沿海港口。“西部陆海新通道海铁联运班列 + 陆路启运港退税试点政策”的叠加，为企业提供了一条稳定、安全、高效、便捷的运输通道。同时，随着陆路启运港退税试点政策的落地见效，西部陆海新通道在高质量共建“一带一路”中的作用将进一步凸显，对新时代推进西部大开发、构建国内国际双循环新发展格局具有重要支撑作用。

西部陆海新通道开放合作水平提升。“虽然当前国际贸易受新冠肺炎疫情影响很大，但西部陆海新通道海铁联运班列辐射面仍在加快扩展。”钦州港东站站长说。当前钦州港每天开行的班列数量均在 10 列以上，西部陆海新通道已延伸到越南、印度尼西亚、菲律宾、澳大

2021 年 5 月 18 日，“柳州—莫斯科”跨境直通中欧班列首发（邢星 摄）

利亚等国家，目的地覆盖新加坡、德国等 100 多个国家和地区的 200 多个港口。

截至 2022 年 1 月，西部陆海新通道海铁联运班列已覆盖我国中西部 13 省 47 市，服务范围延伸至我国中南地区，对接开行湖南怀化班列和湖北武汉班列。越来越多的外贸企业选择通过西部陆海新通道开展进出口业务。2021 年首次开通的“柳州—莫斯科”“南宁—哈萨克斯坦”跨境直通中欧班列，已实现每月一列常态化开行。

随着新通道的辐射范围不断扩大，西部陆海新通道的“新朋友”也越来越多。西部陆海新通道海铁联运成为中国与东盟各国提升经贸合作水平的重要载体，物流服务水平和运行效率明显提升，双向互济的经贸联动格局逐步形成。

“铁龙腾飞”再绘蓝图

一列西部陆海新通道海铁联运班列，从钦州铁路集装箱中心站驶出，于崇山峻岭中穿行两天后抵达重庆团结村站。

它的运行轨迹，正沿着5年前首趟“渝桂新”南向通道测试班列运行线路飞速行驶。

5年，弹指一挥间！

从原来的中新互联互通南向通道班列，到如今的西部陆海新通道海铁联运班列，名称虽变，但初心不改。

过去这5年，西部陆海新通道海铁联运班列的发展，以风驰电掣的速度跑出令人惊叹的变化：从无到有、从试运行到常态化、从一条线到一张网，集装箱货物运量实现186倍增长……

引以为傲的数据无不展示出西部陆海新通道海铁联运班列强劲蓬勃的生命力，成为助推“一带一路”建设、推动复工复产、助力国内国际双循环的重要驱动力。

集装箱运量实现跨越式增长。

中国铁路南宁局集团有限公司统计数据显示，2017年，西部陆海新通道海铁联运班列开行数量最初每周开行一列，集装箱货物品类只有陶瓷、板材等少数品类，年发送集装箱货物仅3382标箱。

随着畅通铁路和海运衔接，铁路网优势和北部湾港口优势深度融合，实施国铁与广西沿海铁路一体化管理、强化路港协调联动等有力措施的实施，西部陆海新通道海铁联运班列开行规模持续扩大。西部陆海新通道海铁联运班列运输的集装箱运量逐年跨越式增长：2018年5.34万标箱，2019年9.4万标箱。尤其是2020年以来，面对新冠肺炎疫情带来的不利影响，铁路部门统筹抓好疫情防控和经济发展，班列集装箱运量实现逆势爆炸式增长，2020年、2021年累计集装箱运量分别达到31.3万标箱和63.2万标箱。

5年间，班列集装箱运量达到132.2万标箱，其中2021年与2017年相比增长了186倍。

2022年1—4月，铁海联运班列的“成绩单”十分亮眼。截至4月28日，铁海联运班列已累计发送集装箱货物22.6万标箱，是2019年全年运量的2.4倍，较2021年同比增长46%。

“完成第一个50万标箱目标我们用了4年多的时间，但完成第二个50万标箱目标我们仅用了不到1年。”谈起西部陆海新通道海铁联运的发展变化，中国铁路南宁局集团有限公司货运部一名负责人自豪之情溢于言表。

海铁联运班列运输优势明显。

西部陆海新通道海铁联运班列一经开行，便具有得天独厚的运输优势。以重庆为例，经西部陆海新通道到钦州港出海，比经东部地区出海节省10天左右。

得益于此，5年来，西部陆海新通道海铁联运班列开行由线及面，渐渐形成运行网络。

班列线路从最初只有北部湾港—重庆1条，发展到如今常态化开行北部湾港—重庆、北部湾港—四川、北部湾港—云南、北部湾港—贵州、北部湾港—桂东/桂北6条，并与中欧班列实现无缝衔接；开行范围覆盖16省（区、市）53市102个站点，运输货物品类逾640种，连通全球107个国家和地区的316个港口。

与此同时，5年来，西部陆海新通道铁路重点项目加快推进，路网基础支撑能力持续提升。

先后完成黎钦、南防、南钦等铁路电气化改造，实现广西铁路出海通道干线全部电气化，货物列车运行速度由44公里/小时提至80公里/小时，运输时长压减幅度近20%，牵引重量提至4700吨，主

一列海铁联运班列正缓缓驶出钦州港（刘世旭 摄）

要干线运输能力比 2017 年提高 6.5%。

先后建设或建成开通钦州铁路集装箱中心站、南宁国际铁路港、柳州铁路港、柳州南铁路物流中心、国铁凭祥口岸物流中心等重要枢纽站点，铁路物流港集群初步形成。同时，以北海铁山港进港专用线开通运营为标志，北部湾重要港区实现铁路进港全覆盖，北部湾港口铁路专用线增至 110 条，较 2017 年增加 12 条。

一批重大工程的投入使用，使西部陆海新通道海铁联运班列“点”“线”能力快速提升，形成了服务西部陆海新通道衔接顺畅的海铁联运体系。

RCEP 赋能助力通道物流运输。

2022 年 2 月，20 个满载着木薯淀粉集装箱的海铁联运班列在钦州铁路集装箱中心站成功发车，这标志着“东南亚—钦州—西安”海铁联运班列首航成功启动。这次海铁联运班列的开通，为西部陆海新通道开辟一条全新的贸易快捷通道，也能紧密地连通东盟国家主要港口与我国西南地区的贸易往来。

如果说，“东南亚—钦州—西安”海铁联运班列为西部陆海新通道提供了“硬件”上的支持，那么RCEP则为西部陆海新通道提供了“软件”上的助力。

RCEP落地生效以来，西部陆海新通道依托北部湾港口联通中国内陆地区与东盟各国，打通“中亚—北部湾港—东南亚”南北纵向大通道，促进中国与其他RCEP成员国物资流通，加速其他RCEP成员国的产品共享中国14多亿人口的庞大市场。

目前，西部陆海新通道在RCEP的加持下，进一步得到政策赋能，通道物流运输更加红火。开通了“阿联酋—钦州—兰州”“东南亚—钦州—西安”等海铁联运线路，增加了如中东进口汽车等特色品类的货物运输，定制物流服务更加多样化。“RCEP—北部湾港—河南”海铁联运班列顺利双向对开，标志着西部陆海新通道海铁联运班列成功向中部地区拓展，班列运行网络进一步壮大。

2022年1月6日，RCEP生效后，首趟东盟输华水果班列入境凭祥铁路口岸（庞立坚 摄）

通达八方，货畅其流。西部陆海新通道海铁联运班列正在加速奔跑，已成为助力西部内陆经济发展再上新台阶的重要载体。

北部湾港起新潮

辽阔的北部湾让广西与东盟、与世界紧紧相连，向海而生、开放而兴，这里是我国沿海经济最具活力、发展最快的地区之一。

北部湾畔的广西北部湾港拥有由防城港、北海港、钦州港三大天然良港组成的港口群，遮蔽条件和水深条件好，具有开放建设大型深水天然良港的良好资源。

面对良好的自然资源，广西充分利用国家加快建设交通强国、西部陆海新通道的有利机遇，全力打造北部湾区域性国际航运中心，推动广西水运高质量发展。然而，强港建设之路并非一帆风顺。由于早期港口发展模式较为单一、粗放，北部湾各港区间一度出现各自为政的局面，同质化无序竞争、岸线资源利用不充分、对外合作资源分散等问题逐渐凸显，港口对广西经济发展的重要支撑作用未得到充分体现。

为充分发挥北部湾港核心战略资源的龙头带动效应，自治区党委、政府审时度势，提出必须加快整合沿海港口资源，打造现代化大型组合港，避免各自为政、内耗过大和由此造成的资源浪费，不断提高整体竞争力和抵御市场风险能力，促使广西沿海港口发挥与西南出海大通道和国际大通道相适应的作用，努力提升广西沿海港口在全国港口布局中的地位。

2007 年 2 月，完成沿海港口经营资产的整合；2009 年 3 月，自治区政府批准防城港、钦州港和北海港统一使用“广西北部湾港”名称；2015 年 10 月，广西壮族自治区北部湾港口管理局挂牌成立，广西壮族自治区港航管理局（广西壮族自治区船舶检验局）成建制并入广西壮族自治区北部湾港口管理局，2019 年 8 月更名为广西壮族自治区港航发展中心（广西壮族自治区船舶检验中心），至此，北部湾港全面完成整合，翻开了北部湾港融合发展的崭新一页。

步入融合发展新阶段，三大港区抱团发展、错位发展，钦州港区主营集装箱业务，防城港区聚焦大宗散货，北海港区打造邮轮母港。握指成拳，北部湾港已形成大型组合港口群，助力广西发展成为中国西南地区最便捷的出海大通道和中国面向东盟的海上门户。

为放大“1+1+1 ＞ 3”的集群效应，北部湾港开展扩能优服行动，推动开通集装箱班轮绿色通道，优化三港区“穿梭巴士”服务水平，初步形成联内接外的集疏运体系。

2017 年 4 月，习近平总书记视察广西北部湾港北海港区铁山港公用码头时指出，写好海上丝绸之路新篇章，港口建设和港口经济很重要，一定要把北部湾港口建设好、管理好、运营好，以一流的设施、一流的技术、一流的管理、一流的服务，为广西发展、为“一带一路”建设、为扩大开放合作多作贡献。

牢记习近平总书记殷殷嘱托，广西踔厉奋发、笃行不怠，服务西部陆海新通道建设，打造广西北部湾港国际门户港。

5 年来，广西以基础设施建设为抓手，推动重点项目加快落地，新增万吨级泊位 17 个。钦州港东航道扩建一期、二期调整工程建成，可满足 10 万吨级集装箱船双向及 20 万吨级集装箱船单向通航；广西滨海旅游的标志性工程北海邮轮码头客运中心建成，设计年客运量为 100 万人次……随着全球最大最重的广西华谊 PDH 项目丙烷丙烯分离塔在钦州港码头顺利上岸、15 万吨级集装箱船舶和 30 万吨级油轮成功靠泊钦州港，北部湾港接卸能力已跻身全国港口前列。

依托接卸能力大幅提升的优势，北部湾港吸引产业集聚蹄疾步稳，产业布局不断完善。

在钦州，“三千亿级”绿色临港大工业、千亿级海洋装备制造和新能源电池材料产业集群粗具规模，国投钦州发电、中船大型修造船基地等大型临港产业项目相继落户，以华为数字小镇为代表的大数据产业蓬勃生长。

在北海，石油化工、新材料、玻璃和林纸四大千亿级产业粗具雏形，智能电视机、高端玻璃及光伏材料、高端造纸三大世界生产基地加快推进，信义玻璃、太阳纸业、川桂绿色化工产业园等项目落地生根。

在防城港，柳州钢铁防城港钢铁基地项目全线投产，带动以钢铁、有色金属、能源、粮油食品加工基地等为重点的千亿级现代临港产业集群加速形成。

5年来，广西以港口扩能优服为导向，促进港口企业优化流程，北部湾港扩大辐射能力，港口吞吐能力持续增长，2021年完成货物吞吐量达到3.58亿吨，集装箱吞吐量突破600万标箱，增速位列全国沿海省区市第一。

5年来，广西以织密航线网络为目标，拓展水运互联互通，北部湾港航线数量达到64条，其中外贸航线37条，对接RCEP成员国港口的航线共28条，内外贸集装箱航线基本实现东盟国家及我国沿海主要港口的全覆盖。

2021年，北部湾港完成货物吞吐量3.58亿吨，其中外贸货物吞吐量1.67亿吨，同比分别增长21.15%、20.72%，增速均位列全国沿海省区市之首；集装箱吞吐量突破600万标箱，达601.2万标箱，同比增长19.01%，名列全国前10位、世界前40位；新增航线12条，其中外贸航线9条，国际枢纽海港地位日益凸显。

自动化码头建设是迈向世界一流港口的大势所趋，也是国家港口科技进步的典型代表。北部湾港全自动化集装箱码头项目是全球首个

U形工艺布局的全自动化码头，也是全国首个海铁联运自动化码头，一项项新技术、新项目正在北部湾港落地生根："智慧湾"智能闸口陆续投用，卡口通车效率大幅提升；智能理货系统上线运营；客户服务平台"北港网"上线；集装箱设备交接单（EIR）系统建成；智慧引航系统与国际贸易"单一窗口"系统升级对接，实现"船舶引航申请—船舶审批—船舶排班—电子签证单填写—船舶收费"全过程无纸化操作，极大提升了服务对象的引航服务满意度。

如今，广西北部湾港与马来西亚巴生港等东盟国家港口建立友好合作关系，与文莱摩拉港在经营管理、持续开发等方面开展深入合作，在带动当地就业的同时，推动摩拉港单船平均作业效率提高91%以上，港口单桥装卸效率提高23%以上，取得了良好的社会效益和经济效益。在国内，北部湾港在广西、重庆、四川、贵州等省区市建设运营无水港12个，港口经济腹地进一步扩大，真正做到了把出海口"搬"到了西部地区企业的家门口，为构建以国内大循环为主体、国内国际双循环相互促进的新发展格局提供了强劲港口动能。

世纪工程平陆运河将千年梦想照进现实

2022年3月17日，经自治区党委、政府同意，自治区发展改革委批复了自治区交通运输厅上报的平陆运河项目建议书，平陆运河项目正式立项。

平陆运河是我国自京杭大运河后1000多年来的第一条运河，是广西各族人民期盼了100多年的运河。平陆运河是西部陆海新通道的重要组成部分，是珠江—西江流域连接北部湾港的亿吨级水运交通大动脉，上游与素有"黄金水道"之称的西江航运干线相连。连通西江航运干线与北部湾国际枢纽海港的平陆运河，将以最短距离打通西江干流入海通道，通过左江、右江、黔江、红水河、柳江、都柳江等多条支流连通贵州、云南，实现西南地区内河航道与海洋运输直接贯通。

平陆运河线路全长约 140 公里，起点位于南宁市邕江下游 150 公里的横州市西津水库平塘江口，跨沙坪河与钦江支流旧州江分水岭，经钦州市灵山县陆屋镇沿钦江干流南下进入北部湾钦州港海域。项目按内河一级航道（3000 吨级船舶）标准建设。运河静态总投资约 680 亿元，以发展航运为主，兼顾供水、灌溉、防洪、改善水生态环境等功能。平陆运河项目已被纳入国家“十四五”规划纲要和《国家综合立体交通网规划纲要》。

平陆运河建成后，将从根本上缓解西江下游通航压力，并通过铁水联运，减轻长江通航压力，远期与正在研究论证的湘桂运河衔接，将纵向贯通长江、珠江及北部湾，更好地服务西南中南地区向南入海直达东盟，是高质量共建“一带一路”、新时代推进西部大开发形成新格局、加快建设交通强国、高水平共建西部陆海新通道、建设新时代中国特色社会主义壮美广西的重大战略项目，力争 2022 年开工建设。

（三）“两湾”联动向海而兴

“东融”加速，全面对接粤港澳大湾区建设

广西抢抓国家深入推进粤港澳大湾区建设的重大机遇，全面对接粤港澳大湾区建设，以全方位、多领域、深层次的开放合作，不断提升区域经济发展动力和活力，促进全区经济实现高质量发展。

基础设施互联互通加快推进。粤桂两省区客运铁路交通基本形成公交化、高密度运行状态。贵港港成为珠江水系首个吞吐量达到亿吨

的内河港；长洲枢纽船闸年过货量突破1.5亿吨，该船闸是世界上内河同一个断面上船闸的线数最多、设计通过能力最大的船闸项目。广西通往粤港澳大湾区的主要机场航线有14条。

产业联动发展成效明显。初步建成优势互补、协同配套、联动发展的现代产业集群，基本形成资源开发型产业、劳动密集型产业、先进制造业3条区域产业链供应链。重点合作平台务实推进。2021年上半年，粤桂合作特别试验区完成规模以上工业产值32亿元，同比增长80.7%，招商引资到位资金34亿元；广西“东融”先行示范区新引进粤港澳大湾区项目43个，项目到位资金84亿元；“两湾”产业融合发展先行试验区新签约粤港澳大湾区项目49个，到位资金132亿元。“湾企入桂”专项行动加快推进，开展“深港行”“珠深行”“广佛深”等专项招商行动，积极对接京东集团、顺丰集团等一批粤港澳大湾区龙头企业。面向粤港澳大湾区农副产品保障基地加快建设，截至2021年6月，广西已有37家公司获得粤港澳大湾区“菜篮子”生产基地认定，55个优质产品通过“圳品”认证。

公共服务对接合作持续深化。教育合作方面，桂林理工大学在深圳市罗湖区设立桂林理工大学深圳研究院；广西积极推进粤港澳大湾区重点大学与广西院校在项目人才培养等方面长期合作。科技合作方面，粤桂两省区每年各配置1000万元设立“粤桂科技合作联合资金”，支持两省区开展联合科技攻关与科学研究，一批科技合作项目加快建设。文化旅游合作方面，南宁万有国际旅游项目、崇左恒大文化旅游康养城项目等一批标志性文旅综合项目加快建设。卫生健康合作方面，防城港国际医学开放试验区、河池深巴大健康合作特别试验区加快建设，粤桂知名医院合作进一步深化，粤港澳大湾区优质医疗资源不断进入广西，已实现粤桂医疗养老服务一体化和跨省异地就医费用联网直接结算。

珠江—西江生态环境防护屏障进一步筑牢。建立健全跨省流域上下游突发水污染事件、危险废物跨省非法转移联防联控工作机制，进一步增强双方共同应对跨界流域水污染事件的处置能力。建立横向水环境补偿机制，确保实现“一江净水向东流”。截至2021年6月，粤桂两省区累计投入用于九洲江流域保护治理工作的资金达27.2亿元。九洲江山角断面水质为Ⅲ类，达到国家考核要求。全区115个国家地表水监测断面中，有113个断面达到或好于Ⅲ类水质，水质优良比例为98.3%。

粤桂两省区逐步建立东西部协作长效机制

粤桂协作全面进入深化、提质、增效阶段，截至2021年，在国家东西部协作成效考核中，广东、广西连续3年获得综合评价“好”等次，走在全国前列。

以互利共赢为目标，促进落地产业新发展。粤桂两省区坚持加强政府引导与推动市场主体参与并重，发展当地特色产业与引导东部企业向西部梯度转移并重，促进协作地区增收致富与东部企业互利共赢并重，着力构建产业协作的长效机制。

针对广西农业产业链短板，广东财政帮扶资金投入超过9亿元，实施163个产业发展项目及产业基础设施，仅2021年就有超过200家粤企赴桂考察并落地一批项目。其中，深圳同益新公司在广西那坡县、忻城县、宜州区等地投资15亿元建设丝绸加工基地等。

“通过引进广东农业龙头企业，带来广东先进的理念、管理、技术和服务，建设一批带动力强的大项目，促进协作地区农业产业规模化、品牌化、标准化，推动一二三产融合发展。”广西壮族自治区乡村振兴局一位负责人说。

以精准对接为平台，开拓劳务协作新路径。以“粤菜师傅”“南粤家政”“广东技工”“乡村工匠”四项工程为重点，创新“政府搭台，企业出资，学校培养”模式，开展政校企合作，加强职业技能培训。2021 年累计举办劳务协作培训班 231 期，培训广西农村劳动力 11371 人次。通过共建产业园区、招商引资、维持帮扶车间良性运作等举措拓宽区内就业渠道，累计帮助农村劳动力区内就近就业 18.54 万人。

以“圳品”认证为纽带，打造消费帮扶新引擎。“圳品”是深圳对标国际先进标准构建的从农田到餐桌全链条供深食品标准体系。粤桂两省区农业部门签订战略合作协议，安排专项资金近 4000 万元支持供深基地和“圳品”建设；引入一批上市公司、供应链企业、国家级农业龙头企业在广西建基地、拓市场、树品牌，广泛动员深圳机关事业单位、大型商超、龙头企业等与广西建立长期稳定购销关系，有效促进了广西农业标准化、规模化、品牌化、可持续发展。

以“组团式”创新帮扶，谱写人才支援新篇章。充分利用广东的医疗、教育、农业科技等优势资源，在加强人才交流、结对帮扶的基础上，创新开展“组团式”帮扶、“银龄行动”等模式。

积极引导广东先进公立医院、学校发挥各自优势对广西公立医院、学校进行“多对一”的组团式帮扶；医疗、教育、农技退休老专家赴广西开展“银龄行动”，开展深层次、多领域的人才交流合作；广东高水平医院的院长和专家在广西开展公立医院院长培训班，助力协作地区逐步实现从完善基础服务向提升医疗管理水平的转变。

以试点示范为抓手，推进乡村振兴开新局。粤桂两省区围绕巩固拓展脱贫攻坚成果同乡村振兴有效衔接加强协作，推动“五个一批”试点——

围绕贯通产加销建设现代农业产业园，如田东县的芒果种植、田阳区的小番茄种植、上林县的渔稻共养生态养殖已成当地示范产业项目。

粤桂协作引进的华润电力（贺州）有限公司（广西新闻图片画报社 供图）

围绕融合农文旅打造美丽乡村示范，在凌云县打造“泗水缤纷”农业与乡村旅游项目，在环江毛南族自治县建设民族文化三村四坊，在资源县建设“红色老山界”田园综合体项目等。

围绕乡村建设行动改善一批基础设施，在大化瑶族自治县投资建设王烈水库，解决群众用水难题；在罗城仫佬族自治县建设特殊教育学校，解决残疾儿童上学难题，同时实施了一批生活污水处理、垃圾分类、厕所改革等人居环境提升项目。

围绕改善民生提高公共服务水平，做好易地搬迁后续扶持，打造一批乡村医供体平台、乡村公共服务平台。

围绕数字乡村建设打造一批智慧农业等特色项目，着力提升乡村党建、乡村治理、农业发展智慧化水平。其中，腾讯公司结对帮扶都安瑶族自治县大崇村，投入 500 万元打造“龙布日出”文旅项目，村集体经济收入达 20 万元，将国务院挂牌督战贫困村改变为粤桂协作乡村振兴示范村。

激发江的活力，打造经济增长新引擎

西江，珠江水系干流之一，发源于云南省曲靖市乌蒙山余脉马雄山东麓，流经滇、黔、桂、粤4省区，全长2214公里，占珠江流域总面积的77.8%，是我国仅次于长江的第二大内河航运水道。

2009年至今，广西践行“打造西江亿吨黄金水道，促进区域经济协调发展”的决策部署，西江黄金水道建设成果丰硕，对流域社会经济发展促进作用显著。

2010—2020年，国家和自治区出台了一系列政策，珠江—西江经济带上升为国家战略。10年间，西江黄金水道上建设了航运枢纽、船闸、港口等关键工程29项，总投资512.8亿元，全面完成规划建设目标，呈现可喜的“五大变化”，西江成为广西“双核驱动”的重要引擎。

打通西江碍航瓶颈，提升航道等级。

1985年由交通部门投资并开工建设的桂平航运枢纽，率先在全国开创“航电结合、以电促航”内河航运建设新模式，并通过全流域渠化方式大幅提升航道等级，通航条件得到极大提升。西江航运干线航道等级从改革开放前的100吨级六级航道标准提升到2022年的3000吨级一级航道标准，西津二线船闸及贵港至梧州3000吨级航道工程建成后，3000吨级船舶可常年从南宁直达粤港澳大湾区，成为广西内河航道中最高等级的“水上高速公路”。右江、红水河、柳黔江等支线航道等级也提升至三级航道标准，常年可通航2000吨级、1000吨级船舶。

2010—2020年，广西累计投资180.5亿元，建设桂平一二线、长洲三四线、贵港一二线、鱼梁、那吉等8座船闸，在建西津二线、红花二线2座船闸，以及百色枢纽通航工程项目，新增过闸能力1.65亿吨，有效打通了西江碍航瓶颈。长洲三线、四线船闸的建成通航，破除了西江航道上的“卡脖子”问题，结束了长洲船闸长达8年的滞航历史。2020年底贵港二线船闸建成通航，贵港航运枢纽船闸的年

正在建设的西津二线船闸（孟振兴 摄）

单向总通过能力由原来的 1200 万吨提高至 4300 万吨，成为广西西江流域第二大船闸。

提升内河运力，完善现代水运物流体系。

2010 年以来，广西整合并投资建设了一批现代化的内河港口，形成了较完善的内河港口网络。广西内河港口吞吐量由 2010 年的 6652 万吨增长至 2020 年的 17346 万吨，其中贵港港货物吞吐量突破 1 亿吨，成为珠江水系首个内河亿吨大港。赤水港成为西江内河首个“千万吨级”单体港口。

到 2020 年底，广西内河运力超过 1000 万载重吨，是 2010 年的 2.7 倍；常年往返广西和珠三角地区的货船 4000 余艘；过闸船舶平均吨位从 2010 年的 800 吨发展到 2020 年的超过 2000 吨，主力船型吨位达到 1800—3000 吨，最大船舶已经超过 6300 载重吨，船舶大型化有效降低了航运成本。

随着西江内河现代水运物流体系基本形成，全区水运货运量不断攀升，实现货运量由 1.28 亿吨增长至 3.28 亿吨，完成西江黄金水道建设规划值的258%。

船闸联合调度，建成“北斗智能终端”（“水上ETC”），通航能力大幅提升。

采用“三统一分”（统一报到、统一调度、统一信息发布、分开设备运维）模式，率先实现全流域多级多线多业主船闸的联合调度和集中控制，改变了西江流域各船闸特别是不同业主船闸长期以来形成的孤立管理、数据孤岛局面。目前已对12个梯级17座船闸（含8座外部业主船闸）纳入统一管理联合调度，“一干三通道”船闸联合调度体系已初步形成。西江船闸运行管理创新成效成为全国行业标杆，得到了交通运输部的肯定及推广。

实施联合调度以后，过闸效率明显提高，船舶平均待闸时间由原来的10多个小时缩减到6个小时，从贵港上游到广州船舶周转率比之前翻了一番。

建成以西江水运物流网、北斗船舶监控综合信息平台、“96336”服务短号、“西江通”App和“西江E支付”等为主体的北斗智能过闸服务系统，安装“水上ETC”船舶数量超过5000艘，占广西区内经常过闸总动力的98.5%以上，实现了船舶不上岸报到、不靠岸缴费。

广西围绕打造北部湾国际枢纽海港和西江黄金水道升级版目标，继续做好西江黄金水道扩能改造，着力提升服务能力水平，全力构建“黄金水道”，推动西江经济带产业大发展。

珠江—西江经济带澎湃发展动能

珠江—西江经济带横贯广东、广西，上联云南、贵州，下通香港、澳门，是珠江三角洲地区转型发展的战略腹地，是西南地区重要的出海大通道，在全国区域协调发展和面向东盟开放合作中具有重要的战略意义。

为加快珠江—西江经济带发展，2014 年，党中央、国务院从我国区域协调发展的战略角度出发，作出重大决策部署，批复实施《珠江—西江经济带发展规划》。

近年来，广西围绕建设生态文明示范区和“美丽广西”总目标，全面实施“生态立区，绿色发展”战略，坚定不移地走“绿水青山就是金山银山”的绿色发展之路。粤桂两省区坚持生态优先、绿色发展，有力推动珠江—西江经济带在体制机制创新、基础设施互联互通、产业协同发展、流域生态环境保护、公共服务共建共享等方面取得积极成效，为区域协调发展和流域生态文明建设提供示范，为新时代加快构建国内国际双循环新发展格局，推动区域经济实现高质量跨越式发展奠定坚实基础。

筑牢珠江—西江流域“绿色长城”。

建设流域生态文明试验区，筑牢珠江—西江流域生态安全屏障，是珠江—西江经济带的重要建设内容，是珠江—西江经济带发展的根基与依托。

《珠江—西江经济带发展规划》指出，坚持绿色循环低碳发展，统筹开发建设与环境保护、兼顾上下游地区发展需求，在生态环境联保联防联控、资源有偿使用、区域生态补偿机制、岸线资源集约利用等方面积极探索、先行先试，将珠江—西江经济带建设成为流域生态文明试验区。

广西深入贯彻落实习近平生态文明思想，创新生态环保合作机制和流域生态保护补偿机制，多措并举推进西江流域生态保护与修复，流域生态环境特别是水环境质量保持在全国前列，珠江—西江生态廊道加快形成。

——建立健全环境污染和生态环境保护联防联控机制。粤桂两省区建立健全跨省流域上下游突发水污染事件、危险废物跨省非法转移联防联控工作机制，珠江—西江流域成为全国首个建成水污染防治联动协作机制的大流域。

——创新实施流域生态保护补偿机制。设立九洲江流域跨界水环境保护合作资金，共同治理九洲江水环境，九洲江水质保持良好并持续改善。

——“一干七支”沿岸生态农业产业带建设初见成效。珠江—西江经济带广西片区累计建成自治区级生态农业核心示范基地 105 个、县（市、区）级示范基地 397 个、辐射和带动面积 1350 多万亩，试点区域基本形成了产业发展生态化、农田环境清洁化、农业功能融合化、农村人居城镇化，农业面源污染治理取得阶段性成效，实现“一江净水向东流”。

提升民生福祉惠及两地民众。

根据珠江—西江经济带发展规划要求，广西坚持在绿色发展的基础上，有序推进公路、铁路、港口、航空等基础设施项目建设，稳步推进粤桂两地产业协同发展，不断提升流域公共服务可及性和均等化水平，让珠西合作成果更多惠及两地民众。

织密铁路网。规划连接两广的“十铁”已建成“四铁”，珠江—西江经济带广西沿江 11 市已有 9 市通行动车，粤桂间动车组列车达 130 对以上。至 2020 年底，粤桂客运铁路交通基本形成公交化、高密度新格局，形成以南广、南昆、贵广、湘桂、焦柳、黔桂、黎湛、益湛 8 条干线为骨架的出省出海出边铁路运输网络。

搭建公路运输网。粤桂两省区协同推进跨区域通道建设，规划“十八高”已建成“七高”，两省区毗邻的 9 个县区全部通高速公路，珠江—西江经济带基本形成向西衔接东盟国家口岸，向北连接湖南、贵州等内陆地区，向东向南衔接珠三角与北部湾地区和连接珠三角与桂西及云贵地区的高速公路网主骨架。

提升航运能力。已开通23条广西内河至粤港澳地区的集装箱定期班轮航线。西江广西境内高等级航道里程1890公里，2000吨级船舶可从南宁直航粤港澳，港口综合通过能力超过1.5亿吨，河道运输能力仅次于长江，贵港港货物吞吐量1.06亿吨，成为珠江水系首个内河亿吨大港。

形成对接粤港澳航线网。广西运输机场体系由“两干五支”升级为“两干六支”。南宁吴圩国际机场实现与东盟9个国家、16个城市通航，广西通往粤港澳大湾区主要机场航线14条，基本形成与广东、香港及澳门的航空航线网。

粤桂两省区加强产业协同发展，促进公共服务共建。广西紧密对接广东战略性新兴产业集群，积极打造西江沿线绿色产业带，两省区沿江城镇体系加快完善，城市功能作用显著增强，城乡一体化发展加快推进，公共服务合作领域持续扩大，公共服务一体化水平不断提高，沿线城市民生福祉得到有效提升。

三、生活篇：丰衣足食

从低收入阶段向总体中等收入阶段迈进，从全国交通末梢向区域性交通枢纽转变，从边陲地区走向开放前沿，从温饱不足到全面奔小康，广西发生了“四大历史性转变”。昔日一穷二白的西南边陲，如今经济快速增长，人民生活逐渐富裕。

让人民生活幸福是“国之大者”。在党中央的正确领导下，特别是党的十八大以来，广西始终把民生工作摆在突出位置，践行以人民为中心的发展理念，坚持不懈改善和提升人民生活水平，把满足人民日益增长的美好生活需要作为奋斗目标，集中力量抓好普惠性、基础性、兜底性民生建设，办好就业、教育、社保、医疗、养老等方面的民生实事，用心用情用力解决好人民群众“急难愁盼”问题，夯实民生之本，擦亮幸福底色。

“最美的风景是学校”，办好人民满意的教育是幸福生活的重要保障。党的十八大以来，广西坚持把优先发展教育事业作为推动各项事业发展的重要先手棋，全力推进义务教育均衡发展，义务教育阶段学生辍控保学实现“双清零”；连续实施广西教育“双千计划”和广西教育提升三年行动计划，多措并举促进教育事业跨越发展。“十三五”期间，广西新建学校1500所，改扩建学校2万多所，新增学位114万个。自治区示范性普通高中实现县县全覆盖，到2020年，九年义务教育巩固率达到96%；广西劳动年龄人口平均受教育年限达到10年，新增劳动力平均受教育年限达到13.5年。广西教育发生了格局性变化，教育公平迈出重大步伐。

一个地区的居民健康水平，是衡量民生幸福指数的一把标尺。“十三五”期间，广西投入164.7亿元实施基层医疗卫生机构能力建设行动计划，初步构筑起县乡一体化的基层医疗卫生体系，历史性地消除了全区乡村两级医疗卫生机构和人员“空白点”。2020年广西人的平均预期寿命上升至77.52岁，孕产妇死亡率下降到8.37/10万，婴儿死亡率下降到2.51‰；2018年在全国率先启动严重类型地中海贫血胎儿“零出生”计划，如今已实现免费地贫防控服务生育夫妇全覆盖，地贫患儿医疗保障水平和接受规范救治比例不断提高，广西向世界提供了地贫救治经验；医保部门着力实现居民大病保险全覆盖，并通过“先诊疗后付费”“一站式结算服务”等工作，有效破解群众最关心的因病致贫、因病返贫问题……全区居民主要健康指标优于全国平均水平，位居西部前列，人民健康水平实现新跨越。

就业是民生之本，就业稳则民心安。广西扎实做好稳就业、保就业工作，不断强化就业优先政策，建立健全经济发展和扩大就业的联动机制，实现经济发展和促进就业的良性互动、相互促进，“劳有所得”4个字的含金量越来越高。近年来，广西输送高校毕业生累计115.45万人，初次就业率一直排在全国前列，初次就业率多年保持在90%以上，职业学校累计输送176.9万技术技能人才。“十三五”期间，全区城镇实现新增就业共206.48万人，农村劳动力转移就业新增373.53万人次，城镇登记失业率控制在3%以内。

社保覆盖更全面，社保政策更惠民，经办服务更优化。全面放开快递员、外卖配送员等灵活就业人员参加职工基本养老保险户籍和地域限制，将其纳入养老保险范围。截至2021年9月底，广西参加城镇职工基本养老保险人数960.41万人，超额完成国家下达任务。连续上调企业和机关事业单位退休人员养老金水平，逐年上调全区工伤保险待遇水平，城乡居民基础养老金最低标准从2018年的每人每月108元提高至每人每月131元。失业保险金标准连续提高，失业保险保障范围进一步扩大。全区14268个行政村全部配备广西人社村级服务平台自助终端，群众在家门口即可办理20项常用就业社保业务；推进社会保险公共服务事项"跨省通办""全区通办"。

民生提质不停歇，敲开幸福生活门。站在新时代新的奋斗起点，落实"国之大者"，广西经济社会发展成果更多更公平惠及全体人民，广西人民的获得感、幸福感、安全感更加充实、更有保障。

（一）一个不少上好学

广西教育跨越发展

教育是事关国家发展和民族未来的千秋基业，是面向未来的事业。

抓教育就是抓发展，谋教育就是谋未来。广西始终坚持科教兴桂战略，不断推动广西教育事业加快发展，彻底改变了广西落后的教育面貌，发端于广西的希望工程项目从资助贫困孩子读书，发展到帮助孩子圆梦，"希望阅读""希望新心""希望厨房"等希望工程项目的发展，生动地从一个侧面反映出了广西教育面貌的变化，人民群众对更加公平更有质量的教育需求逐步得到满足，文化教育软实力成为富民兴桂硬支撑。

教育公平迈出强健步伐。2020年，全区所有县（市、区）通过国家义务教育基本均衡发展评估验收，城乡、区域、校际差距不断缩小，教育普及水平大幅提升。

教师整体素质和专业化水平明显提升，教育质量明显提高，基础教育和职业教育国家教学成果奖获奖总数位居全国前列。自治区示范性普通高中实现县县全覆盖；产教融合不断深化，国家和自治区高水平高等职业学校建设成效显著。

教育投入持续增加

广西严格落实义务教育经费“三个增长”要求，连续多年实现“三个增长”目标。2019 年，广西一般公共预算教育经费中用于义务教育阶段的共计 638.25 亿元，比 2018 年增加 43.17 亿元，增长 7.25%。全区小学、初中生均一般公共预算教育事业费支出为 8355.2 元和 10735.2 元，分别比 2018 年增长 4.27%和 2.99%。小学、初中生均一般公共预算公用经费支出分别为 2482.22 元和 3246.1[illegible] 元，分别比 2018 年增长 0.02%和 1.29%。

广西不断深化义务教育经费保障机制改革，加大义务教育经费支持力度，提升中小学经费保障水平。2013 年以来，广西实施城乡义务教育“两免一补”政策，自 2016 年春季学期起，统一了城乡义务教育学校生均公用经费基准定额和“两免一补”政策，实现了“两免一补”城乡全覆盖。2016 年以来，自治区下拨各地城乡义务教育公用经费共计约 276 亿元，为全区所有公办、民办义务教育学生（含特教学生）免除学杂费；筹措免费教科书资金 36.7 亿元，采购国家和地方规定课程教科书 61684.53 万册，全部免费发放给义务教育学校学生；共筹集义务教育阶段家庭经济困难学生生活补助资金 81.86 亿元，补助义务教育阶段家庭经济困难学生 1638.38 万人次。

教育面貌不断改善

聚焦不平衡、不充分问题，广西坚持扩资源、补短板、强弱项、提质量，先后实施义务教育“全面改薄”、“双千计划”、“广西教育提升三年行动计划（2018—2020年）”等，办好人民满意的教育。

广西倾斜资金到国家连片特困地区县、自治区贫困县、边境县、民族自治县等最困难的四类地区，实施“精准改薄”。2014年，全区教育发展大会提出实施“双千计划”，到2017年底，广西实际共投入资金1132亿元，新建学校1205所。其中，统筹落实中央和自治区专项资金245.2亿元，新建、改扩建义务教育学校12510所，大大改善了农村薄弱学校的办学条件和生活条件，有力推动了广西教育提质增量。2018年1月，广西启动实施“广西教育提升三年行动计划（2018—2020年）”，截至2020年12月，实际到位资金739.09亿元。其中，统筹落实中央和自治区义务教育专项资金175.7亿元，支持各地新建学校380所，改扩建18804所，新增学位57万个。

城乡差距逐步缩小

标准宿舍、标准食堂，新教室、新操场……随着山区、农村义务教育学校标准化建设，办学条件改善，广西城乡义务教育阶段学校差距逐步缩小。

2013—2020年，全区各级政府投入义务教育均衡发展资金（不含人员经费）1372.64亿元，新建义务教育学校893所，改扩建学校2.53万所，新增学位241万个，新增校舍面积3406.02万平方米，新增体育运动场地面积1953.15万平方米，新增实验室、功能室13.81万间，新增图书1.62亿册，新增计算机69.1万台，薄弱学校办学条件进一步提升。

完善农村学校信息化基础环境建设，全区中小学（含教学点）宽带网络接入率由2016年初的76%增加到2020年的100%，班级多媒体教室覆盖率由2016年初的51%增加到2020年的94%。完成“全面改薄”目标任务，义务教育学校基本达到“20条底线要求”，义务教育学校标准化建设取得重要进展。

2016 年 2 月 23 日，新学期开学第一天，荔浦县（今荔浦市）蒲芦瑶族乡中心小学教师首次用上电子白板为大山里的孩子授课（自治区乡村振兴局 供图）

经过综合施策，2020 年，全区义务教育学校 55 人以上大班额比例降至 2.8%，超大班额比例降至 0，分别比 2016 年下降了 18.5% 和 7%，如期实现基本消除大班额、全面消除超大班额的目标任务。

从有学上到上好学

广西牢固树立抓教育就是抓发展、谋教育就是谋未来的理念，提交了“重教”“优教”的广西答卷。

宽敞明亮的教室、完善的教学设备、充足的运动场地…… 2020 年秋季学期，贺州市平桂区民族学校投入使用，给首批入读的当地 770 多名适龄瑶族学生带来了全新体验。从村小到乡镇中心校再到集中办学的优质校，平桂区实现了瑶族教育提质升级的“三级跳”。

受新冠肺炎疫情影响，2020 年春季学期延迟开学。自治区教育厅迅速组织开设中小学“空中课堂”，提供 2095 节丰富的线上教学课程和12条顺畅的线上教学渠道，实现对小学、初中、高中12个年级820万名中小学生全覆盖。“停课不停学”的实现，得益于“十三五”期间广西义务教育信息化建设。截至2020年，全区全部中小学（含教学点）接入了宽带网络，92%以上的教室安装了多媒体教学设备。

广西先后大力实施学前教育发展工程、普及普惠工程，破解“入园难”“入园贵”难题，新建幼儿园922所。截至2020年，全区有公办幼儿园3996所，实现每个贫困县城区建成1—2所公办幼儿园，基本实现乡镇公办中心幼儿园全覆盖。推进城镇小区配套幼儿园治理，各地有1994所小区配套幼儿园转办成普惠性幼儿园。截至2020年，全区多元普惠性幼儿园总数达到5722所，惠及幼儿95万人。

营养餐孩子们吃得香

中午放学铃声响起，田阳区头塘镇百里小学的孩子们陆续来到食堂自觉列队。厨房窗明几净，这一天的菜有猪肉、鸡蛋、南瓜，米饭管够。

四年级学生陆榕萍吃得很香。回忆起刚入学那年，因为妈妈外出务工，爸爸在家务农，无暇顾及自己的饮食起居，她经常饱一餐饥一餐。“一些偏远乡村，像这样为吃饭发愁的中小学生还有很多。”百里小学校长说。为解决学生吃饭问题，学校曾自建一个“微食堂”，但规模小、缺人手，老师下课忙做饭，很不方便。随着农村义务教育学生营养改善计划的实施，百里小学的孩子们每人每天都吃上了价值4元的免费营养午餐。

截至2020年，广西共有63个县（区）开展了农村义务教育学生营养改善计划试点工作。其中，国家试点县29个，自治区试点县13个，地方试点县（区） 21个，惠及学校8564所，学生1668399人。

为普及好营养餐，广西出台多项措施，配套投入资金 20 多亿元，建设食堂近 5000 个，有效改善了学校食堂基础条件和学生就餐环境。

自治区疾控中心营养监测数据显示，各试点县（区）学生营养不良率逐年下降，受益学生的营养状况得到较大改善。

广西不断完善资助政策，建立起从学前教育到高等教育“全程覆盖、无缝衔接”的家庭经济困难学生资助体系。2016 年以来，共发放各类学生资助资金 261.38 亿元，受助学生达 1652.44 万人。其中，建档立卡贫困家庭在学子女约 578.15 万人，资助金额约 103.33 亿元。63 个县（区）实施农村义务教育学生营养改善计划。“十三五”期间，累计下达营养膳食补助资金 60.95 亿元，受益学生 860.37 万人次。

从 2016 年开始，广西把义务教育阶段特殊教育学校和随班就读残疾学生生均公用经费标准提高至 6000 元，较 2014 年提高 50%。每年有 16 万随迁子女新生在流入地就读义务教育学校，入读公办学校比例持续保持在 80%以上，残疾儿童少年义务教育毛入学率达到 99.8%。

让每朵花儿都开放

均衡发展，是我国义务教育发展的战略性目标。广西不断推动义务教育均衡发展，切实增强人民群众教育获得感。2019 年，全区义务教育巩固率为 95.2%，比 2012 年提高了 7.2 个百分点。

2014 年，全区教育发展大会决定实施义务教育均衡发展工程。自治区政府把义务教育均衡发展工作作为政府工作重要内容纳入议事日程。

广西坚持将控辍保学工作作为义务教育保障战役的重中之重。按照义务教育“一个都不能少”的目标要求，打好控辍保学组合拳，

百色市右江区汪甸瑶族乡六核村六核中心小学学生兴高采烈地领新书（自治区乡村振兴局 供图）

2018年以来共劝返辍学学生3.5万人，有效解决了学生失学辍学问题。2020年6月17日，广西实现全区建档立卡贫困户学生失学辍学人数动态清零目标。

广西建立健全控辍保学“双线四包”和联控联保工作机制。按照“一县一策、一校一册、一生一案”的工作要求，各地组织开展大家访、大劝返活动，以农村地区、贫困户为重点，由机关干部、驻村第一书记、中小学校长和教师等组成的工作组进村入户家访，有针对性地劝导辍学儿童少年返校复学。2020年上半年，全区共劝返11351名未按时返校学生，其中贫困户学生866名。

根据辍学学生年龄和辍学年限等实际情况，广西分类指导、因人施策，做好返校复学安置管理工作，确保“留得住”。对辍学年限较长、年龄偏大以及极度厌学的学生，安置到中职学校。对义务教育阶段重度残疾儿童少年开展送教上门工作，根据学生实际提供送教内容，每月不少于2次。建立学习困难学生帮扶制度，着力消除因学习困难或厌学而辍学的现象。

坚持以共享发展为根本目标，广西强化关爱帮扶举措，努力保障特殊群体平等地接受义务教育。

广西将随迁子女教育纳入流入地教育发展规划和财政保障范围，实施以居住证为主要依据的进城务工人员随迁子女入学政策，保障进城务工人员随迁子女入学。

建立健全留守儿童数据库。解决留守儿童学习、生活困难等问题，加强防溺水、交通安全、法治和心理健康教育，及时解决留守儿童的心理问题，改正他们的不良行为，促进学生身心健康发展。

深入实施特殊教育提升计划，不断增加特殊教育资源。坚持“全纳”教育理念，保障适龄残疾儿童少年受教育的机会。2020 年秋季学期，全区共建有特殊教育学校 82 所，共保障 15402 名适龄残疾儿童少年接受义务教育，总体毛入学率达到 99.8%。

强师筑梦逐未来

教育大计，教师为本。广西聚焦义务教育均衡发展，持续加强乡村学校教师队伍建设，补强乡村学校教师发展薄弱环节，不断促进教师队伍整体提升。截至 2021 年 1 月，广西的乡村教师队伍建设，不但实现了规模上的大幅跃升，在结构、质量上也取得了长足发展与进步。一支“招得来、留得住、教得好”的乡村教师队伍，正为广西义务教育均衡发展提供强有力的保障。

根据区域、城乡、校际等差异，广西坚持分类施策，通过采取“四个一批”的举措，推进城乡师资队伍均衡发展。加强教师编制管理，更多教师资源倾斜到农村学校。2015 年，广西统一城乡中小学教职工编制标准，2016 年、2020 年先后 2 次完成全区中小学教职工编制核定工作，分别新增编制总量控制数 6.57 万个和 5.75 万个。

加大教师师资补充力度，吸引更多高校毕业生到乡村从教，着力解决乡村教师数量不足、结构不优等难题。推进教师公开招聘制度改革，下放中小学教师公开招聘管理权限，适当放宽艰苦边远地区教师招聘条件，简化考试方式，引导人才向基层一线流动。加大“特岗计划”实施力度，2013 年以来，广西累计补充农村特岗教师 5.66 万名。实施农村小学全科教师定向培养计划，每年招收培养公费师范生 3000 名左右。截至 2021 年，广西公费师范生毕业生已达 1.2 万名，全部安排到村小、教学点任教。

2015 年以来，通过公开招聘、“特岗计划”、定向培养等方式，广西累计补充义务教育教师 8.86 万人，其中补充小学全科教师和紧缺薄弱学科教师 3.72 万名。各县（市、区）义务教育教师缺额率均降至 5%以下。

乡村教师队伍扩大了，师资学历不高、学科结构不合理等突出问题也在改善。在师资队伍得以保障后，广西的乡村学校开齐开足开好各门课程，农村孩子也享有公平、有质量的教育。

加大教师培训力度。近年来，广西每年安排经费 1.5 亿元培训教师 10 万余人次。“国培计划”“区培计划”指标优先满足贫困县需求，每年面向贫困地区安排培训经费 4000 多万元。

广西还通过教师支教走教计划，每年从城区中小学选派骨干教师到乡村学校支教走教；实施“银龄讲学计划”，招募优秀退休教师到乡村学校支教。2015 年以来，广西选派 2.3 万余名中小学教师到农村学校支教走教，共有 2800 余名优秀退休教师志愿者到贫困县、边境县、“天窗县”、连片特困区支教。

2019 年，广西正式启动中小学教师“县管校聘”管理改革工作，推动教师从“学校人”向“系统人”转变，促进校长、教师合理流动，让优质师资力量布局更加均衡。如今每年参加交流轮岗的校长、教师比例保持在 13%以上。

健全越往农村、越往基层待遇越高的乡村教师薪酬制度；不断创设有利于教师成长的机制和环境；实施乡村教师生活补助计划，大力改善住房条件……广西通过努力，提高广大乡村教师地位、待遇，让他们在岗位上有幸福感、事业上有成就感、社会上有荣誉感，扎根基层，安心从教、热心从教、舒心从教、静心从教。

希望工程助力青少年成长

2019 年 11 月，希望工程实施 30 周年之际，习近平总书记寄语希望工程：进入新时代，共青团要把希望工程这项事业办得更好，努力为青少年提供新助力、播种新希望。

希望工程护佑下的青少年，从物质到精神，与时代同步，在阳光下成长。

周标亮是邓小平同志通过希望工程捐资助学的 25 名孩子中的一员。她 20 多年前毕业于平果县（现平果市）希望小学，工作后回到母校任教 20 年，以此回报希望工程，培育更多的孩子。她看着这所希望小学有了英语老师，有了电气化食堂，有了操场和图书室，现在还有了心理辅导老师、阅读指导老师。这一点一滴的改变，都令她自豪且感慨万分——希望工程给乡村带来无限希望。

广西希望工程建立起覆盖学前教育、义务教育、高中和职业教育、大学教育和研究生教育的贫困家庭学生资助体系，以及区、市、县、乡、校五级学生资助管理服务体系。

共青团来宾市委青年发展部一名干部曾这样感慨："我人生的'希望种子'萌芽于希望小学，求学路上也一直沐浴希望之光。现在我投身希望工程的伟大事业，更关注困难学子受教育过程中的难点、痛点。新时代的希望工程，要让他们接受平等的教育、优质的教育、全面的教育。这是我的追求和梦想。"

广西科技大学土木建筑工程学院一名老师在"希望英才"项目的

“希望阅读”主题活动在百色红领巾希望小学举办（吕欣 摄）

资助下度过家庭变故之困，获得了博士学位。博士毕业后，他回到家乡任教。他在科研方面取得了突出成绩，经常参加学校为贫困生组织的各种讲座，分享自己的成长经历，资助 25 名家庭经济困难的学子。他说，要把党和国家给予困难学子的关怀和希望传递下去，帮助更多的人成才，回报国家和社会。

截至 2021 年 6 月，广西希望工程在自治区党委、政府的高度重视和社会各界的热情支持下，共筹集资金 5.52 亿元，资助贫困学生 30 多万名，援建希望小学 1100 多所，援建希望厨房 600 多间，培训希望小学教师 6000 多人。广西希望工程在助力脱贫攻坚、促进教育发展、服务青少年成长、引领社会风尚等方面发挥了积极作用。

步入新时代，广西积极拓展希望工程的新发展领域，相继推出“希望阅读”“希望护航”等公益项目，持续品牌建设，推进“五大工程”，围绕乡村振兴，坚持为党育人，助力青少年成长、成才。新形势，新使命。希望工程聚焦助学育才、为党育人的根本任务，用更新的理念、更多的方式帮助青少年全面发展。2021年以来，广西大力推进希望工程与互联网深度融合，“智慧希望工程”开始实施，打造出希望工程数字公益新业态；围绕乡村振兴战略目标，设立希望工程培训基金，培训农村青年骨干、新型职业农民、大学生村干部；加大农村青年致富“领头雁”培养，全区51个县建立了青年创业组织，培训1.2万名农村青年。全区6000多名希望小学校长和骨干教师接受培训；339名“西部计划”志愿者和其他优秀志愿者到希望小学支教；城乡学校“手拉手”结对互助，希望小学教师到城市学校跟班学习，城市名师课堂、名校网络课堂进入希望小学，推动优质教育资源共享。

扎根大山三十载，照亮贫困女生追梦路

“准备出发，给我翅膀吧，踏着那狂风的步伐，点燃那无垠天涯，让所有梦想无与伦比地闪耀吧！”这是融水民族中学的校歌，歌词燃情励志，广受学生喜爱。校歌是校长首迎东以女童班为背景创作的。从1991年到2021年，首迎东扎根苗乡三十载，犹如一盏明灯，照亮了一届又一届大苗山女孩的追梦之路。

1987年，首迎东考上了广西师范大学数学系。从融水大山来到大城市读书的首迎东看到了更广阔的天地，同时也在心中埋下了一颗种子——大学毕业后一定要回到家乡，让更多的少数民族孩子走出大山。

完成学业后，首迎东毅然回乡从事教育工作。2002年，首迎东主动请缨到融水民族中学担任副校长。因工作出色，两年后他正式“掌舵”融水民族中学，担任校长至今。

首迎东最关心的是女童。他将学校每 3 年招一次生的少数民族女童班改为一年一招，每届 2 个班，每班 60 人，主要招收来自融水各乡镇的苗、瑶、侗、壮等少数民族贫困女生。

在女童班创立之初，很多家长拒绝送孩子上学。首迎东和学校老师们走家串户，到学生家中劝说家长改变观念。

10 多年前进入女童班的小玲现在已是防城港市的一名公务员。"以前家庭经济很困难，实在没办法让孩子读书。后来首校长来家访了解情况，学校还给予了一定补助，孩子才能有机会继续念书。"回忆起首迎东当年登门劝说的情形，小玲的父亲一直心怀感激。

女童班的学生心怀梦想，但因家庭经济困难，内心都有不小的压力。为了让孩子们能安心读书，首迎东不仅自己捐资捐物，还带动身边人，并联系爱心团体一起为孩子们的梦想保驾护航。"我们多方联系社会爱心人士和爱心企业，让女孩子们免除了后顾之忧。"首迎东说道。

如今，少数民族女童班得到了社会各界的关注，中国红十字会等社会公益组织长期为女童班学生提供帮助。女童班的每名学生每年都可以获得爱心团体资助的 1000 元生活补助。而女童班的学生们则以耀眼的成绩回报母校，2019 年全县中考，获得 A+ 等级的共 93 人，其中女童班 26 人，超过总人数的 1/4。

因为格外珍惜来之不易的学习机会，女童班学生学习特别刻苦，但首迎东还希望她们能有广泛的兴趣爱好。因此，除国家课程外，学校给女童班开设了苗绣课、山歌课、芦笙课等，让女童在学好规定课程的基础上，传承少数民族的优秀传统文化，增强民族自信。

从女童班走出去的学生，有的大学毕业之后回到学校任教。小兰是融水民族中学 2007 级第四届扶幼女子班的学生，她大学毕业后回到母校女童班任教，表示要用自己的亲身经历告诉孩子们，知识可以改变命运。

爱的接力棒已经在学生的手上传递。首迎东相信，只要进一步落实好党的民族教育政策，做好民族教育工作，就能让更多山区的儿童通过知识改变命运，插上理想的翅膀飞出大山。

民族团结的花儿开在校园里

校园里的圆凳、石桌上刻着壮锦、铜鼓图案，豆腐坊、藏宝阁里古朴的展品拉近了学生与农耕文化的距离……徜徉在广西民族文化教育示范学校来宾市忻城县红渡镇马蹄小学校园，不经意间总能见到独具民族文化特色的风景。广西充分利用丰富的各民族优秀文化资源，推动民族团结进步教育深入开展，实施民族文化教育示范学校建设工程，指导全区 156 所中小学校开展特色办学。通过在校园中建设文化长廊、体验馆、陈列室、博物馆等，展示中华优秀传统文化，讲述各民族团结奋斗建设国家、建设广西的故事，引导学生树立正确的国家观、历史观、民族观、文化观、宗教观，不断铸牢各族师生中华民族共同体意识。

隆林各族自治县是壮、汉、苗、彝、仡佬等 5 个民族的世居地，是我国 2 个各族自治县之一。自 1983 年起，隆林先后在高中、初中和小学 3 个阶段开设民族班。各族群众的教育观念发生明显转变，对教育的重视程度越来越高。这个工作成绩的取得，与推广普通话密不可分。近年来，广西把推广普及国家通用语言文字作为基础性工作常抓不懈，共同铸牢各族学生中华民族共同体意识，充分发挥学校作为推广普及国家通用语言文字基础阵地的作用，要求所有中小学校全部使用国家通用语言文字进行教学。2020 年，广西普通话普及率为 85.68%，高于全国 4.96 个百分点，位于西部地区前列，提前 5 年达到教育部、国家语委的要求。

扶绥县民族中学举办民族传统体育运动会（卢文斐 摄）

演奏独弦琴、高脚罾行走，热闹的课外活动引来学生阵阵欢声笑语……这是东兴市京族学校课间的一幕。东兴市京族学校致力于将民族团结进步和爱国主义教育渗透到各个学科，面对不同民族的学生，学校开设了各具特色的京语教学、独弦琴、京族歌舞等兴趣班。

截至 2021 年 9 月，东兴市京族学校有在校生 952 人，其中少数民族学生 777 人（占比约 82%），京族学生 641 人（占比约 67%），京族学生和其他民族的学生一同在学校学习，相亲相爱。学校根据学科特点深入挖掘民族团结进步教育渗透点，在体育、音乐、美术、语文、历史、地理等相关课程中嵌入民族团结进步教育的内容。

2021 年六一国际儿童节当天，南宁市武鸣区太平镇庆乐小学 32 名新加入中国少年先锋队的小学生身着民族盛装在民族团结文化长廊前，用壮语齐唱《我和我的祖国》。庆乐小学创建于 1950 年，是一所位于壮族聚居区的村级完全小学，是广西壮汉双语教学实验学校和壮族山歌传承基地，学校现有一到六年级 9 个教学班，98%以上的学生都是壮族。他们人人懂唱一首山歌，人人都会一种民族传统体育项目，人人都会壮汉双语。学校把唱山歌、跳竹竿、抛绣球、滚铁环、打陀螺等引进课堂。学校采用内容一致的壮汉两种文字教材，教学用语采用壮语和国家通用语言文字。校园内，上墙的文字全都有壮汉两种文字。

除了庆乐小学，广西其他民族中小学同样发挥民族文化育人的作用。决明子、半枝莲、白花蛇舌草……南宁市新兴民族学校创设“百草园”，栽种特色中草药；贵港市覃塘区蒙公镇民族初级中学建设“那博物馆”，让学生学习广西稻作文化；东兴市京族学校将民族歌谣、民族乐器引入美育课堂，创新民族文化传承教育方式。南宁沛鸿民族中学开发了抛绣球、竹竿舞、民族健身操等10多项具有民族特色的体育校本课程，并成功推动武术、踢毽子、抛绣球等民族传统体育项目纳入南宁市体育中考范围。

（二）健康广西人长寿

以全民健康托举全面小康

广西卫生健康事业从小到大、由弱到强，走过了不平凡的历程，发生了翻天覆地的变化。广西居民人均预期寿命由1949年的47岁上升到2020年的77.52岁，孕产妇死亡率由新中国成立初期的863.93/10万下降到2020年的8.37/10万，婴儿死亡率由新中国成立初期的247‰下降到2020年的2.51‰……广西居民主要健康指标优于全国平均水平，位居西部前列，人民健康水平实现新跨越。

病有所医，是老百姓基本的需求。广西从2009年起与国家同步大力推进公立医院综合改革。人民期盼不再因病在脱贫道路上掉队。

实施脱贫攻坚以来，广西提高医疗保障水平、推进医疗救治工作，通过“先诊疗后付费”“一站式结算服务”等措施为贫困群众解燃眉之急，破解“因病致贫、因病返贫”问题。围绕传承创新，积极落实党中央决策部署，发挥特有的地缘优势以及深厚的历史底蕴，健全完善中医医疗服务体系，实施中医药健康促进工程……中医药壮瑶医药成为广西独具特色的健康服务资源。

从出生到成长，居民健康水平稳步提升。如今，只要是在广西登记结婚的新人，绝大多数可以免费做一次地中海贫血筛查，地中海贫血高危夫妇可以得到产前诊断，避免生育重型地中海贫血患儿。而以前，地中海贫血是广西新生儿出生缺陷的主要病因，成为许多家庭难以承受之痛。

广西人群的地贫基因携带率曾高达20%。20世纪50年代，广西医科大学第一附属医院梁徐教授、龙桂芳教授带领团队在广西开启了地中海贫血防治研究。自治区政府于2010年全面实施地中海贫血防治工作，并于2018年在全国率先启动严重类型地中海贫血胎儿“零出生”计划。到2020年，全区重型地贫患儿出生率由2010年的2.26/万降至2020年0.22/万，降幅达90.26%，极大提高了广西出生人口的身体素质。

广西曾是我国南方四大高疟区之一。2011年，广西正式启动消除疟疾行动计划，2019年正式消除疟疾。国家消除疟疾终审评估组指出，广西消除疟疾，为全国消除疟疾提供了经验和做法。

在其他重大疾病防控和公共卫生工作方面，广西连续28年无脊髓灰质炎病例报告，连续18年无白喉病例报告，免疫规划疫苗报告接种率均超过90%。全力开展结核病、狂犬病等重大疾病防治攻坚行动，结核病发病率逐年下降，累计报告狂犬病发病数全国排位由2010年的第1位下降到2020年的第7位；经过54年的持续努力，广西首次实现了100%的县（市、区）达到碘缺乏病消除的目标。

广西将地中海贫血防治计划、艾滋病攻坚工程、中医药振兴发展纳入医改范畴，形成了广西特色医改模式。以地贫为主的胎儿水肿综合征出生缺陷从2008年的首位病因降至2020年的第10位病因。孕产妇死亡率、婴儿死亡率、5岁以下儿童死亡率、人均预期寿命等主要健康指标均提前实现“十三五”规划目标，持续优于全国平均水平，位居西部省区前列。

从出生到成长，从解决“看病难、看病贵”到为人民打造全周期的健康保障，一项项健康指标，映射出广西人民的健康获得感正在稳步提升。

县乡一体化构筑健康大幸福

为实现“基本医疗有保障”的目标任务，“十三五”期间，广西投入164.7亿元实施基层医疗卫生机构能力建设行动计划，有效破解了全区636万贫困群众最关心的“因病致贫、因病返贫”问题，初步构筑起县乡一体化的基层医疗卫生体系，历史性地消除了全区乡村两级医疗卫生机构和人员“空白点”，缩小了城乡就医差距，极大增强了人民群众的幸福感和获得感。

广西110个有扶贫开发任务的县（市、区），每个县均有1所县级公立医院，且达到二级医疗机构服务水平；每个乡镇和每个行政村均有1个达到国家标准的卫生院和政府办卫生室，并配备了合格的执业（助理）医师和乡村医生。

广西大规模组织乡村医生到城里培训，改革的持续推进吸引了越来越多的年轻医生投身于基层卫生医疗事业。数据显示，2010—2019年，广西共招收农村订单定向免费医学本科生3760名、专科（高职）

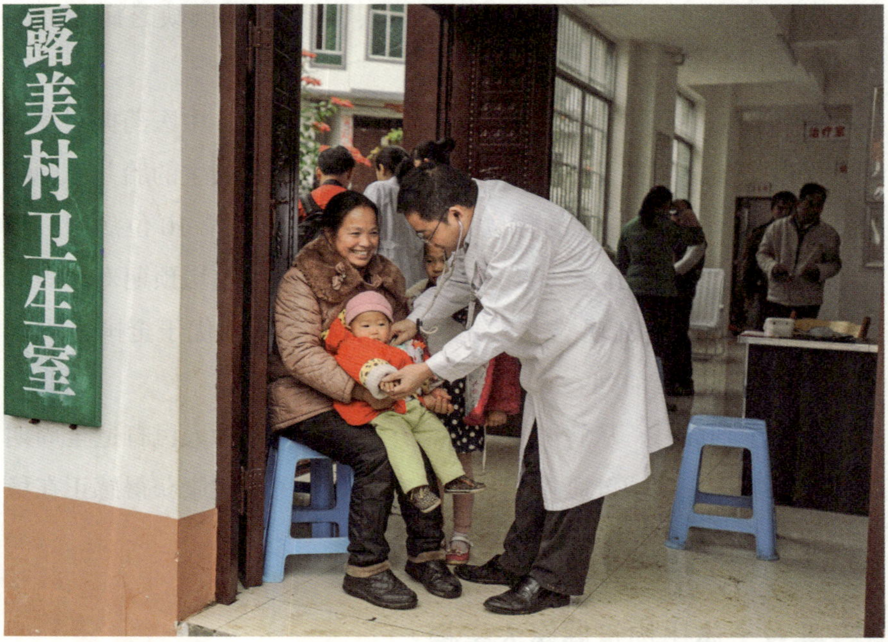

在百色市田阳区那满镇露美村卫生室，乡村医生正在给儿童做健康检查（唐典胜 摄）

生 3000 人。截至 2021 年，广西每万名人口全科医生达 2.63 人，实现了“十三五”规划指标，极大地改善了乡村医生队伍人员老化、人数不足问题。

90 后医生小梁从广西医科大学临床医学专业毕业后，主动申请回到家乡融水，到最偏远的杆洞乡中心卫生院当了一名医生，致力于推进和发展医联体工作，把“互联网 +”带到了杆洞乡中心卫生院。

“十三五”期间，广西全面实施“村医通”工程，全区基本医保直接结算延伸到村，村民们在家门口看病可即时享受医保报销政策。

天等县宁干乡宁干村果龙屯脱贫户黄世西和老伴都患有慢性病，宁干乡卫生院为他们建立健康档案，签约家庭医生，卫生院慢病科科长陆增昭成为他们的家庭医生。如今夫妻俩不仅享受到了贫困户相应的医疗减免政策，若身体不适，家庭医生还会为他们送药上门。在天等县，贫困患病人口住院就医总费用报销比例可达90.54%，门诊特殊慢性病就医报销比例达到87.56%。

2019年以来，乐业县提高乡村医生待遇，加强村级卫生室建设、优化农村医疗卫生资源配置，创新推行乡村医生职业化管理。县财政给予乡村医生的工作补助从每人每月300元提高到1400元，加上基本公共卫生服务补助、村卫生室专项补助、药品零差率补助、防艾宣传补助以及家庭医生签约服务补助等，全县每名乡村医生月收入超3000元。

乐业县建立报酬有保障、工作有考核、进出有标准的职业化管理制度，形成了责、权、利相结合，绩、奖、惩相统一的激励约束机制，打造了一支职业化的乡村医生队伍。全县88个行政村卫生室均配备2名乡村医生，执行8小时工作制度，确保双休日、节假日卫生室有人值班。

乐业县甘田镇板洪村卫生室里的远程诊疗系统是村民享受专家服务的“便利店”，同时也是乡村医生攻克疑难杂症的“定心丸”。

为健全县、乡、村三级卫生服务网络，乐业县大力推进村卫生室信息化建设，筹资修建、改造75个村卫生室，完善村卫生室的专网建设，实现村级基本公共卫生服务、健康扶贫工作等信息的实时录入，强化乡村医生对居民健康档案的动态管理。充分利用广东扶贫协作资金，建立“互联网+健康扶贫”远程诊疗卫生室24个，实现乡镇卫生院远程医疗全覆盖。

职业化管理解决了乡村医生的后顾之忧，让老乡村医生老有所依、年轻乡村医生留得住。完善养老保障政策、乡村一体化管理、加强职业技能培训等方面的改革也不断深化，乡村医生身份职业化、技术专业化，人民群众的健康在家门口得到更好的保障。

为不断减轻贫困人口医疗负担，广西建立了基本医保、大病医保

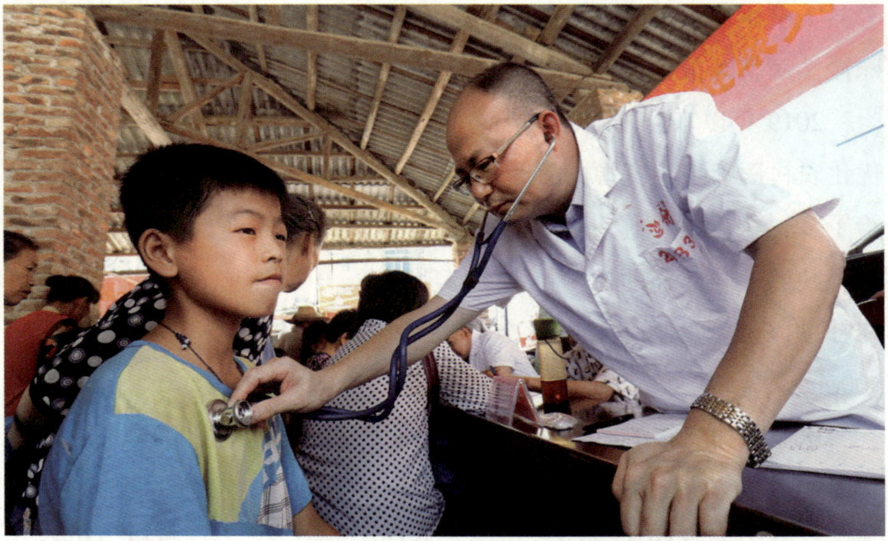

在柳州市融安县东起乡，医生在给当地群众义诊（覃庆和 摄）

等5道保障线，着力落实“198”基本医保兜底保障政策，坚持参保精准到人，符合参保条件的600多万建档立卡贫困人口全部参加基本医疗保险、大病保险、医疗救助，建档立卡贫困人口参保率达到100%。在县域内定点医疗机构就诊实现“一站式直接结算”“先诊疗后付费”，住院、门诊治疗费用实际报销比例分别达到90%、80%。广西强化重点慢性病贫困人口家庭医生签约服务，落实贫困患病人口应治尽治、应签尽签，覆盖600多万常住贫困人口，基本实现常住贫困人口家庭医生签约服务全覆盖。

为确保农村重点人群少生病，广西卫生健康委以地中海贫血防治为切入点，在基层卫生系统普遍建立婚前、孕前、产前、产后4道防线，综合防控出生缺陷；开展农村妇女宫颈癌、乳腺癌免费筛查，通过早发现、早治疗，减轻农村妇女“两癌”患者的医疗负担；进一步提供贫困艾滋病患者关怀救治服务，落实“四免一关怀”政策，实现关怀救治服务全覆盖，贫困地区健康环境逐步构建，贫困群众健康水平明显提升。

标准化村卫生室实现全覆盖，筑牢“健康基石”

“十三五”期间，南宁市118所标准化乡镇卫生院、1384个标准化村卫生室如雨后春笋般拔地而起，生动记录了基本医疗保障制度在农村推行的一个侧面。

自从打响基本医疗保障战役以来，南宁市多举措织密基层医疗卫生服务“网底”，为基层群众筑牢富裕成果的“健康基石”。

农民看病环境更好了

120平方米的卫生室，有诊室、药房、治疗处置室，还有一个温馨的健康小屋，宽敞明亮，洁净整齐。乡村医生林锦湖从在家给人看病到在一个正规的卫生室给人看病，感觉更神清气爽、心情舒畅了。

2020年，南宁市实现每个乡镇建有1所标准化卫生院，每个行政村建成1个标准化村卫生室并配备1名以上乡村医生，对940名乡镇卫生院中医骨干及乡村医生进行中医药基础知识和中医药适宜技术培训，为400间政府投资建设的村卫生室配备中医诊疗设备。

在林锦湖工作的武鸣区甘圩镇定黎村卫生室，有3名乡村医生，他们来自附近的2个屯，年纪最大的58岁，年纪最小的41岁。有了这个村卫生室，他们便和乡镇卫生院签订了聘书，3个人轮流值班，每个月有基本工资，政府还帮他们买了“五险一金”，每年都有几次到卫校学习培训的机会，医术得到很大提升。如今他们也用电脑开处方、用平台开药了，看病的流程和操作的技术更加规范。

农民看病距离更近了

2020年，南宁市辖5个县2个区的21家县级公立医院、99所乡镇卫生院全部实行县乡一体化改革。在城区形成市级医院集团化管理城区医院和基层医疗卫生机构，在县域实现县乡村一体化管理等紧密型医联体模式，还有专科联盟、市县医联体、远程医疗协作网等各种松散型医联体，让孤立的乡村医生、乡镇卫生院和卫生室彼此联结起来，织成一张为农村群众健康护航的大网，并使其在新技术、新模式的推动下越发紧密和结实。

在此基础上，“互联网 +”如虎添翼，农村医疗保障制度进一步消除城乡康养差距。

如今，南宁市医联体、县乡医共体建设已经实现全覆盖，远程会诊系统“互联网 + 健康扶贫”工作模式在实践中取得显著成效。全市在 37 家二级以上公立医院与 15 家乡镇卫生院开通了云门诊，可以进行远程心电诊断、远程影像诊断。对农村群众和乡村医生来说，这是之前想都不敢想的事情。

农民看病负担更轻了

50 多岁的上林县木山乡那良村乡村女医生黄安花一个人在一个村做了 20 年的乡村医生。这几年，她的职业生涯因为农村基本医疗保障工作的推进发生了巨大变化。

在县乡村一体化建设当中，政府的各种补贴实打实地在农村落地，她个人的待遇明显提高，农民看病的负担也更轻了。

“踏实，稳定。”黄安花说，“一个人的坚持汇入了社会发展的大江大河，心里更有底气了。乡亲们看得起病，做医生开药治病也更坦然了。”

南宁市卫生健康委工作人员到村里走访的时候，黄安花刚刚接诊完一位 80 多岁的糖尿病患者。黄安花医生给老人开了 4 盒药，费用是 74.12 元，因老人持有慢性病卡，又是农村低保户，她个人只花费了 1.34 元。这些药，足够她服用 16 天。

通过推行县乡村一体化改革，上林县建立了“全科医生 + 公共卫生医生 + 护士 + 村医”四位一体的家庭医生服务团队，并对其实

蒙山县残联与县人民医院组织小分队到汉豪乡开展“我为群众办实事”活动，为行动不便的疑似残疾人鉴定残疾等级（黄胜林 摄）

行网格化管理，村民在家门口就可以零距离享受基本医疗卫生服务。

2017 年，建档立卡贫困人口住院“先诊疗后付费”政策在南宁市县域内定点医疗机构落地实施，并延伸至南宁市卫生健康委属市级所有公立医院；2019 年，南宁市在全区率先实现农村建档立卡贫困人口“基本医保 + 大病保险 + 基本医保二次报销 + 医疗救助 + 兜底保障”5 项保障“一站式结算服务”；2020 年，南宁市建档立卡贫困人口大病救治率达 99.60%，农民看病负担更轻了。

从看不起病，到先诊疗后付费、政府兜底保障；从群众悬实找医生，到享受签约家庭医生上门服务；从看病跑百里，到建立医疗卫生服务县乡村一体化体系……保障基层群众富裕成果的“健康基石”越筑越牢。

医保建档立卡一个也不能少

无论何处、无论何时，广西医保基层工作人员始终用心、用情、用智、用力，全面完成建档立卡贫困人口全参保、全资助和待遇全享受任务，为决战决胜脱贫攻坚、全面建成小康社会贡献医保的硬核力量。

数据比对，动态管理

2020 年 10 月 13 日午夜时分，随着新一期数据比对的变更名单出现在自治区医疗保障信息系统，自治区医保局组建的医保数据比对工作群开始热闹起来。等候多时的宁明县医保局工作人员迫不及待地下载数据文件。

参保数据，是医保扶贫的“眼睛”。只有保证参保数据精确，才能让群众及时享受待遇，文件里那一行行信息、一串串数据，都饱含着贫困群众对美好生活的渴望和对医保扶危济困的期盼。

贫困人口数据庞杂、人员分散、类型多样，为了不出现漏保、错保的情况，宁明县医保局工作人员需要花费大量时间和精力，与扶贫、残联、民政等部门及各乡镇认真核对数据，再次标识，确保数据最新最全最准。对照扶贫部门提供的建档立卡人口动态数据，逐一核实核准身份及相关情况，对新识别的建档立卡人口实行动态参保，做到即认定、即参保、即资助。清除无效数据，修改错误数据，新增正确数据，标识特殊身份……确保建档立卡贫困户数据与扶贫国办系统保持一致。

不少一个贫困户，不丢一个扶贫对象，不错一个扶贫数据。武宣县医保中心一名副主任通过反复比对，筛查校对全县 7 万多建档立卡贫困人口身份信息，并针对有误的身份信息，指导乡镇劳保所入户准确核对，强化对工作人员的业务培训；在对参保的建档立卡贫困人口

融水苗族自治县四荣乡医务人员深入村屯开展贫困户家庭医生续签手续，并开展家庭健康巡视和科学应对新冠肺炎疫情等健康宣教工作（龙涛 摄）

个人缴费额进行汇总时，严格把关，按照要求精准录入，根据缴费数额核对贫困人口参保名册。

实地摸底，全面排查

大化瑶族自治县七百弄乡贫困面广、程度深，是当地去贫工作的重点和难点。七百弄乡保上村驻村第一书记韦善锦深入村屯细致摸底、耐心询问，建档立卡贫困家庭必到，贫困人口必访，参保信息必核……他的脚步遍布了保上村的每一个村组。有一次上门走访时，他发现陈谋正一家尚未参保，便耐心劝说，详细讲解医保扶贫的最新政策。渐渐地，原本觉得一家无病、无须参保的陈谋正，观念发生了转变，最后一家子全部参保。2020 年 6 月，陈谋正在劳动时不慎从高处坠落，重伤住院，因为参加了医保，90%的住院医疗费用得以报销，极大减轻了家里的经济压力。经韦善锦和同事们挨家挨户做解释工作，保上村所有的贫困人口 281 户 1410 人全部参加医保。

精准服务，应保尽保

2019 年 2 月的一天，柳城县脱贫户乔影春在生产车间突然晕倒，被送至县人民医院抢救，随后转至柳州市人民医院心胸血管外科进一步治疗。该县医保局工作人员第一时间给乔影春一家详细解释了医保扶贫政策。乔影春家虽然 2016 年已脱贫，但仍属建档立卡贫困人员，依然能享受各项帮扶政策。比如，在柳州市各级医疗机构住院可报销 90%的治疗费用。经过 1 年多的治疗，乔影春病情大为好转，医保扶贫的好政策，给她们家撑起了一片晴天，让她再次看到了生活的希望。

在柳城县，因享受到医保扶贫政策而“见晴天”的贫困户还有很多。该县通过自治区平台比对信息，对贫困人员参保情况及时预警、动态管理，实现扶贫数据共享，精准及时地在医保系统中标识贫困人口，保证了贫困人口医保参保率达 100%。

2019 年 3 月，百色市田阳区医疗保障局成立。面对基本医疗保险征缴工作进度缓慢、时间紧、任务重的难题，该局局长组织了基本医疗保险征缴“统一行动双周”行动，用两周时间组织镇、村干部和后援单位帮扶干部全力投入集中攻坚，并协同公安、民政、人社、武装部及乡镇政府进行细摸底、深排查，强力推进基本医疗保险征缴工作，于 2019 年 6 月实现建档立卡贫困人口 100%参保。

建档立卡贫困户百分百参保，是实现“两不愁三保障”精准扶贫硬性指标的重要一环。在这项工作中，广西广大基层医保工作人员以实干担当之态、砥砺奋进之姿，有效确保不漏一人，实现精准覆盖。截至 2020 年 8 月底，广西符合参保条件的 635.11 万建档立卡贫困人口已实现 100%参保。

承岐黄薪火，护人民健康

特有的地缘优势以及深厚的历史底蕴，让“简、便、验、廉”的中医药壮瑶医药成为广西独具特色的健康服务资源。

发挥广西特色，制定广西方案。新冠肺炎疫情发生以后，广西制定以广西道地药材桂枝、藿香等为主的预防方以及香囊、壮医三气养生操等中医药壮瑶医药防治方案，建立中西医结合救治机制。全区确诊病例中，中医药参与治疗率为97.3%，中医药在提高疗效和治愈率、降低转重率与病亡率方面发挥了重要作用。

通过夯实基础，广西城乡居民看中医、用中药的获得感显著增强。据统计，截至2020年底，广西共建有1076个乡镇卫生院（社区卫生服务中心）中医馆，98.88%的乡镇卫生院、98.29%的社区卫生服务中心、98.98%的社区卫生服务站和95.68%村卫生室能够提供中医药服务。

立足传统优势，未病先防、医养结合，广西将中医药融入群众生活。广西深入实施中医治未病健康工程，建立了以广西中医药大学第一附属医院为龙头，涵盖全区所有二级甲等及以上中医医院的治未病中心（科室）网络；通过开展重大疑难疾病中西医临床协作试点，建设中医特色康复示范医院，遴选中医药医养结合示范基地、中医健康旅游示范基地等工作，充分发挥中医药在疾病预防、治疗和康复中的作用。

以学术传承为重点，广西加快推进中医药教育发展，持续推进“名中医”培养工作。全区拥有国医大师2名、全国名中医2名、全国老中医药专家学术经验继承工作指导老师52名、广西名（老）中医196名、广西乡村名中医109名，每年培养中医药专业毕业生5000多人，构建了自治区、市、县、乡、村五级中医药壮瑶医药人才骨干网络。

以科技创新平台为抓手，广西加强中医药壮瑶医药新产品的创制，强化了资源开发利用和质量标准研究。通过建设国家中医临床研究基地、西南濒危药材资源开发国家工程实验室、国家中药材质量监测与评价重点实验室，建立自治区级重点实验室，实施“药用植物4.0计划”等，中医药传承与创新能力不断提升。

深化融合，突出开放，广西中医药健康产业在传承中不断壮大。2020年，广西遴选“桂十味”道地药材和31味区域特色药材，中药材种植面积约700万亩；培育梧州中恒、桂林三金、柳州医药等一批重点骨干企业；大力推动中医药健康产业融合发展，打造“三个一批”示范基地和“定制药园”，帮助贫困群众持续稳定增收。

广西发挥区位优势，实施中医药壮瑶医药国际合作专项，推动中医药壮瑶医药文化向境外传播。如今广西已形成以东盟国家以及我国港澳台地区为主，覆盖43个国家和地区的中医药领域对外开放合作格局。

当前，中医药发展上升为国家战略，机遇前所未有。广西的中医药壮瑶医药发展迎来了天时地利人和的大好时机。广西拥有多个“第一”。据第4次中药资源普查，广西已查清中药资源7410种，资源总数居全国前列；广西拥有超过1000种中药物种的县域达到了11个，占据全国普查百强县的榜首；广西培育名优道地中药材大品种，推进“桂十味”和区域特色中药材示范基地和“定制药园”建设；广西实施大健康产业“四个一百”培育工程，加强中医药健康旅游示范基地建设，加强中药壮瑶药药膳研究；等等。

广西推进区域院内制剂中心成果转化基地建设；利用第9届全国中药材基地共建共享交流大会平台，打造中医药产业交流合作新高地；支持防城港国际医学开放试验区建设，深化粤港澳大湾区中医药合作。强基层，健全完善中医医疗服务体系；补短板，提升中医药服务能力；突特色，实施中医药健康促进工程；推创新，促进中医药传承和创新发展；促融合，推进中医药产业高质量发展。

瑶医瑶药成了恭城康养名片

从全国紧密型县域医疗卫生共同体建设试点县到全国健康促进县，从长寿之乡、中国气候宜居县到全国基层中医药先进工作单位……越来越多的康养名片花落恭城。

通过立足瑶医特色塑品牌、推进健康养老促发展、完善医疗保障强体验等举措，恭城逐步打造成国内一流生态宜居、康养旅居之城。

瑶医瑶药是恭城健康养生文化的重要组成部分。恭城有常用中药、瑶药、动植物药 1445 种，全县有瑶医 351 名，独具特色的瑶医药资源是恭城打响康养产业品牌的有利条件。

为了加强中医类紧密型医联体建设，提升县中医医院综合服务能力，恭城中医医院完成整体搬迁，被列为国家全面提升县级医院综合能力第二阶段 500 家县级中医医院之一。同时恭城鼓励发展瑶医、药浴、针灸、推拿，加快形成恭城保健服务竞争力。该县 100%的乡镇卫生院建立了中医馆，推广中医适宜技术，提供中医诊疗服务。

民间的瑶医瑶药资源也是恭城一笔宝贵的财富。恭城充分挖掘这一优势资源，完成县域瑶医药普查，加快发展有机药食同源健康农产品，建设瑶药种植加工基地，组建 26 家中药材种植专业合作社，发展草珊瑚、鸡血藤、艾草等瑶药种植近 3 万亩，建成种苗繁育基地 7 个，发展订单中药种植 1.3 万亩，其中 2 家单位入围首批广西中药材种植示范基地。

恭城在医疗集团所有成员单位法人证书业务范围内增加养老服务职能，以恭城镇分院、平安镇分院为试点，在分院设立医疗卫生与养老服务中心，构筑“老有所养，病有所医”的医疗保健养老社会服务与保障体系，加快推进医疗卫生与养老服务相融合。

“到恭城的第一个感受是空气清新、气候宜人，体验了瑶浴、推拿、艾灸等特色瑶族康养项目后，我感受到轻松、舒适和幸福。当地还有旅游医疗驿站，让我们的旅行充满健康元素！”来自深圳的游客刘先生对恭城的康养之旅赞不绝口。桂林多家旅游开发公司与恭城签订了长期旅游驿站医疗救治协议，确保游客在该辖区内均能享受到及时、周到、全方位的医疗保障服务。

大健康产业更上一层楼

广西享受西部陆海新通道、中国（广西）自由贸易试验区、面向东盟的金融开放门户、防城港国际医学开放试验区等一系列国家层面战略优惠政策，享受重大政策资金和项目支持，政策叠加优势明显，为大健康产业发展提供了有利条件和广阔市场。依托丰富的中草药资源，广西民族医药、康养产业正在兴起，吸引着投资者不断涌入。

2020 年 10 月 30 日，位于防城港高新区的防城港医药制造产业园及配套工程动工建设。该项目是推进国际医药产业发展的重要平台，也是防城港市全力推进防城港国际医学开放试验区建设的重要成果。防城港市重点推进建设国际医学开放先行区、国际医学创新示范区、国际康养旅游目的地、国际人文交流新平台等工作。

大健康产业，一头连着民生福祉，一头连着经济发展，是朝阳产业、幸福产业，也是绿色产业。

2020 年 10 月 25 日，自治区民政厅与贺州市政府达成康养产业厅市合作共识，双方着眼于“康养产业集聚区”和“大湾区康养首选地”，共同打造健康养生养老集聚区，完善养老服务体系建设，促进大健康产业加快发展。

截至2020年10月，广西拥有“中国长寿之乡”31个，超过全国总数（84个）的1/3，贺州市成为我国首个“全域长寿市”。利用资源优势、区位优势，截至2020年10月，贺州市大健康产业项目已达91个，在建项目35个，谋划储备重点项目56个。

2019年以来，广西从战略和全局的高度，开全国之先河，紧锣密鼓地制定各产业组行业标准和重大项目遴选标准，积极推进大健康产业发展规划和文旅产业发展规划的编制，引领全区大健康和文旅产业项目发展。聚焦生命领域，加快养老服务业综合改革试验区建设。广西率先在全国创建省级“广西养老服务业综合改革试验区”，创新健康养老产业发展模式，打造一批特色养生养老小镇，创建一批老人宜居社区，加快建设一批“候鸟式”养老群落、健康养老服务综合体和产业集聚区。

据不完全统计，截至2020年10月，深圳巴马大健康合作特别试验区投资落地企业已达36家，合作项目50多个，投资总额330多亿元；柳州大健康和文旅产业制造基地已有13个重大项目签约入驻，总投资160多亿元。截至2020年6月，广西共引进大健康产业重大项目170多个，总投资约3000亿元。

广西大力培育健康医疗新业态。“简便验廉”的中医药壮瑶医药成为广西特色健康服务资源，中医药逐渐发挥在治未病中的主导作用、在治疗重大疾病中的协同作用、在疾病康复中的核心作用。自2018年10月17日正式开业至2020年，广西国际壮医医院的区域辐射作用日益增强，越来越多的患者在广西国际壮医医院体会到壮、瑶等少数民族医药的独特魅力；广西药用植物园启动构建全球药用植物大数据中心的“药用植物4.0计划”，加快推进广西药用植物园迈向世界级药用植物园步伐。广西已形成血栓通、三金片、花红片、金嗓子、青蒿琥酯、正骨水等一批优秀的中医药产品，培育了中恒集团、桂林三金、玉林制药、花红药业等一批知名企业，现有规模以上中药民族药生产企业 110 多家。

为地贫防治提供“中国方案”

2017 年底，广西红十字会依托广西红十字基金会成立广西红十字天使计划“关爱生命”地中海贫血救助基金，资助广西 14 周岁以下贫困家庭的重型地中海贫血患者进行造血干细胞移植手术（简称“地贫救助”）。该项目形成了有效的地贫防治“广西模式”，为解决地中海贫血防治这个世界性难题贡献了“中国方案”。

地中海贫血是广西危害最大的基因遗传性疾病，人群中地贫基因携带率曾高达 20%，地贫患儿从出生开始即需进行定期输血、排铁和长期药物治疗，目前根治的方法是造血干细胞移植。但巨额治疗费给家庭和社会造成沉重负担，极易导致因病致贫、因病返贫。

广西出台新政策，扩大对特殊困难群体地贫患者救助范围，可报销比例最高提至 100%，最高年度救助限额提至 10 万元，进一步减轻了地贫患者负担。社会各界累计募集善款 1473 万元，拨付资金 1141 万元，资助 300 多名贫困家庭的重型地贫患儿完成了造血干细胞移植手术，使患儿重获新生，帮助这些困难家庭解决了“急难愁盼”的烦心事。地贫救助项目制定了严格的救助细则，对救助对象、救助流程、佐证材料、救助标准等都做出了明确规定。广西红十字基金会作为执行单位，负责接收善款、开具票据、审核申报资料、及时拨付救助款等任务，接受主管单位广西红十字会以及民政、财政、审计等部门的共同监督。合理完备的项目制度、科学严谨的项目执行、规范有序的项目管理，确保项目资金最大限度地发挥作用，让每一份爱心和善意都落到实处。

地贫救助项目最开始时一年救助的人数只有几十个，经过不懈努力，中央部委、自治区政府及各有关部门对地贫求助项目的关注度和参与度不断提升，地贫求助项目撬动的人道资源越来越多，求助的人越来越多，社会关注度和影响力持续扩大，获评首届“八桂慈善奖”慈善项目奖。

经过几年的精心打造和积累提升，广西红十字会地贫救助行动建立了完备长效的工作机制，从一个普通的地方疾病救助项目逐渐转变为可向世界推广的健康扶贫典型模式的重要组成部分，对构建人类卫生健康共同体具有重要意义，实现了人道救助工作的品牌提升。

（三）干事创业有保障

稳饭碗，强保障，惠民生

就业和社保，一个关乎个人发展、经济发展，一个关系家庭幸福和社会稳定。

广西高度重视就业和社保工作，坚持把就业和社保作为改善民生的重要着力点，不断扩大就业规模，进一步完善社会保障体系，全面或超额完成各项指标任务和重点工作，擦亮了民生幸福温暖底色。

党的十八大以来，广西始终围绕发展经济、促进就业这一主线，有效实现经济发展和促进就业的良性互动、相互促进——

近些年来，广西扎实做好稳就业、保就业工作，实施更加积极的就业政策，建立健全经济发展和扩大就业的联动机制，积极创造就业条件，扩大就业机会；持续加大公共投入，加强就业援助；开展职业技能培训，提升公共就业服务水平。

各部门想方设法帮助莘莘学子找到人生第一份工作：一项项切合实际的大学生就业促进计划、基层成长计划等举措应运而生，一场场

柳州市开展春节期间“春暖农民工”服务行动，让务工人员集中乘坐点对点输送赴粤务工返岗专列前往广东复工（邓克铁 摄）

专项服务活动和技能就业专项行动持续开展；创业园区和创业孵化基地建设如雨后春笋般兴起，为高校毕业生提供了创业经营场所和优惠措施；积极引导高校毕业生向基层就业，“三支一扶”计划为基层输送了近万名高校毕业生……不遗余力的努力，让广西高校毕业生总体就业率始终保持较高水平。

作为劳务输出大省区，广西各级党委、政府始终牵挂着农民工的就业问题。为了让农民工端稳饭碗，广西积极创新服务农民工工作体制机制，广开就业门路，多措并举助力农民工实现“致富梦”。

坚持集中招工、常年招工、进村招工、外出招工等常态举措，为企业与农民工搭建就业平台；开展春风行动、就业援助月、民营企业招聘周等活动，为农民工提供优质的招聘服务；举办农民工技能大赛、创建农民工创业园，让每个农民工都能找到属于自己的舞台。科学引领、精细服务、创新举措、温暖关怀，让创业成为带动农民工就业的新动力……

如今，广西就业局势保持稳定、趋势向好，各族劳动者尽享多角度、多维度的呵护与帮助，“想就业、能就业、就成业”正在成为现实。

广西社保水平稳步提升。社会保障这张“安全网”“民生网”越织越密、越织越牢——

建立全区统一的城乡居民养老保险制度，推进机关事业单位养老保险制度改革；整合城乡居民医疗保险，全面实施大病保险；降低医保个人自付比例和扩大职工基本医疗保险个人账户使用范围，其中扩大职工基本医疗保险个人账户使用范围工作走在全国前列，深受人民群众好评……

社保覆盖范围持续扩大。2021年，全区参加城镇职工基本养老

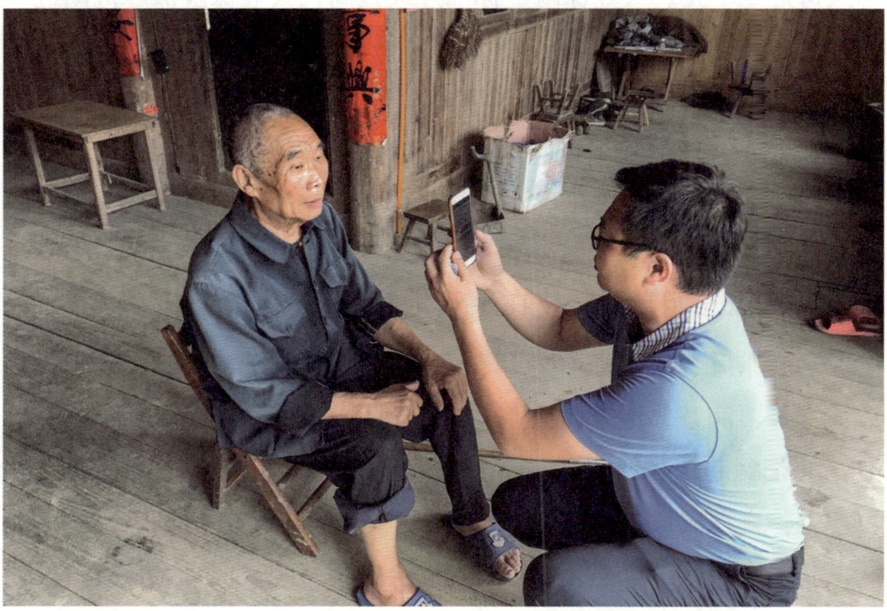

龙胜各族自治县开展城乡居民养老保险资格认证送服务上门活动（龙胜各族自治县人力资源和社会保障局 供图）

保险、失业保险、工伤保险人数均超额完成目标任务；社会保险制度改革扎实有序推进，企业职工基本养老保险省级统筹顺利通过国家考核验收，建立失业保险自治区级统筹制度，社会保险待遇按时足额发放。

社保惠及群体更加精准。2021 年 8 月，广西全面放开快递员、外卖配送员等灵活就业人员参加职工基本养老保险户籍和地域限制，将其纳入养老保险范围。2022 年 4 月，广西全面推进基层快递网点快递员优先参加工伤保险工作，力争基本实现全区快递企业及基层快递网点参加工伤保险全覆盖。

社保惠民政策不断发力。广西连续每年同步上调企业和机关事业单位退休人员养老金水平，逐年上调全区工伤保险待遇水平，城乡居民基础养老金最低标准从 2018 年的每人每月 108 元提高至 2021 年的每人每月 131 元。失业保险金标准连续提高，失业保险保障范围进一步扩大。

越织越密、越织越牢的“社保网”，不仅“网”住了广大群众的幸福和安康，还消除了百姓的后顾之忧。如今，生活越来越有保障、越来越便利，已成为人民群众的共同感受。

农民工三姐弟：一技在手天地宽

拿起茶叶、端起茶杯，覃荟茗总是那么从容淡定，从就座、翻杯、赏茶、润茶、泡茶、分茶、进茶到品茶，每一步都是那么娴熟，泡好的茶飘起了一缕缕香味……在习茶这条路上，覃荟茗一直在学习，也一直在成长。

高中毕业后，覃荟茗执意要到社会上闯一闯，但身无长技，处处碰壁，工作难找，内心十分煎熬。迷茫之际，覃荟茗在家人的鼓励下，开始了茶艺学习之路。

一门技能，可以成就一种人生。一个岗位，可以改变一个家庭。在八桂这幅民生画卷上，让每个人都有干事创业、实现梦想的机会，从来都是浓墨重彩的一笔。

从 2014 年起，一项旨在提高农民工职业技能、增强农民工就业竞争力的赛事号角吹响八桂大地，这激发了包括覃荟茗在内的数百万农民工学技术、练本领、比技能的热情和动力。

对于覃荟茗而言，技能大赛的舞台不仅给她带来了自信，还改变了她的人生。

“若茶叶如人，水即人生，人生多浮沉起落，如茶叶在水中翻滚舒缓，唯有融水沉淀之后，才会香飘四溢，释放自己独有的味道。”覃荟茗微笑着坐在芦苇席上，在铺着咖啡色棉麻布的茶桌旁，一边拿茶壶泡茶，一边讲解道……走上赛场，学历不高的覃荟茗，展现出娴熟的茶艺技能，最后如愿获得广西第二届农民工技能大赛茶艺师冠军。

“非常感谢党和政府给予我们农民工群体的关心和关怀，技能让我们一家开启了新生活。”覃荟茗一脸感激地说道。得益于冠军头衔，覃荟茗在茶艺圈里有了极高的人气，许多学校和机构纷纷向她伸出橄榄枝。

在覃荟茗的带动下，她的姐姐和弟弟也相继走上了茶艺这条道路，并始终坚信“技能改变人生”。这些年来，覃荟茗三姐弟皆为广西农民工技能大赛茶艺师冠军的故事被传为佳话，一家人的生活也因此发生翻天覆地的变化。

有一技之长，是就业创业的保障和基础，是打开增收致富门的“金钥匙”。党的十八大以来，广西农民工技能大赛至今已举办 6 届，共吸引了广西各地数百万人参与，推动农民工劳动力由“体力型”向“技能型”转变，让农民工技能更强、就业更稳、收入更高，不断让农民工的获得感成色更足、幸福感更可持续、安全感更有保障。

覃荟茗姐弟三人把工作重心放在创业培训上，以期培育更多爱茶之人，从而传承博大的茶文化。“我们三姐弟将倍加珍惜这个时代给我们的发展机会，始终保持奋发进取的精神状态，持续学习以增强自身能力，力争在平凡的工作岗位上实现新的突破。”覃荟茗说道。

学门技术，脚下有路

能够重返校园学习，对于来自那坡县的小伙舒昌南来说是一种莫大的幸福。如今，回想起自己曾经回炉学习的时光，拥有一份稳定工作的舒昌南心存感激。

2015 年，舒昌南读完高一后选择辍学回家，并带着“外边的世界这么大，我想去看看”的念头，随父母外出务工。在打工的一年多里，没有技术和知识让他吃了不少苦头。

“在工厂打工，只能做最底层的苦力活，哪怕拼尽全力工作，工资也没别人高，稍微有点技术的活都轮不到自己干，这让我深刻体会到读书的重要。”说起在外闯荡的经历，舒昌南感慨万千。从那时起，他开始认真思考未来，认为自己想要在未来有立足之地，就必须掌握一门拿得出手的技能。

2016 年 6 月，舒昌南的爷爷激动地给他打来电话，告诉他广西技工院校结对帮扶“两后生”的好政策。所谓“两后生”是指在广西建档立卡的贫困家庭中，年龄 15—22 周岁的未婚初、高中毕业生（含退学、辍学等）。

在刚步入社会时，“两后生”基本都是选择外出务工，主要集中在工种技术含量较低的劳动密集型企业，收入待遇低，且随时面临被辞退的风险，就业状况不容乐观。因此，失而复得的求学机会，尤其是可以在技工院校这类培养生产和服务一线技术工人的专门学校学习，对他们而言格外珍贵。

凌云县贫困家庭“两后生”学员在百色市交通技工学校学习汽车发动机知识（罗希海 摄）

没有过多犹豫，舒昌南收拾行囊立即回乡报名，参加广西交通技师学院汽修专业的职业技能培训。他特别希望能借此机会改变自己的命运。

“一年学习结束后，有了初级职业资格证书，掌握了技能，我就业的机会越来越多。我踏实工作，工资翻倍，家里的经济情况得到了巨大改善。”虽然如今舒昌南已经毕业离校几年了，但每次说起吃上“技能饭”后家里的变化，他仍是一脸灿烂。

党的十八大以来，广西各地大力发展技工教育，大规模开展职业技能培训，推动“两后生”群体学习技能、掌握技能，实现以技能促就业。

据统计，2016—2021年，在广西48所技工院校里，有近3万名“两后生”接受了职业技能培养，他们信心更强、脑子更活、底气更足。

曾经被视为“人力负担”的他们，在经过一年的技能学习后重新步入社会，转化为人力资源，开启新的人生篇章。而在这些孩子的背后，数万个家庭也因此迎来了新生活。

“就业帮扶车间”：务工何需走他乡

党的十八大以来，“就业帮扶车间”如雨后春笋般在八桂大地破土而出。这类开设在群众家门口的“就业帮扶车间”，旨在既方便广大群众就近就业，又方便他们兼顾家庭事务，达到就业和照顾家庭两不误。

2018 年 6 月，30 多岁的龙小念第一次走进村口的广西都安康音电子有限公司车家庄“就业帮扶车间”，接受为期 7 天的上岗培训。

龙小念一家住在都安瑶族自治县下坳镇坝牙村，此前仅依靠农业

村民在“就业帮扶车间”工作（孟振兴 摄）

耕作维持生活。如今，龙小念已是该“就业帮扶车间”的一名员工，主要负责耳机零件安装工序的她，每个月能有 2500 元左右的收入。

“在家门口打工赚钱，不耽误做家务，增收致富也有奔头了！”成为上班族的龙小念，对未来生活很是憧憬。

“忙时干农活，闲时就在家编织鞋子，好得很！”鞋线缠绕、钩针飞舞，浦北县北通镇北山村马路头屯村民孙朝美坐在自家的小木凳上，手头的活正干得起劲。

“多亏了这个‘就业帮扶车间’，让我在家也能挣到钱。”孙朝美满脸笑容，她对自食其力信心十足。

孙朝美是当地一家鞋业公司居家式“就业帮扶车间”的员工。有着手工编织经验的她，对手工编织鞋的制作轻车熟路，因此每个月都有稳定的收入。

在当地，有不少像孙朝美一样的村民，他们因身体、家庭、年龄等原因不能外出打工，而居家式“就业帮扶车间”给了他们用武之地，让他们足不出户也能挣钱。

留得住爸妈，拴得住孩子，顾得了一家……“就业帮扶车间”所带来的诸多便利，吸引了许多在外务工的村民返乡挣钱。

“自己家附近有个厂，环境那么好，工资也不错，又可以照顾小孩，为什么还要跑到外地去工作呢？”2017 年，常年在外务工的隆林各族自治县克长乡新华村村民舒贵花选择返乡就业，进入了村里的“就业帮扶车间”上班，实现了赚钱顾家两不误。

村里成人有了工作，留守儿童有了陪伴，空巢老人有了依靠……“就业帮扶车间”的出现，不仅稳住了广大群众的收入，还稳住了大家的心。

如今，广西各地“就业帮扶车间”如点点繁星在青山绿水间出现，让广大村民在家门口就能实现就业增收。

全国首创农民工创业担保贷款

伴着日益高涨的“返乡热”，不少农民工陆续回到农村干事创业，希冀在这块自己曾试图挣脱的土地上，成就自己美好的创业梦想。

贵港市港南区瓦塘镇三多村的村民余连科便是其中一员。2012年，他与爱人回乡创业，瞅准的是当地的林业加工行业。

余连科夫妻二人返乡创业，要把多年的务工积蓄全部搭进去，这一举动曾遭到亲朋好友质疑。“做什么事情都会有风险的，不干怎么知道不成功？”余连科这般回应。顶着重重压力，余连科夫妻二人在村里开办了一家木材加工厂。由于余连科夫妻二人头脑活络、手脚勤快，产品很快就受到当地人欢迎，生意也逐渐步入正轨。

但随着木材加工厂生意做大，流动资金的不足开始影响工厂运营。“当时也想向银行贷款，但工厂刚起步没什么资产抵押，授信额度也低，手续相对烦琐，只好作罢。”

在当地举办的一次创业培训中，余连科得知广西有农民工创业担保贷款这一项好政策，他喜出望外，当即向有关部门申请贷款。

“多亏了这项政策，不仅免息，放款的时间还这么快，解了我的燃眉之急。”余连科说。有了这笔10万元贷款，他的工厂随即增加了一条生产线，原材料也得以备足。如今，规模不断扩大的工厂生意渐旺，年收入30多万元，也给村民创造了不少在家门口挣钱的岗位。

2020年的春节前后，在鹿寨县鹿寨镇波井村波井屯，返乡的周兴安、潘华军携手种植的砂糖橘迎来了丰收的季节。

之所以看中砂糖橘这个产业，周兴安、潘华军直言不是一时头脑发热，而是因为这是桂北地区近年来最具特色的产业之一，砂糖橘广受市场欢迎且收购价连年居高不下。他们认为：“这里面肯定有赚头！”

2016年，他们与另外一位村民筹集资金，一口气租下村里40多亩地来种植砂糖橘。

由于砂糖橘幼树需要种植 3 年后才开始结果，5 年才能达到盛果期，因此他们前期需要持续投入一定的资金来进行养护和培育。进入第三个年头，后续资金开始捉襟见肘，眼看果树新的生长周期快要到来，这可急坏了他们。

幸运的是，此时广西出台了农民工创业担保贷款政策。他们随后申请到 30 万元贷款，得以对果树进行更加细致的养护和培育，成功渡过创业难关。

党的十八大以来，自治区党委、政府审时度势，及时出台《关于创新和加强农民工工作的若干意见》，自治区本级财政每年安排专项资金用于扶持农民工创业。至此，广西成为全国率先出台农民工创业担保政策的省区。

农民工创业担保贷款的发放，切实解决了农民工创业初期的融资难题，为返乡农民工创业插上了助力的翅膀，为农村经济发展增添了新的动能和活力。截至 2021 年底，广西农民工创业担保贷款总量超 10 亿元，帮助近 2 万余人实现了创业梦想。

全力保障高校毕业生就业

高校毕业生就业，关乎众多家庭福祉和社会安定稳定，也是释放人才红利、提高全要素生产率、推进经济转型升级的重要支撑。

党的十八大以来，广西始终将高校毕业生就业摆在就业工作首位，以不畏难、不惧险、不停步、不松懈的实践，交出了一份份亮眼的成绩单：就业规模持续扩大，就业质量得到提升，就业服务持续推进，创业动能持续释放……

在新冠肺炎疫情等多种因素叠加影响下，广西对如何做好新形势下高校毕业生就业工作进行了各种研究，密集出台各项政策措施，确保毕业生实现充分就业、精准就业、高质量就业。

2020 年，在新冠肺炎疫情防控的特殊背景下，大部分用人单位的招聘由线下转为线上，“云招聘”就此如火如荼地开展起来。

为此，广西相关部门、高校、求职平台等通力合作，推出各式各样的线上招聘活动，帮助求职者与用人单位对接。对于求职者和用人单位来说，“云招聘”是一种新鲜体验。因为相比以往只集中在简历筛选阶段的在线招聘，它的介入程度已经衍生到面试环节甚至是签约、入职环节，算得上是真正意义上的全流程线上招聘。

挑选好背景墙，整理好着装……2020 年 6 月，卢铭浩通过广西人才网提供的“云招聘”平台，与手机屏幕里的两名面试官正式“见面”，第一次体验了网络面试。

2019 年底，成功考取一级建造工程师执业资格证书的卢铭浩，计划找一份新工作。卢铭浩本已做好与往年一样频频往返于各大招聘会的准备，不承想，此次求职换了一种新形式。

“云招聘”在广大用人单位中广泛运用，让卢铭浩直呼“效率真高”。在他看来，“云招聘”更加节约时间，一方面可以精准地筛选符合自己期望的工作岗位，另一方面也可以通过平台了解企业的相关信息，可谓一举两得。

“此外，在家里视频面试，没有在陌生环境中那么紧张，能更轻松地对待。”已经参加过 5 场线上面试的卢铭浩，对这一形式颇有好感，“我和一些经历过线上面试的朋友交流，大家都对这一新形式抱有积极态度。”

为助力莘莘学子学成有出路，广西多个部门在密集举办各类“云招聘”活动的同时，还进一步扩大国有企业招聘、事业单位公招、基层服务项目中的高校毕业生数量，千方百计让高校毕业生这一重点就业群体找到饭碗。

数字社保，日子踏实过

“通办通办，通了业务，也通了民心。”2020年6月30日，百色市社保中心，通过异地通办服务，中国电信百色分公司社保专管员黄碧不到半个小时便顺利办理了减员申报业务。

“原来每次都要到南宁去办理业务，现在可以直接就近办理，少了麻烦，多了便捷。”在推行异地通办首日，享受到如此便捷、高效的服务，黄碧由衷夸赞。

为了进一步提高社会保险经办服务水平，为参保人提供统一、均等、便捷的服务，从2020年6月30日起，广西社会保险公共服务推行全区异地通办服务。按照计划，第一批推行服务的地区范围包括自治区本级社保经办机构和除南宁、柳州以外的12个统筹地区县级以上（含县级）社保经办机构。

异地通办的推行，意味着参保人和参保企业不受参保地、户籍地限制，在上述地区任一社保经办机构都可以办理业务。这对于参保人和参保企业而言，是个实实在在的利好。

这是广西社保部门在“一门式”经办服务改革成功经验的基础上，积极深化“最多跑一次”服务工作，进一步方便群众就近办事的创新之举。

党的十八大以来，面对大数据时代日新月异的变化，广西社保系统乘势而为，用“互联网+”思维，推进新一代信息技术与人社领域业务融合，推动社保经办管理和服务变革，实现“信息多跑路，群众少跑腿”。

走进自治区社保局经办服务大厅，已没有人头攒动的场面。工作人员井然有序地忙碌，三三两两的参保人员或围在自助终端设备旁查询打印社保个人账单，或站在咨询台前问询办理业务的注意事项，或坐在工作窗口前办理业务，以至于大厅里休息等候的区域都显得有些空荡。

人都到哪里去了？

近年来，自治区社保局积极推进社保“一门式”改革和“一网式”服务，解决门窗多、手续多、办理慢等传统服务模式存在的问题，逐步实现群众办事“最多跑一次、最好不用跑”，动动鼠标即可完成操作，跑窗口、排长队的现象自然也就大为减少。

近些年来，广西通过探索“互联网＋社保经办”优化业务流程，不仅节省了大众办理社保业务的时间，而且更好地释放了服务能力，提升了社保职能部门的工作效率。

推行智能手机自主认证，认证人群从企业职工扩展到城乡居民。领取待遇人员在首次建模成功后，只需利用智能手机，就能足不出户完成资格认证。

运用信息系统对企业申报稳岗补贴实行网上预审。在自治区社保局参保的企业通过数字证书登录网上申报系统，即可自动读取相关数据，进行失业稳岗补贴申报。

建设运行门诊特殊慢性病网络评审系统。实现门诊特殊慢性病专家评审信息化，申报材料提交、专家评审、院端打印治疗卡实现网络一体化，进一步缩短评审周期。

“在银行就能办社保业务，这对我们老年人来说真的是太方便了！以后办理社保，再也不用专门跑到社保经办机构了。”2021 年 5 月 15 日，59 岁的退休职工周阿姨，有幸成为贺州市启动“社银一体化”新模式的见证人。在当地工商银行网点内，周阿姨在银行工作人员一对一的耐心指导下，很快便通过智能终端设备完成了养老待遇资格认证。

2021 年以来，广西社保部门联合工行、农行、建行、招行、农信社在全区范围内陆续开展“社银一体化”服务体验暨老年人智能技术提升活动。该活动通过发挥银行网点的宣传阵地作用，让广大参保群众了解银行里的社保窗口，体验到在家门口办社保的便利。

在“互联网+”新时期，这些接二连三的改革，从“孕育”到“诞生”再到“成长”，让广西的“互联网+社保”取得了飞猛进的发展。这一切的努力，不仅解决了百姓日常的痛点、难点问题，而且不断提升职能部门为民服务的品质，让改革发展成果更多更公平惠及人民。

（四）八桂共圆安居梦

密织保障网络，从“忧居”到“优居”

2020年6月，百色市靖西市新甲乡仁龙村布密屯的村民张铧天开启了新的生活：搬离了人畜混居的木瓦房，住进了由政府投资建设、具有兜底保障性质的新居——60平方米的房子，客厅、厨房、卫生间、卧室一应俱全，采光良好。“这辈子能住上这样的房子，知足了！”张铧天感慨道。

“安得广厦千万间”曾经是寒门百姓“忧居”之苦。“十三五”期间，一场以实现“贫困人口不住危房”为目标的住房安全保障战役，让许多像张铧天一样的困难百姓“住有所居”不再只是梦想。

柳州市柳西环卫所工人韦进学夫妇达成了多年的心愿——在离工作地点最近的桃花源小区申请到了一套两房一厅的公租房。韦进学夫妻俩拿出3万多元积蓄置办了崭新的家具、家电，高高兴兴地搬进了新居，“租金便宜，环境也好，不用在城中村四处租房了”。

借助环卫公寓加快建设以及降低环卫工人申请公租房准入门槛、

危房改造后的靖西市龙邦镇护龙村排干屯（赵京武 摄）

对环卫工人实行定向分配等措施的出台，2018 年以来，广西已有 7900 多名环卫工人的住房难问题得到解决。

崇左市幸福家园小区，50 多岁的崇左东亚糖厂退休职工邓阿姨在阳台上惬意地享受阳光。从阳台向外眺望，可以看见小区里盎然的绿意，还有一排排向远处延伸的崭新楼房。“以前是一家老小几代人挤在 50 平方米的棚户区里，如今搬进 120 平方米的大房子，舒服多了。”邓阿姨说道。

由梦想变为现实，一处处让人安居乐业的房子折射出广西百姓生活的深刻变化。

广西围绕“住有所居”的目标，持续建立完善多主体供给、多渠道保障、租购并举的住房制度，住房保障网络越织越广、越织越密。

农村危房改造任务全面完成。“十三五”期间，全区累计完成农村危房改造 48 万户、实施建档立卡贫困户危房改造 26 万户，全区 156.31 万户建档立卡贫困户全部实现住房安全有保障。

住房保障体系不断完善。“十三五”期间，全区保障性安居工程新开工 61.68 万套，基本建成 60.67 万套，公共租赁住房累计分配入住 44.45 万户，全区住房保障覆盖率超过 25%，解决了 2[illegible]0 万户新市民及特殊困难家庭群体的住房困难问题。全区城镇居民人均住房建筑面积从“十二五”期末的 38.6 平方米提高至 2019 年的 4[illegible].6 平方米，比全国平均水平高 3.8 个百分点。

从“忧居”“蜗居”到“安居”“优居”，这是社会的进步、时代的变迁，人们的获得感、幸福感不断提升。

托起农村困难群众的安居梦

“住房安全保障”是脱贫攻坚的重要内容。作为全国脱贫攻坚战的主战场之一，广西地处边疆地区、民族地区、大石山区、革命老区，贫困程度深、危房存量多、地质环境复杂、农房改造难度大。解决农村贫困群众住房安全问题，助力打赢脱贫攻坚战，是广西必须完成的历史使命。

为进一步深入贯彻落实习近平总书记关于脱贫攻坚的重要指示精神和党中央关于脱贫攻坚的决策部署，坚决打赢脱贫攻坚战，广西于 2019 年全面打响脱贫攻坚住房安全保障战役，确保所有贫困家庭都能住上安全稳固的住房。自 2009 开展农村危房改造工作以来，广西已累计完成 177.7 万户农村贫困家庭危房改造，700 多万农村困难群众的安居梦得以实现。

八桂大地民族众多、文化丰富、地形复杂，住房安全保障战役不能用一套模式、一种打法，必须采取非常政策、非常措施、非常力度，因地制宜，精准施策，才能确保实现“贫困人口不住危房”的目

大化瑶族自治县易地扶贫搬迁安置点达吽小镇灯光璀璨（周军 摄）

标，打赢打好脱贫攻坚战。

为此，广西根据实地核实情况，以“农户达标自建房、农村危房改造、易地扶贫搬迁、租借住方式”4种方式，对农村贫困群众有针对性地一一保障。截至2020年底，156.31万户建档立卡贫困户已全部实现住房安全有保障。其中，约有81.33万户自建房鉴定为安全稳固住房，约17.01万户通过易地扶贫搬迁等改造方式保障，约56.49万户采用危房改造方式保障，约1.48万户通过租借住方式保障。

都安瑶族自治县大兴乡龙布屯地处大石山区，全屯8户64口人全部为建档立卡贫困户。为了给山里的贫困群众建新房，该县沿着山崖专门开凿了一条道路，方便施工队进出和建材运输，为加快建设新房提供了保障。

2020年5月，自治区住房和城乡建设厅指导各地将装配式农房投入住房安全保障战役中，房屋构件通过工厂加工，到现场直接安装，一套房建成仅需7—10日，且在质量可靠的前提下成本更低，极大地减轻了群众建房自筹资金压力，提高了建房效率，还能迅速解决因自然灾害导致的新增住房安全问题。

应急兜底，社会力量展担当。广西建筑业企业通过认购装配式农房，时刻准备着迅速解决各种突发的贫困户住房安全保障问题。2020年，全区建筑业企业共认购装配式农房1420套，已安装使用371套，为“贫困人口不住危房”织起了一张“安全网”。

全面脱贫，是党中央向全国人民作出的郑重承诺，必须如期实现。面对这一场史无前例的“大考”和“硬仗”，广西住房和城乡建设系统党员干部拧成一股绳，不畏困苦，日夜鏖战，加快改造建设、逐户核查、问题整改、信息录入、拆除旧房……全力确保住房安全保障不漏一户、不落一人，坚决完成脱贫攻坚住房安全保障任务。

广西脱贫攻坚住房安全保障战役指挥部2019年成立后，先后对50多个县（市、区）进行暗访、督战，共印发进度通报、“红黑榜”通报等20余次，有力地推进了全区脱贫攻坚住房安全保障工作进展。

此外，自治区住房和城乡建设厅派出7支由厅领导率队、18个

配套设施齐全的田东县思林镇龙邦村整村搬迁点江南安置小区（周金鹏 摄）

处室参加的督战队，每月对 14 个市全覆盖督战；选派业务骨干对 2020 年计划脱贫摘帽的 8 个县实施为期 1 年的驻点指导；组建电话专班对 8000 多名贫困户进行访谈；开展核实“云督战”，视频核查施工进展，发现问题立即反馈整改。

为确保改造房屋质量达标，广西修订了《广西壮族自治区农村危房改造工程工作规程》，进一步规范农村危房改造对象身份认定、补助标准、面积标准、资金拨付；编印了《广西农村危房改造施工图集》等文件，免费发放给农户、工匠，指导群众按照标准图纸建房；通过构建全覆盖培训机制，多次举办农村危房改造业务培训班，累计培训 7.5 万人次，进一步加强人员和技术保障。

如今，广西打赢了脱贫攻坚住房安全保障攻坚战，确保八桂大地上的万千农村贫困群众不住危房，兑现了党向人民群众作出的庄严承诺。

蒙山县文圩镇大明村灯挂屯民居依山而立（黄胜林 摄）

多措并举，解决城镇居民住房困难

住有所居、安居乐业，蕴含着老百姓对美好生活的渴望。自治区党委、政府提出，要加快建立多主体供给、多渠道保障、租购并举的住房制度，扩大保障性租赁住房供给；明确要求，2022 年筹集保障性租赁住房 6.13 万套（间），切实解决新市民、青年人，特别是城市基本公共服务人员等群体的住房困难。

2020 年，刚走出大学校门的桂林女孩张月莲选择在南宁工作。“对于在异乡打拼的青年人来说，最迫切的渴望就是能有个经济适用又舒心的居所。”2021 年上半年，她提交了公租房申请，半年后拿到了位于惠民安居仙葫苑小区的一套 30 平方米一居室的钥匙。“有了属于自己的小天地，内心觉得很温暖。”随着城市城镇化进程加速、流动人口规模扩大，广西住房矛盾从总量短缺转为结构性供给不足。如何完善住房保障体系、增加保障性住房供给，让更多的群体实现“住有所居”的梦想？“十四五”期间，广西将加快完善以公租房、保障性租赁住房和共有产权住房为主体的住房保障体系，重点做好城镇住房和收入“双困”家庭兜底保障，促进解决新市民和青年人等群体的住房困难问题，提升城市承载力、吸引力、竞争力。

面向住房困难群众，公租房正构筑起强有力的兜底保障。截至 2021 年底，广西受益于公租房保障的住房困难群体有 48 万户。2022 年，广西将坚持保基本、兜底线原则，实行实物保障和货币补贴并举，对符合条件的城镇“双困”家庭和分散救助供养特困人员家庭依申请应保尽保，其他保障对象在合理轮候期内给予保障（一般不超过 3 年），帮助更多困难群众实现安居梦。针对新市民、青年人等群体，保障性租赁住房将不设置收入线门槛。据了解，2021 年广西筹集保障性租赁住房 6.13 万套（间）的任务在南宁、柳州、桂林、梧州、玉林、百色等10个设区市落地建设。相比2021年开工建设保障性租赁住房1.39万套（间），2022年广西任务量大增。保障性租赁住房任务现已全面铺开。

走进南宁市惠民安居仙葫苑小区，孩童在游乐区快乐地嬉戏，老人在休闲石桌旁对弈，小区里充满其乐融融的生活气息。站在租户卢任赞家的阳台上，可以看见南方冬日独有的绿意。“以前一家4口人租住一个大开间，狭窄且不方便，现在40多平方米的房子有厨卫还有阳台。”最让卢任赞满意的是，小区周边有学校、医院和便利的公交设施，可以满足一家人的多种生活需求。“小户型、低租金、功能全”是广西立足区情发展保障性租赁住房和公租房的方向。在扩大建设规模的同时，广西开展了“阳光社区·美丽家园”保障性住房小区示范创建活动，对完善保障性住房小区公共服务、配套设施等提出具体要求，在满足住户基本居住需求的基础上，努力使小区更宜居。在南宁、北海等地建设的保障性租赁住房和公租房，具有房屋面积小、功能全、设施配套齐全、小区数量多且分布广、交通便利等特点。各地建设的安居小区“麻雀虽小，五脏俱全”，客厅、卧室、厨房、卫生间、阳台一应俱全。很多小区均配备有体育锻炼器材、电动车充电桩、小超市等，不少小区还有文化活动室、养老托幼机构。15分钟生活圈内，涵盖小学、农贸市场、银行、医疗机构等。此外，各地将安居小区融入城市建设合理布局，让住户获得生活、工作和出行上的便利。在河池，“碧水龙湾”是当地投入最多、建设规模最大的公租房小区，位于城东新区龙江河畔，是名副其实的江景房，项目配套建设了市政道路、公交车站，解决了1482户中低收入住房困难家庭住房难题。

硬件要完善，软件也要给力。2021年起，广西大力推行公租房小区数字化管理，运用物联网、大数据技术，推进公租房“人、证、房”三位一体的智慧云监管平台建设工作，不但住户的出行更方便，还实现了对小区安防、违约取证、到期退出、违规清退等的智能化管理。2021 年底，南宁市“江南企业公园”保障性租赁住房公寓交付使用。这里曾经是 2 栋空置的标准厂房，如今变身为许多园区企业职工的家，从 2020 年 9 月底开始接受预约登记，短短 3 个月时间 700 多套房源就被抢租一空。在这里，公寓精装交付，配备了家具，租客可以直接拎包入住；租金每平方米每月约为 20 元，水电燃气费用均为民用价格，合计费用比周边小区甚至城中村的房屋租金更低，备受企业职工欢迎。

借助市场的力量可以盘活市场存量，提高保障性租赁住房的供给规模，培育发展成熟的住房租赁市场。广西已出台政策，保障性租赁住房项目可享受到财政、税费、金融、水电气价格等一系列政策优惠；各地可多渠道筹建保障性租赁住房，允许将闲置和低效利用的商业办公场所、旅馆、厂房、仓储场所、科研教育场所等非居住存量房屋改建为保障性租赁住房。对符合条件的保障性租赁住房项目，自治区还将通过安排补助资金、发行专项债券、降低市场化融资利率、增加融资年限等多渠道给予资金支持。

在公租房建设上，广西进一步加大政策支持力度，从扩大支持城市范围、强化运营管理和维修养护资金保障、建立信息共享工作机制等 3 个方面实现创新突破，支持、鼓励除南宁、桂林、北海等 3 个有公租房任务的大中城市外其他有需求的设区市增加公租房供应，推动实现供需匹配。

城市新群体，同圆安居梦

2021 年 3 月，李克强总理在作政府工作报告时强调要尽最大努力帮助新市民、青年人等缓解住房困难。同年 7 月，国务院办公厅印发《关于加快发展保障性租赁住房的意见》（简称《意见》），明确了保障性租赁住房基础制度和支持政策。

《意见》下发后，自治区党委、政府高度重视，坚决贯彻落实党中央、国务院决策部署，要求全区加快发展保障性租赁住房，努力满足新就业大学毕业生、新入职无房职工等新市民、青年人多层次、差异化的租赁居住需求。全区住房城乡建设部门认真学习贯彻落实《意见》精神，按照中央、自治区要求，通过新建、改建、改造、租赁补贴等多种方式、多种渠道筹集房源，充分发挥市场机制作用，引导多主体投资，多渠道供给，加快发展保障性租赁住房。

“洗衣机、电冰箱等电器和家具一应俱全，拎包即可入住。周围配套设施齐全，下楼几百米就是菜市。”入住柳州市人才公寓的蒋文志欣喜地介绍着自己的新家。

蒋文志曾经住过工地板房、城中村出租房，条件都比较差。“交通方便的区域房租贵，像我现在住的公寓条件，市场价租金要1000多元。”当了解到柳州推出了解决新市民、青年人住房问题的保障性租赁住房项目后，他第一时间提交了申请。申请过程公开透明，程序简便，仅一个多月，蒋文志就搬进了新家。“每月租金只需300多元，加上水、电、物业等费用，最多500元，比在外面租房省了不少钱，而且环境还这么好。”

随着城镇化进程的加速和流动人口规模的扩大，进城务工人员、新就业大学生等新市民、青年人的住房困难问题日益凸显。《意见》的出台，明确将着力推动人口净流入的大城市和省级政府确定的城市主要利用非居住存量土地和非居住存量房屋建设小户型、低租金保障性租赁住房，尽最大努力帮助新市民、青年人等缓解住房困难。

为此，2021年以来，自治区住房和城乡建设厅通过加强指导人口净流入的大城市，从确定发展目标、落实支持政策、建立工作机制等方面加快发展保障性租赁住房，计划全年在全区建设保障性租赁住房近 1.4 万套。截至 2021 年 8 月底，已开工 1.27 万套，基本建成 7 个项目共 3005 套，共获得保障性租赁住房及其配套基础设施建设中央预算内投资 2.23 亿元。这是扩大保障性租赁住房供给、优化租赁住房供应结构的良好开端，新市民、青年人的居住条件得到明显改善。

保障性租赁住房建设，只是广西着力完善住房保障体系，推动群众“住有所居”的一个缩影。长期以来，广西住房和城乡建设部门始终坚持“房子是用来住的，不是用来炒的”定位，大力推进保障性安居工程建设，推动建立多主体供给、多渠道保障、租购并举的住房制度。截至 2020 年底，全区累计实施城镇保障性安居工程 252 万套，帮助 810 多万住房困难群众圆了安居梦。

26 岁的小彭在南宁从事新媒体工作，租住在南宁火车站附近。“房间面积不大，但住着十分方便舒适。”小彭说，每月房租 900 元，由于自己有南宁市住房租赁备案材料且符合本科人才政策等，每月可获得政府租房补贴 150 元。

为了让城市新市民、青年人摆脱落脚城市的最大束缚，广西研究部署保障性租赁住房发展工作，指导各地因地制宜制订计划，加速布局完善保障性租赁住房各项扶持政策，在税费减免、金融信贷支持、资金补助、用地落实、前期手续办理等方面提供政策支持。在供给端，制定开发企业配建自持、非住宅改建、企事业单位自建等规定；在需求端，出台公共租赁住房补贴、人才安居等政策；在市场规范方面，建设信息化平台，实行房源核验、房源发布、网签备案、信用考评等制度，让更多新市民、青年人加快实现从“漂”到“稳”的过渡。

2021 年 7 月，南宁市在全区率先出台了《南宁市支持住房租赁市场发展试点财政专项资金管理办法》，明确了专项资金补助对象和范围、补助条件和标准、资金申请的受理与审查等，鼓励各城区充分利用存量土地和房屋建设保障性租赁住房，解决新市民、青年人就近居住问题，促进职住平衡。

广西已在南宁先行启动保障性租赁住房建设工作。2021 年 4 月，南宁市被住房和城乡建设部列入 2021 年保障性租赁住房建设 40 个重点城市之一，并获得中央预算内投资补助。南宁市已完成 2021 年保障性租赁住房计划申报和中央预算内投资资金的分解下达工作，将重点围绕各产业园区、教育科研、医疗卫生机构和企事业单位等领域进行规划布局，聚焦解决企业职工、新就业大学毕业生等青年人、新市民的住房困难问题。

广西其他城市也已开展保障性租赁住房供需匹配调查摸底工作。2021 年 9 月 3 日，在柳州召开的全区保障性租赁住房建设工作会明确提出，要在 14 个设区市、111 个县区开展调查摸底工作，按照供需匹配、职住平衡原则，全面了解全区新市民、青年人住房需求和存量土地、房屋情况，科学确定保障性租赁住房“十四五”发展目标和年度建设计划，切实增加保障性租赁住房供给。

广西住房保障成效显著

坚持以人民为中心的发展理念，以改善群众居住条件为出发点和落脚点，广西围绕“住有所居”的目标，完善多主体供给、多渠道保障、租购并举的住房制度，住房保障成效持续显现。

这是一项温暖人心的工程。据统计，2011—2019 年，广西推进各类保障性住房和棚户区改造住房累计开工建设 150 万套，基本建成 82.44 万套，发放租赁补贴 21 万户，惠及 600 多万城镇困难群众。

这是一种出人意料的“加速度”。2018 年，广西棚户区改造住房新开工建设 12.6 万套，提前 3 个月超额完成国家下达的 9 万套开工目标任务；2018—2020 年，全区棚户区改造三年计划再扩容，由 24 万套提升至 37.57 万套，截至 2018 年 12 月，全年棚户区改造完成投资 274.61 亿元，同比增长 24.4%。

这是一个个珍藏着幸福的改变。棚户区居民搬进了崭新的安置房；低保户、下岗退休工人、退伍军人住进了布局合理的经济适用房、限价房；年轻的企业员工和外来务工人员等新市民在城市里拥有了属于自己温暖的家；长年生活在水上的船家人结束漂泊，在岸上扎根落户……

（五）路网末梢变枢纽

广西综合交通基础设施加速成网

要想富，先修路。广西人对此有十分深刻的体会与理解。

从寸轨未铺的龙州铁路到高铁运营里程跃居全国各省区前列，从西南边陲的路网末梢到面向东盟的区域性交通枢纽，从火车、飞机到动车、高速公路、轨道交通，从省道、国道、县道到乡道，每一条路的抵达，每一处交通的发展，都与人们的生产生活息息相关。交通的变化，带来广西巨大的变迁。

当前，广西综合交通基础设施加速成网，基本实现“高铁市市通、高速县县通、民航片片通、内河条条通”，初步形成江海联动、海铁联运、水陆并进、空港衔接“四位一体”的现代立体交通格局。

20 世纪 90 年代，广西的公路等级仍然很低，交通要道主要为二级公路，一级公路几乎没有。那时，从南宁去桂林的车程需要一天，一些贫困山区的道路就更加崎岖难行了，很多群众一辈子都没走出过大山。

1993年，柳州至桂林高速公路开工建设，这是广西第一条高速公路。为修通高速公路，广西举全区之力克服了资金短缺、技术落后等难题。1997年，柳桂高速公路建成通车，实现广西高速公路里程零的突破。

20多年来，广西高速公路从无到有、从线到网，构建起横连东西、纵贯南北的高速公路网络。

党的十八大以来，广西高速公路建设进入全面提速阶段，到2013年底，全区高速公路通车里程突破3000公里，到“十二五”收官之时，通车里程已突破4000公里。“十三五”期间，全区高速公路通车总里程达6803公里，县县通高速公路比例达96%，越来越多贫困地区圆了高速梦。

广西“通江达海、出省出边、衔接重要枢纽节点”的高速公路通道骨架现已基本形成。广西基本实现以南宁为中心，2小时可通达北部湾经济区城市与港口，6小时通达全区14个设区市，一日通达邻省省会、邻国首都，彻底改变了传统交通格局和时空观念，大幅提高了综合运输能力和运输效率。

“太快了，感觉就像飞一样。以前我开蒸汽机车的时候，货车站站停，经常让车，从柳州到桂林有时三天三夜都到不了。”2021年，100岁高龄的任忠德搭乘G1504次复兴号动车从柳州出发前往桂林，高兴得像个孩子。

任忠德是中铁南宁局集团公司柳州机务段的一名退休火车司机，也是一名老党员。飞驰的动车仿佛让时光流动，带着他回到广西铁路建设之初的那段峥嵘岁月。

1951年，任忠德奔赴朝鲜战场，开火车为前线输送物资。那时广西仅有湘桂、黔桂两条干线铁路，通车里程539公里。

中央政府非常重视广西铁路建设发展。1955年7月，黎湛铁路全线通车，打通了广西通往南海和海南岛的陆路通道。1958 年，广西自主建设了第一条地方铁路——湘桂铁路渠黎站，直达东罗矿区的东罗线。

“我很幸运活到了 100 岁，见证了广西铁路的历史变革和辉煌成就。”任忠德说。

2008 年起，广西大力推进“一轴四纵四横”铁路网体系建设，构建连接东中西部地区大通道，铁路建设进入大发展时期。

党的十八大以来，衡柳、柳南等高铁相继开通运营，广西成为全国首个开通高铁的自治区，步入高铁时代。截至 2021 年 5 月底，广西高铁营业里程达 1771 公里，在全国各省区市中位居前列。

如今，广西已建成 7 条高铁线，与既有的 7 条普铁干线互补联动，初步实现由路网末梢向面向东盟的国际性区域枢纽转变。至 2021 年

南宁市青秀区那平坡高铁、动车整装待发（周家志 摄）

底，广西有 12 个设区市实现动车开行，高铁列车与全国 21 个省区市和香港特别行政区实现直连直通，形成了以南宁为中心，动车“公交化”出行、3 小时覆盖区内主要城市的高铁交通圈。

综合交通基础设施建设实现大跨越，交通总里程突破 14 万公里。“十三五”时期，全区累计完成综合交通固定资产投资超过 6000 亿元，比“十二五”时期增加 1.2 万公里，增长 21%。

火车绘就新画卷

交通强国，铁路先行。如今，广西铁路运营里程已达 5206 公里，形成了“北通、南达、东进、西联”的现代化路网格局，助力广西构建面向东盟的国际大通道、打造西南中南地区开放发展新的战略支点、形成“一带一路”有机衔接的重要门户。

1949 年，广西仅有湘桂、黔桂 539 公里铁路。同年 5 月，为保护铁路，迎接解放军南下，广西铁路史上第一支党小组——中共黔桂铁路侧岭小组在黔桂铁路侧岭站诞生。

新中国成立后，在党中央的大力支持下，广西先后修建了黎湛、焦柳铁路，修复了黔桂干线铁路，修建了河茂、屯秋支线以及来合、三罗等地方铁路，营业线路不断延伸，路网规模持续扩大。

党的十一届三中全会后，广西铁路建设迎来发展的春天，铁路干部职工怀着实现“四个现代化”的梦想，在改革开放的道路上探索前行，掀起了铁路建设的新高潮。南防、钦北和黎钦合资铁路先后开通，奠定了广西在西南出海大通道中的骨干地位。1997 年 12 月 2 日，南昆铁路全线开通运营，打通了西南便捷的出海大通道，结束了广西作为全国路网尽头和没有电气化铁路的历史。

党的十八大以来，党中央站在“四个全面”战略布局的高度，赋予铁路新的定位和使命。2013 年 12 月 28 日，广西第一条高铁——

衡柳铁路正式开通运营，广西成为全国首个开通高铁的少数民族省区。至 2016 年底，短短 3 年间，广西相继开通运营邕北、钦防、南广等 7 条高铁。以南宁为中心，一条条铁路连接四方，一趟趟动车通达九州，广西从路网末梢一跃成为区域性交通枢纽。

为决胜全面建成小康社会，广西铁路部门发挥运输优势，统筹推进建设扶贫、运输扶贫、定点扶贫、党建扶贫。铁路建设项目覆盖区内 36 个集中连片贫困地区，惠及 1700 多万贫困群众；在全国率先建成并联网运营 16 个高铁无轨站，方便 770 万边远地区群众出行；在凭祥、靖西等贫困地区开行 9 对公益性列车，为沿线贫困山区 495 万群众提供出行服务；助力广西高质量完成脱贫攻坚目标，以实际行动践行"人民铁路为人民"的宗旨。

习近平总书记赋予广西构建面向东盟的国际大通道、打造西南中南地区开放发展新的战略支点、形成 21 世纪海上丝绸之路和丝绸之路经济带有机衔接的重要门户的"三大定位"新使命，推进广西铁路在新时代展现新作为。

自 2017 年 9 月西部陆海新通道海铁联运班列正式开行以来，广西加快推进铁路运输主通道、重要枢纽和物流设施建设，完善基础配套设备设施，努力打造西部陆海新通道海铁联运班列品牌。至 2021 年，北部湾港口铁路专用线增至 110 条，主要干线运输能力提升 6.5%，钦州铁路集装箱中心站年装卸能力从 15 万标箱跃升至 105 万标箱，推动了西部陆海新通道逐步实现从"主动脉"到"毛细血管"全面畅通。

大力发展多式联运。广西铁路部门以贵港、梧州为重点，修建铁路专用线至港口码头，成功开发煤炭、水泥、粮食、瓷砖等铁水联运集装箱班列，降低企业物流成本。依托中越铁路互联互通的优势，铁路部门对既有凭祥铁路口岸进行升级改造，并于 2020 年 2 月通过验收，成为全国首个铁路进境水果指定监管场地。如今，中越班列逐渐成为中国与东盟国家经贸往来的“直通车”。

在密织路网的同时，广西铁路部门持续优化列车运行方案，推行互联网购票、扫码支付、电子客票等便民利民举措，配置包括 5 组“复兴号”在内的 139 组动车，铁路客运“触角”不断延伸，服务水平大幅提升，旅客告别彻夜排队购票的历史，高铁动车与全国 21 个省区市和香港特别行政区实现直连直通。

2020 年，面对突如其来的新冠肺炎疫情，广西铁路部门累计向湖北武汉、十堰、黄冈等 10 个城市发运援助物资 319 批次 3720.5 吨。其中，联合自治区各政府部门开行援鄂果蔬冷链专列 13 趟，广西是唯一持续开行直达冷链专列支援湖北的省区。

为乡村振兴“带货”，为百姓致富“铺路”

百色芒果、博白柑橘、平果火龙果……越来越多广西特色农产品坐上火车，走出深山、走向全国市场。2021 年以来，中国铁路南宁局集团有限公司持续加大运输服务的广度和深度，推出旅游专列、乡村振兴主题专列，向广大旅客推介广西特色旅游线路和农副产品，为旅游景点和农产品提升知名度、为乡村振兴作出贡献。

茶产业是柳州市三江侗族自治县、百色市凌云县两地农民最重要的产业之一。超过 50 万的涉茶人口，因茶而生，三江春、三江御香、三月牙己和凌云白毫分别成为两地最具特色的农产品。

在高铁开通之前，因交通不便，茶叶销路不好，卖不出好价钱，茶农收入不多。贵广高铁开通后，得益于方便快捷的高铁，广东、福建、浙江等地茶商纷纷到三江收购茶叶，茶叶价格随之上涨。

“以前 1 斤茶叶只能卖到 20 元左右，种茶没盼头，年轻人都外出打工了。”三江洋溪乡良培村茶农伍金光说。种茶是伍金光家的主要经济来源，高铁开通后，不仅有茶商上门收茶，茶叶价格也翻了几番，2021 年他家的茶叶每斤最高卖到 85 元，2022 年他计划扩大茶园种植面积。

同样受益的还有凌云白毫。受新冠肺炎疫情影响，2021 年凌云县把线下展销会搬到线上，在一年一度的茶山开山仪式活动中，茶商岑忠元通过网络直播销售茶叶。发货时，他选择了凌云高铁无轨站的快运大巴。茶叶经快运大巴送至百色高铁无轨站接驳中心后，换乘动车，发往广州。

早在 2016 年 12 月，凌云县便开通了全国首个高铁无轨站，融入全国高铁网，高铁快运服务也进入凌云。近年来，当地茶农大力发展农村电商，依托高铁无轨站把农副产品销往全国。“县里和铁路部门在百色站设立了‘凌云会客厅’，向旅客推介茶叶，提升了凌云茶的知名度。”岑忠元说。据统计，自高铁无轨站开通以来，凌云通过中铁快运发往全国各地的茶叶、油茶、百香果、红薯粉、乌鸡等已达 4.3 万余件，价值 1.1 亿元。

不只是茶产业搭乘高铁驶入发展快车道，高铁开通后，随之而来的人流、车流、信息流也为三江、凌云乡村旅游注入新活力。

途经三江的高铁和高速公路交通路网建成后，四面八方的游客涌向百里侗乡。柳州市三江侗族自治县八江镇布央村入股县农文旅投资发展有限责任公司，合作共建“仙人山”景区，全村每年人均分红 700 多元。

在三江程阳八寨景区平岩村，游客吃着百家宴，喝着侗家米酒，跟侗家人一起跳多耶舞，好不热闹。自从高铁开通后，到三江旅游的游客多了起来，平岩村每年举办百家宴 260 余场，参与组织百家宴的妇女年人均收入 2 万余元。2021 年 1—9 月，全县接待游客 735.03 万人次，实现旅游总收入 89 亿元，同比分别增长 73%、84%，有力促

一列动车从改造一新的柳州市柳江区进德镇白山村山中屯疾驰而过（黎寒池 摄）

进了当地群众增收致富。

有世外桃源般景色的百色市凌云县伶站瑶族乡浩坤村，曾是交通闭塞、游人罕至的穷山沟。高铁无轨站开通后，大山深处的浩坤湖景区成了游客竞相“打卡”的景点。浩坤湖旁，曾在广东打工十几年的浩坤村村民韦立新回到老家，把自家建在浩坤湖边的房子改成民宿，民宿开业第一年，他就攒下 6 万元存款。

2021 年，铁路部门与地方政府联动，开通了浩坤湖景区到平怀村、彩架村、平里屯、凌云高铁无轨站的旅游环线车，沉浸式体验乡村游让游客乐不思蜀。

在高铁飞速发展的今天，虽然乘坐动车出行已是常事，但仍有普速客车穿梭在广西的大山深处，它们票价低、停站多，最低 6 元就能抵达目的地，深受沿线百姓的喜爱。

来往于南宁和凭祥之间的 5511/5512 次列车，于 1953 年开通运营，是中越边关的一趟火车，经崇左、凭祥抵达友谊关，并与越南铁路相接通往东南亚，全程 220 公里，历时 5 个小时，停靠 8 个站，票价 29.5 元，平均每个站不到 4 元。

“我是扶绥渠旧人，每个星期搭乘一次 5511 次列车到南宁交易市场进货，带一批鞋子、袜子、帽子等小商品回渠旧售卖，进完货从南宁站乘车，一个小时车程到家，票价又便宜，20 年都没涨过价。”旅客潘女士说，以前只能靠火车把货物拉回家，现在物流发达了，商品通过物流就能托运到扶绥，“靠着这门小生意养活一家人，供孩子读书，这些年生活越来越好，还起了新房子。”

“由于车票价格便宜，且停靠站点多，沿线一些老百姓挑着越南商品或土特产坐火车赶集，到异地贩卖，获取收益。”列车长戴洪强介绍，这趟列车如今不仅装上了空调，设备设施也更完善，极大提高了旅客乘车舒适度。这几年，铁路部门还与当地政府挖掘途经地旅游资源，借助公益性列车，大力发展边关旅游。

在中越边境的靖西市，也开行着一趟公益性列车——南宁至靖西的 K9303/9304 次列车，全程票价 43.5 元，是周边群众出行的优选。2016 年这趟列车开通后，西南边境小城靖西告别了无客运列车的历史，便利的交通降低了农资和农产品物流运输成本，吸引了大量外地客商到靖西投资发展现代农业，为当地百姓拓宽了增收渠道。

近年来，南宁局集团持续在凭祥、百色、河池等地开行公益性列车，覆盖沿线 11 个县。据统计，2017—2021 年共运送旅客 2060 万人次。这些列车见证了沿线乡村的变化和发展，也为老百姓出行带来了实实在在的便利。

高速公路大动脉，带动产业大发展

逢山开路，遇水架桥，中国高速公路里程已超 16 万公里，里程连续9年位居世界第一。顺畅的交通网络，见证着中国的发展速度。

在中央和自治区的正确领导下，广西全速推进高速公路项目建设，一条条蜿蜒在八桂大地上的高速公路，构筑起公路网骨架，为广西经济持续快速发展、脱贫攻坚取得全面胜利提供了强有力支撑。

2020年，广西更是以奋进收官之势，完成高速公路建设投资965亿元，建设高速公路项目54个4765公里。这些数据创造了广西高速公路建设史上多个之最：全年完成投资最多、通车里程最长、建设及新开工项目数最多。

2021年，广西高速公路通车总里程超过7300公里，至“十四五”期末，广西高速公路通车总里程将突破1.2万公里。

从东到西、从南到北，四通八达的高速公路打通了广西经济发展大动脉，区域联动发展成效凸显。

包茂高速公路广西段把“旅游名城”桂林市、“三省通衢”贺州市和“千年古城”梧州市连接起来，将沿线多个市县的自然历史文化遗产串珠成链，打造成一条名副其实的旅游黄金通道，带动桂林市、贺州市、梧州市旅游业快速发展。

随着包茂、沪渝、连霍等22条高速公路的全线通车，阳朔旅游发展驶入了快车道，全国各地游客沿着高速纷至沓来，到遇龙河度假区的自驾车游客占总游客的50%以上，游客数量和门票收入连年递增。

桂林至三江高速公路途经桂林临桂区、龙胜各族自治县、三江侗族自治县，高速公路的通车，为一直未通高速的龙胜带来了黄金发展机遇。

龙胜借助桂三高速公路的通车，大力推进文化旅游业发展，该县

2018 年 5 月 1 日，位于泉南高速公路六景段的郁江特大桥正式通车，有效缓解了该路段车辆拥堵状况（周军 摄）

的黄洛瑶寨、张家苗寨等 18 个民俗旅游村寨每年吸引中外游客 45 万人次，旅游收入超过 8000 万元。

桂三高速公路通车后，龙胜到桂林只需 1 个小时，融入大桂林 1 小时经济圈。依托高速公路带来的便利条件，龙胜将把全县作为一个大景区来打造。龙胜如今正在建设一条全长 300 多公里的生态旅游扶贫大环线，计划将全县的主要景区、景点和民族村寨串点成线、串线成片，推动旅游业全面提升。

道路通，百业兴。

高速公路的开通，为实施乡村振兴战略注入澎湃动力，为沿线群众打开了一扇扇更加富足、更加幸福的大门。随着路网建设的完善，一批批旅游名村如雨后春笋般涌现，新时代的广西乡村焕发出新的光彩。

阳朔县鸡窝渡村距县城6公里，距桂林至梧州高速路口仅5分钟车程，村前有著名的骆驼过江、猩猩山等经典山水风光。在高速公路的带动下，该村加快发展乡村旅游，如今，“鸡窝”已变成“凤凰窝”。

2019年，鸡窝渡村成为阳朔首个开展环境综合整治的村屯，仅4个多月，村容村貌便发生了翻天覆地的变化。村庄改造后，吸引众多投资者前来开发特色度假民宿酒店、农家乐项目，投资总额高达数千万元，培育出霁云上院等20家精品民宿酒店。2020年，鸡窝渡村被评为阳朔县“十大最美乡村”，成为知名“网红”旅游村。村民依托经营竹排漂流、民宿、农家乐、特色小吃、租车等，生活越过越红火。

崇左市江州区新和镇卜花村曾是个贫困村，依托南友高速公路便利的交通条件，当地的优势产业发展迅速，旅游业发展更是日新月异。卜花村种植甘蔗1.5万余亩，产值近4000万元，乡村旅游兴起后，土地流转租金和务工收入成为当地群众主要经济来源，2020年全村人均可支配收入达1.3万元。

卜花村依托当地秀丽的山水风光，全力打造水、陆、空立体体验的旅游产品，开发大型漂流、低空观光、高空跳伞等新业态，吸引众多游客前往。2020年，该村入选第二批全国乡村旅游重点村名单，被住房和城乡建设部列入首批全国美好环境与幸福生活共同缔造活动培训基地名单。

2017年桂林至三江高速公路通车后，从周家村上高速公路只需40多分钟，1个多小时就可以到达桂林。交通条件改善后，到龙胜泗水乡红军岩参观的游客越来越多，昔日的红军长征路，变成了今日的旅游开发路，寨子面貌和群众生活有了翻天覆地的变化。

近年来，依托高速公路带来的交通便利，龙胜泗水乡白面瑶寨深

被誉为“最美高速公路”的崇左至靖西高速公路旧州互通美景（周军 摄）

度挖掘红色文化和瑶族文化，大力发展旅游业，5 年前年接待游客 2 万人次，2019 年游客量已达 5 万人次，2020 年一季度游客量为 1 万多人次。受益于旅游开发，当地群众的日子越过越好。

广西民航事业蓬勃发展

党的十八大以来，广西民航业进入奋进腾飞的发展阶段。“十三五”期间，广西机场建设项目投资近 80 亿元，投资规模和建设强度创近 20 年之最，玉林机场新建、梧州机场迁建、桂林机场改扩建、柳州机场改扩建等一批重点项目竣工投用，民用运输机场达到 8 个。当前，广西正加快推进南宁机场改扩建等项目建设，致力将南宁打造为连接我国西南中南地区、面向东盟、连通“一带一路”的重要航空支点，进一步强化广西通往东盟立体运输大通道能力。

90 多岁的耿俊海是原广西民航局公安处处长，回忆起广西民航建设初期的状况，依然感慨不已。

1952 年，中央人民政府革命军事委员会民用航空局在南宁组建航站，开通了广西在新中国成立后的第一条航线：昆明—南宁—广州航线。

“那时南宁机场只有 1 条土跑道，飞机一起飞尘土便漫天飞扬，航班也非常少，飞机一走机场就冷冷清清。”耿俊海说。广西民航业经历了部队编制阶段、垂直领导阶段、属地化管理阶段，逐步发展起来。2003 年广西机场管理集团成立，广西民航机场真正走上了企业化发展的道路。

广西机场管理集团工作人员拿出笔记本电脑，向耿俊海展示广西民航发展现状。看着雄伟壮观的南宁吴圩国际机场 T2 航站楼、排列有序的飞机，耿俊海连连说：“好啊，好啊！这么大的航站楼，这么多飞机，和以前比都不知道翻了多少倍了！”说罢，耿俊海已是热泪盈眶。

2016 年 8 月 25 日上午，由北部湾航空引进的首架空客 A320 飞机从南宁吴圩国际机场飞往西安。这是广西民航事业新的里程碑（黄河畅 摄）

广西河池机场像一艘停泊在绿色海洋上的“航空母舰”（高东风 摄）

让耿俊海感动的不仅是南宁机场的大变样，还有整个广西民航业的大发展。

广西机场管理集团相关人士介绍，截至 2021 年 5 月底，南宁机场至东盟国家定期航线数量 26 条，通航东盟十国 23 个城市，实现东盟国家主要城市全覆盖，通航东盟航点数量排名全国第 6 位。面向东盟的门户枢纽机场建设初步成型。

“公路 +”跑出了乡村振兴加速度

2021 年，交通运输部对获得“城乡交通运输一体化示范县”称号的 41 个县（市、区）进行了公布，荔浦市上榜，成为广西唯一荣获“四好农村路”全国示范县和城乡交通运输一体化全国示范县双荣誉的县（市、区）。

荔浦市通过完善基础设施，优化客运服务，提升城乡交通运输一体化发展水平，开通城乡公交线路共 49 条，乡镇通公交率达 100%，行政村通客车率达 100%、通公交率达 90%。该市依托便捷的城乡交通体系，大力促进农产品销售、乡村休闲旅游等。

“田园一体化水泥路硬化到田间地头，更多人愿意来收购产品了。”龙怀乡高山荔浦芋种植户唐文贵切实感受到交通便利带来的实惠。村里种植的荔浦芋香糯可口，但苦于交通不便，价格一直不理想。自从开展农村公路大会战与田园综合体建设以来，村里公路延伸到田间地头，货车开到了芋头田，荔浦芋价格也高了。

为完善农村基础设施，荔浦市先后投入10亿元实施农村水、电、路基础设施建设，实施“城乡一体化”，全市农村公路硬化通达率为100%，农村生产生活条件大幅改善。

随着农村公路大会战的实施，农村路网结构优化，荔浦市实现了道路村联村、户联户，乡镇联通致富路的农村公路网大格局，农产品进城、工业品进村道路畅通，带动全市拳头农产品芋头、马蹄、砂糖橘“荔浦三宝”种植面积39万亩，产值达20亿元，创建各级各类现代特色农业核心示范区（园、点）208个，一批砂糖橘村、花卉苗木村、葡萄种植村如同雨后春笋般出现，全市农村居民人均可支配收入超过1.7万元。

夏至后，在荔浦市东昌镇安静村千亩三华李基地，果农正忙着运输三华李，游客参与自摘和亲子游活动，忙得不亦乐乎。安合果蔬合作社负责人文书锋介绍，随着村里到集镇10公里道路硬化，每当春暖花开之际，千亩李花吸引众多自驾游客前来，而到每年6月李子成熟时，自摘李子又成了游客最爱的活动。

“村里有城市公园一样的风景，有平坦的水泥路，过的是城里人都想过的生活。”说起现在的日子，村民覃景华掩饰不住脸上的喜悦。

荔浦因路而建、顺道而修，推行“路长制”，形成干线公路“一路多景”、农村公路“一村一景”的绿化和美丽乡村示范带。荔浦市建成了以青山镇荔江湾、龙怀乡丰鱼岩、马岭镇银子岩、蒲芦瑶族乡天河瀑布等景区为引领，11 条美丽乡村精品景观线路为支撑，铜鼓山生态庄园等 3 个自治区级农家乐为补充的全域旅游发展农村公路网格局，通过农村路网拉动全市旅游接待人次年均增长 37%，农村公路带动共 200 多家乡村农家乐、农家旅馆、农家餐馆蓬勃发展。“十三五”期间，荔浦市共接待游客 3348.19 万人次，旅游总消费 474.74 亿元。

自荔浦市被列为国家第二批、自治区第一批电子商务进农村综合示范县以来，该市电商发展一直走在全区前列。然而荔浦芋等大宗农产品如何快捷地从乡间进入城市并发往全国各地，曾是当年的难题。随着荔浦将农村公路建设作为打通农村电商发展“最后一公里”工程，通过提升道路等级、窄路加宽、实施生命安全防护工程、补足交通短板等措施，农村公路“通而不畅”难题得以解决，农村公路通达能力、通畅水平大幅提升，农村物流、农村电商发展驶入“快车道”，全市已建成以电商街为主的县级物流中心，13 个乡镇物流网络节点覆盖率达 100%，建制村通快递比例达到 100%，144 个行政村（社区）已实现“24 小时送达”。

据悉，2020 年，荔浦市电商销售额达 20.6 亿元，通过电商平台卖出的特色农产品价格平均提高 30%—40%。荔浦芋、荔浦马蹄等不仅实现了快速从农村进入城市的目标，还越来越多地销往区外。

从“0”到“5”，南宁轨道交通五线齐发

地铁，是城市综合立体交通体系的重要组成部分，也是城市现代化国际水平的重要标志。

2016 年 6 月 28 日，南宁地铁 1 号线东段开通试运营，全程约 57 分钟，地铁列车呼啸而来，开启了南宁的“地铁时代”；同年 12 月 28 日，南宁地铁 1 号线全线开通试运营，横跨南宁站、南宁东站两

大交通枢纽，南宁地铁 1 号线串起了主城区的东西两端。作为全国少数民族自治区第一条开通试运营的地铁，南宁地铁 1 号线是南宁城市轨道交通东西向骨干线路，衔接南宁东站、埌东客运站、南宁站、西乡塘客运站等主要客流集散点和大型商圈。

当南宁地铁 1 号线全线开通，疾驰而来的地铁列车横贯主城东西，带着市民去触摸城市的“脉动”，32.1 公里的地下轨道交通既让邕城东西两端 1 小时生活圈成为现实，也让南宁市民的幸福感随之提升。

一组数据见证了南宁地铁 1 号线给市民出行带来的变化：南宁地铁 1 号线开通试运营至 2021 年底总客运量为 6.55 亿人次，日均客运量为 32.67 万人次，客流强度为 1.04 万人次 / 公里 · 日；客流从刚开通的 3.43 万人次增长到 37.98 万人次，正点率和兑现率均为 99.99%。

2017 年 12 月 28 日，南宁地铁 2 号线开通试运营，实现“十字合龙、双线齐发”，南宁进入“换乘时代”。

2019 年 6 月 6 日，南宁地铁 3 号线开通试运营，标志着南宁轨道交通从双线“换乘时代”升级为三线“运营时代”。

2020 年 11 月 23 日，南宁地铁 4 号线首通段和南宁地铁 2 号线东延线正式开通试运营，南宁地铁实现“四线齐发、八方通达”新格局。

2021 年 12 月 16 日，南宁地铁 5 号线开通运营，形成了“跨江连城、贯穿城市东西南北”的格局，南宁轨道交通进入“网络化运营时代”。

“轨道 +”形成时尚品质城市生活圈。地铁发展不仅有效缓解了城市交通拥堵压力，为市民提供安全、舒适的绿色出行环境，还促进了商圈繁荣与经济发展，提升关联产业集聚的社会效益，让区域城市功能日臻完善。

南宁地铁 1 号线全线开通试运营后，由南宁地铁与行业领头公司共同打造的广西大学站、朝阳广场站、万象城站三大地铁商业街区开业，由此拉开了南宁“地铁商业时代”的帷幕。

广西大学站地铁商业街区为南宁首个具有集装箱风格的地下商业创意空间，街区内打造有“时光音乐走廊”“青春舞台”等特色主题区域，为大学生提供了展示青春风采和能量的舞台，成为年轻人喜爱的极具个性文化的商业长廊。

朝阳广场站地铁商业街区是南宁城市中心黄金道上的商业街区，以休闲化的餐饮和精品特色零售为主，加以创意、便捷型的配套，是繁华的朝阳商圈中别具休闲趣味的时尚长廊。

万象城站地铁商业街区是为城市白领群体诚意打造的各调休闲的街廊，街区以集装箱工业风、小资阳光雨棚、音乐钢琴楼梯等元素，营造充满明媚阳光的情景空间，并打造了国内首条地铁“星光音乐走廊”，为追求品质的都市精英带来全新的地铁商业街区体验。

从“0”到“5”，南宁地铁线持续扩张，创造城市美好生活。

四、生态篇：宜居乐养

八桂大地山清水秀，生态环境是最宝贵的金字招牌。

在广西这片秀丽壮美的土地上，人们像保护眼睛一样保护生态环境，像对待生命一样对待生态环境。防城港市港口区光坡镇红沙村104岁老人黄枢余护鹭40余载，成就了一座山，美丽了一座城，使防城港市成为“世界上白鹭离人最近的地方”。风生水起的北部湾，白海豚和布氏鲸在此栖息，北京大学生命科学学院教授潘文石说，这是我国沿海最健康的海豚种群。

在人们的积极努力下，广西的天更蓝。2020年，全区城市环境空气质量优良天数比例为97.7%，同比上升3个百分点，细颗粒物（PM2.5）浓度为26微克/立方米，同比下降16.1%，空气质量创有监测数据以来最好纪录。广西的水更清。深入落细落实河长制、湖长制，突出抓好重点流域生态保护和环境治理工程等重点工作，全区52个国家地表水考核断面水质优良比例达100%，排名全国第一，10个设区市入围全国地级及以上城市国家地表水考核断面水环境质量排名前30名榜单，6个市跻身前10名，柳州市继2020年位居第一名后继续蝉联2021年地表水水质全国冠军。广西的土更净。2020年累计完成农用地安全利用面积达到889.05万亩，污染地块安全利用率达到100%……

为还蓝天碧水净土于民，在经济快速发展的同时，广西把污染防治攻坚战办成了民生大事，把生态文明办成了幸福实事。

漓江是桂林山水的灵魂，被誉为全球最美的15条河流之一。近年来，广西牢记习近平总书记“一定要保护好桂林山水”的殷切嘱托，将科学保护漓江作为生态保护工作的重中之重。经多方努力，长期困扰漓江保护的采石挖砂、乱砍滥伐、工业废水及生活污水排放、非法网箱养殖等难题得以破解。漓江水质常年保持在Ⅱ类及以上，成为全国少有的流经市区水质最好的河流之一。

工业污染，是广西污染防治攻坚战中难啃的一块硬骨头。为了摘掉全国四大“酸雨之都”之一的帽子，柳州市坚持绿色引领、质量先行，加快传统产业转型升级，将污染治理与城市发展战略同规划、同部署、同实施，采取柳江上下游、左右岸系统治理等一系列举措加强环境治理。如今，百里柳江穿城而过，将江滨公园、柳州文庙等人文自然风光串起来，宛若百里画廊。

金海湾红树林生态旅游区的红树、白鹭是北海的生态名片。2017年4月19日，习近平总书记视察北海金海湾红树林生态旅游区时指出，保护珍稀植物是保护生态环境的重要内容，一定要尊重科学、落实责任，把红树林保护好。北海市以生态立市，积极创建“国家生态示范区城市”，依托自然资源特色和丰富的文化底蕴，改造、新建26个城市公园和100多个各类文化娱乐广场，逐步形成了水碧、透绿、彰文的园林特色，有效地提升了市民居住品质。北海成了“中国最美十大海滨城市”。

在这片秀美壮美的土地上，人们牢记习近平总书记关于“广西生态优势金不换”的殷切嘱托，深入贯彻落实习近平生态文明思想，牢固树立绿色发展理念，扎实推进生态环境保护建设，加快建设美丽广西和生态文明强区，不断擦亮“山清水秀生态美”的金字招牌，探索出一条符合战略定力、凸显广西特色的，以生态优先、绿色发展为导向的高质量发展道路，谱写了“人不负青山，青山定不负人”的生态文明发展新篇章，让良好的生态环境真正成为宜居乐养、创业致富的最普惠民生福祉。

（一）人与自然的生态故事

百岁老人和白鹭的美丽约定

2019 年 6 月 2 日，生态环境部、中央文明办评选的“百名最美生态环保志愿者”中，防城港市港口区光坡镇红沙村 104 岁护鹭老人黄枢余赫然在列。

说起老人与白鹭的情缘，可追溯到 20 世纪 80 年代初。

1982 年春节过后的一天，黄枢余做完农活回家经过一片竹林时，发现了几只受伤的小白鹭，它们发出一声声呻吟，似乎在向他呼救。黄枢余心疼不已，弯下腰把这几只小白鹭抱回家，找来鱼虾喂养它们，给它们涂药治伤。在黄家老少的悉心呵护下，小白鹭养好了伤并健康长大，与黄家人和睦快乐相处。

就在黄枢余救养小白鹭后不久，一群白鹭飞降到黄家房屋后山那片林子，并筑巢安居下来。白鹭群从天而降，让黄枢余惊喜不已。他从小就喜欢白鹭，在他看来，白鹭是一种吉祥鸟，能带来吉祥和安宁。

从那时起，黄枢余一家人对白鹭百般呵护。每次打鱼回来，黄枢余都会挑些小鱼撒在树下，然后轻声呼唤：“阿白，阿白，鱼啊鱼啊……”起初，白鹭小心翼翼，不敢下地吃鱼，总要反复试探。后来它们相信了黄枢余，胆子慢慢大起来。每当黄枢余挑着鱼篓回家时，山上大大小小的白鹭便会欢呼雀跃，有的甚至降落在老人的肩上高声鸣叫。

“白鹭是通人性的，你爱它们，它们也爱你；你要是伤害它们，它们会‘记仇’，以后就不来了。它们很认生，以前都是‘高高在上’的，和我们混熟后，经常下来和鸡鸭抢食，有的小尾巴似的跟着我，不给食物，赶都赶不走。”黄枢余说。

每年3月白鹭来之前，黄枢余早早就带着家人上山清理杂物，处理干枝，尽量为“阿白”们营造舒适的环境，让它们在山上安营扎寨、生儿育女。出于对这里环境的信任，到黄家“度假”的白鹭越来越多，最多的一年有近万只。

一次，黄枢余的儿子带朋友到家里来玩。那人拿了几个鹭鸟蛋清蒸做菜。黄枢余回来后脸色大变，喊道：“你们以后不许再动一个鹭鸟蛋，谁动，我就跟谁拼命！”那人当即羞愧难当地离开了黄枢余家。

黄枢余对白鹭的关爱，和对伤害白鹭的行为展现出来的“爆脾气”，深深影响着家人。

“白鹭最多那几年，我们家房前屋后的竹枝被鹭窝压弯了腰，屋顶院坝鹭粪成堆，尽管每天冲洗，仍难掩刺鼻的腥臭味。渐渐地，我们也习惯了，因为‘阿白’就像我们家的孩子，它们都是我们大家庭的成员。”黄枢余的三儿子黄积林说。他们一家四代都把保护“阿白”当成一种责任、一份事业。

黄枢余老了，走路不太灵便了，他给家人立下规矩：三个儿子，每家一年，轮流照顾“阿白”。各家都是儿子主外，每天去海边撒网抓鱼；儿媳主内，把鱼切细喂“阿白”。而每年白鹭到来的季节，每日轮流巡山便成了这些晚辈必须做的工作。

黄枢余的孙媳妇小苏是个80后，白鹭是她和黄枢余大孙子的

“媒人”。2011年，小苏来看白鹭，认识了黄枢余的大孙子，她感觉黄家人那么善待白鹭，小伙子一定也善良可靠，就下决心嫁过来，并主动担起保护白鹭的责任。现在，儿子一天天长大，小苏从小教育他要与白鹭为伴，要将爱鸟护鹭的家风一代一代传下去。

尽管遭受一些偷鹭（鹭蛋）者的非议和报复，但黄枢余一家人从未因此断绝与白鹭的情缘。他们祖辈生活的这片家园，发展成了远近知名的“红沙渔鹭园”。当地政府部门在红沙村渔鹭园建立了“红领巾护鹭站”“未成年人思想道德建设示范基地”等宣传及活动阵地。黄枢余向少先队员授“红领巾护鹭队队旗”。在渔鹭园里，孩子们深深地爱上了白鹭，还从黄枢余那里学到了爱鹭护鹭知识。村民们发现受伤的小白鹭，也会送到黄家来救护。这些改变，让黄枢余很欣慰，他觉得保护白鹭后继有人了。

黄家屋后那座不知名的小山，也被人冠名“白鹭山”。

“去时不过九月九，来时不过三月三”，这是每年白鹭迁徙的规律。白鹭飞来，在沿海滩涂边、树林竹林中成群结队觅食、筑窝。人走近时，鸟儿们气定神闲，没有受惊或振翅逃飞。有白鹭栖息的地方，也成了人们向往的美好家园。黄枢余守护白鹭，成就了一座山，也美好了一座城。国际著名鸟类专家将防城港市定义为“世界上白鹭离人最近的地方”。2012年，防城港被中国野生动物保护协会授予第一个“中国白鹭之乡”称号。

15年不离不弃，守护白头叶猴的家园

“我为你翻山越岭，却无心看风景……”蒙育宁很喜欢这句歌词，因为这是他工作的真实写照。

作为广西崇左白头叶猴自然保护区管理处的工作人员，蒙育宁为看护世界上仅有的绝壁精灵——白头叶猴，坚守在深山老林15年。

白头叶猴是广西特有的世界濒危物种（崇左市委宣传部 供图）

广西岜盆自然保护区是白头叶猴最后的栖息地。白头叶猴是广西野生动植物保护的旗舰物种，目前仅分布在崇左市江州区、扶绥县、龙州县和宁明县境内面积约 200 平方公里的喀斯特石山地区。每天清晨，蒙育宁带上装备和护林员们一起进山，披星戴月，累了就在树荫下休息，渴了就捧一口山泉喝。他走遍白头叶猴生活的山岭，熟悉山中的一草一木，也熟悉了白头叶猴的生活习性。

2017 年，组织考虑到蒙育宁已经从事户外工作十多年，想把他调回扶绥县林业局机关工作，但他婉拒了。让蒙育宁铁了心留下来的，是一只叫“茗茗”的小白头叶猴。

2015 年，渠茗村一个农民捡到一只受伤的金黄色白头叶猴幼崽。接到报告后，蒙育宁立即驱车赶往事发地察看。他的车未停稳，一只老雄猴就冲着他跑过来，急躁地来回走动。

蒙育宁耐心观察后断定，老雄猴希望有人救小猴。打电话请示后，蒙育宁决定把这只刚出生的小猴带回家喂养。见小猴被蒙育宁抱走，老雄猴这才放心地离开。

“因为是渠茗村群众发现的，带回家后我给它起了个名字叫‘茗茗’。没几天时间，它就开始黏人，一家人都很喜欢它。”蒙育宁说。为了让“茗茗”得到更好的照料，他把“茗茗”送到南宁动物园养护。不幸的是，15 天后噩耗传来，“茗茗”夭折了。此后，他把微信头像换成了“茗茗”的照片。

蒙育宁说，从失去“茗茗”那一刻他就下定决心，无论遇到什么困难都要坚守下来，守护白头叶猴和它们的家园。

岜盆自然保护区白头叶猴的种群数量由 2004 年的 42 群 319 只上升到 2019 年的 87 群 678 只，是白头叶猴繁衍最集中的区域。

发布全区第一个城市空气质量周报的人

他在广西环保领域创造了多个“全区率先”，见证了 30 多年来首府南宁及周边市县生态环保的变化——他就是时任南宁市环境保护局应急办副主任黄海保。

1986 年，刚从高校毕业不久的黄海保来到南宁市环保监测站工作，成为一名环保新兵。当时，放眼全区甚至全国，环境空气质量预报的研究及应用尚是一块全新领域。

在随后从事大气环境监测工作的十多年里，黄海保在无经验可借鉴的情况下，组织开展空气质量周报工作，攻关技术难题。1997 年 10 月，他和团队发布了全区第一个城市空气质量周报——南宁市空气质量周报，为后期南宁市空气质量日报、时报的工作奠定了基础。

黄海保不满足于这点小成绩。在环境监测、环境监察、环境应急等多个岗位摸爬滚打的 32 年里，他不断开拓创新——2000 年，在全区率先使用当场处罚的简易程序，处理案件和多媒体环境信访信息分析工作；2001 年，在全区率先提出对学校高音喇叭扰民进行综合整治；2013 年，在全区率先组织南宁与河池、崇左、贵港、百色、来宾、钦州等市环保局签署跨流域水环境安全联防联控合作协议……他在工作中不断创新，在环境监测与监察中传播着生态文明的理念，并提供解决问题、推进工作的积极方式与方法。

如今，科学高效地预防和应对突发环境事件，守护一方居民的环境安全和身心健康，已成为我国生态环保等部门的一个工作重点。对此，作为“救火队员”的基层一线环境应急工作人员感触颇深。为了保证随时接到环境应急电话，黄海保和应急办的同事要做到电话“四不离”：上班不离身、下班不离线、开会不离手、睡觉不离耳。“环境应急工作不能等，必须第一时间到达现场。”黄海保说。在他眼里，环境安全是普惠的民生，环境危机则是刻不容缓的民生危机。

黄海保应急处置的 60 多起环境事件中，没有一起因处置不当引发次生灾害。同时，他还组织编制了涉及南宁市突发环境事件、重污染天气、重大涉环保项目建设群体事件等方面的应急预案，为快速响应科学处置突发环境事件奠定了基础；组织开展汛期江河水环境预警监测、环境隐患专项排查和整治、危险化学品专项摸底普查、社会舆情和群体事件甄别等源头防范工作。

而处理因环境问题引发社会矛盾、社会舆情的群体环境事件，比单纯处理突发环境污染事件艰难复杂得多。黄海保曾组织市级环境应急团队，成功处置了宾阳等县因某企业排污引发的突发群体事件，使企业、周边居民双方的利益都得到最大限度的保障，化解了矛盾，平息了舆情。对此，他深有体会地说：“靠单一的对环境违法行为一罚了事，是不能化解此类矛盾、平息此类社会舆情的，这不仅需要科学技术作支撑，更需要耐心和睿智，需要超前的环保意识引导人们追求和向往生态文明的活动，并通过持续的坚持提高生活品质。”

近年来，广西生态文明建设成效显著，“山清水秀生态美”成为广西的金字招牌，祖国南疆的生态安全屏障作用日益突出。对首府南宁市在生态环境保护方面的变化，基层环保人感触颇深。

黄海保记得，那考河原本是南宁市一条黑臭的小河沟。2015 年，南宁市被列为国家首批 16 个海绵城市试点城市之一。那考河生态综合治理项目在投入 11.9 亿元、历时近 2 年的建设后，如今已形成“山水相依、城水相融、人水相亲”的城市生态画卷。

“现在环境质量已成为人们日常生活中不可或缺的‘产品’，环境质量标准越来越高，群众的环保意识也越来越强。作为环保人，我们应该不忘初心，将群众对美好生活的向往作为努力的方向。”黄海保说。黄海保下定决心，在退休之前将尽力做好“传帮带”工作，让更多的环保新兵迅速成长为新时代“环保铁军”，守护好绿水青山的美好家园。

环境重金属分析领域的巾帼标兵

广西环境重金属监测分析领域的“主心骨”，是一位 80 后的女将。在广西和全国的生态环境监测专业技术人员大比武中，她屡创佳绩。她是广西五一劳动奖章获得者，广西生态环境监测中心的技术工程师洪欣。

广西是全国 14 个重金属污染重点防控省区之一，农用地详查工作量约占全国详查总任务量的 10%。土壤重金属样品量大、任务重、数据要求高。“接触到的复杂样品越多越有利于开展实践，只有不断在工作实践中摸索积累，技术才得到全面加强。”洪欣说，“科学没有捷径可走，必须脚踏实地不断探索和钻研。”

2017—2018 年，广西开展农用地详查工作，时间紧、任务重、质控严。当时，农产品稻谷样品制备不统一，有的实验室采用精米机脱壳，而有的实验室采用砻谷机脱壳，造成农产品检测结果存在一定差异。这些问题如不解决，便会影响到样品的检测进度。为此，洪欣和同事们对比多个技术规范，多方论证后统一规范，要求未使用砻谷机脱壳的实验室重新制样分析，以确保数据的准确性和可比性。

制样分析涉及多个部门不同的检测实验室。起初，很多实验室对重新开展制样分析工作并不理解。“我们保障数据准确是为了真实地反映土地‘病症’，让后续‘治疗’能真正发挥作用。”洪欣作为样品检测质量管理组副组长，反复与检测实验室沟通技术要求，多次组织检测实验室质量监督检查和技术交流，汇总样品检测问题清单，保障了农用地详查数据质量。最后，在极为严苛的质控要求下，所有样品均在规定时限内完成数据上报，并且各环节工作走在全国前列，给云南、天津等多个省市提供了经验借鉴。

洪欣连续参加了广西开展的污染企业周边地区土壤环境监测、基本农田土壤环境监测、蔬菜地环境质量监测、饮用水源地周边土壤环境监测、大型禽畜养殖场周边土壤监测、土壤环境质量监测风险监控点、基础点位和背景点监测等多项工作，并参与土壤样品分析、监测数据评价和调查报告编写工作。这些工作对广西重金属污染现状、防治形势展开了全面系统的调查研究，提出了一系列针对性强、操作性好的综合防治对策，为广西乃至全国重金属污染环境管理工作提供了技术支撑，切实加强了广西土壤环境质量监测工作和管理能力建设，推动广西环境管理实现“改善质量、防范风险”跨越式发展。

生态环境监测这份责任，洪欣时刻装在心里。无论是田间地头、桥头河畔，还是几十米高的冒着滚滚浓烟的烟囱、气味刺鼻熏得人流泪的化工车间，到处都有她辛劳的身影。“面对面理论授课，手把手实操指导。老一辈的广西环境监测人总是把技术经验毫无保留传授给新人，给我树立了很好的榜样。”面对广西五一劳动奖章这份沉甸甸的荣誉，洪欣说这得益于一代代技术人员的“传帮带”，以及广西生态环境监测中心扎实学习专业理论、刻苦钻研技术的良好氛围。如今监测条件在不断改善，但一代代广西环境监测人员几十年如一日的敬业精神却未曾改变。

为老百姓守护“广西蓝”

碧空如洗，老百姓才有“广西蓝”的获得感、幸福感。作为广西环境保护科学研究院（简称“环科院”）大气环境研究中心主任，从事环保工作十几年的莫招育，亲历蓝天保卫战的艰苦，见证了“广西蓝”的成效。为保护“广西蓝”努力奋斗，他倍感幸福。

“我们在2014年成立了大气环境研究中心，组建广西大气污染防治研究团队。”莫招育说。当时，没有站房，就把环科院大楼楼顶原来的机电设备房改造成办公用房；没有设备，就从大学借来几台仪器；没有人才，就把优秀研究生送去国家级院所跟班学习……经过5年多的努力，大气环境研究中心搭建了2个野外观测站房，购置了67台仪器、2套便携式移动观测设备，还有1台在线监测走航车和3架无人机，具备了“地—空—人”一体化的立体监测能力，成为全国西南地区环科院所中拥有大气超级观测站的标兵；团队成员也由最初的6人壮大到现在的近20人，成为广西打赢蓝天保卫战不可或缺的“环科奇兵”。

莫招育和团队同事们组织完成多项科研成果，剖析城市大气污染物主要来源，为污染防治提供精准的理论依据；针对污染天气，主动出击，重点围绕建成区、工业园区、工业企业、田间地头秸秆禁烧区等，不管白天黑夜、严寒酷暑，紧急开展服务120多天次，出具60

余份服务报告，为全区 14 个设区市提供污染应急策略，被誉为“大气污染志愿侦察兵”。

“2018 年秋季，我们投入百日攻坚战。我加入了好几个城市的大气攻坚群，不分昼夜在群里指导各市在污染天如何采取应急应对措施，睡着了手机还拿在手里，在家吃饭、睡觉都拿着手机，年幼的女儿都觉得我爱手机不爱她了。”莫招育说。

2016—2020 年，广西城市环境空气质量持续提升。其中，2020 年优良天数比例达 97.7%，同比上升 3.0%；PM2.5 平均浓度为 26 微克 / 立方米，同比下降 16.1%，实现全区环境空气质量达标并达到有监测数据以来最好水平。此后，莫招育和团队同事又投入到碳达峰和碳中和的攻坚当中。

在蓝天之下，广西的山更绿，水更清，花儿更鲜艳，树木更挺拔，彩虹更清晰，霞光更灿烂，“广西蓝”成了广西风景最好看的背景墙，老百姓的幸福感、获得感逐渐提升。

（二）山清水秀的美丽家园

生态为底色，碧水映邕城

人间四月天，草长莺飞时。

百里秀美邕江步移景异，18 条内河水清岸绿，绘就一幅生生不息的民生画卷。

然而就在几年前，这些清澈河流的部分支流或河段还是异味难闻、垃圾遍布的“黑臭河”“纳污河”。2015 年普查结果显示，南宁市建成区有 13 条内河共 38 个河段属于黑臭水体，黑臭水体总长度 99.4 公里。

经过综合治理后的邕江水清岸绿（黄维业 摄）

经过 1800 多个夜以继日的城市黑臭水体治理攻坚战，原有的 38 个黑臭水体河段现已消除黑臭，竹排江、心圩江、朝阳溪、亭子冲示范段逐步呈现“水清岸绿、鱼翔浅底”的人与自然和谐共生的美丽生活场景。

直面短板弱项，打响“五大攻坚战”

控源截污、内源治理、生态修复、活水保质、长制久清，南宁市轰轰烈烈打响了污水厂建设、管网建设管养、征地拆迁、河湖清淤及岸线垃圾清理、沿河村庄及河道生态修复“五大攻坚战”。

2018—2020 年，南宁市安排新建和改扩建污水处理厂项目 12 个。其中，江南污水处理厂水质提标及三期工程是广西投资最大、规模最大的污水处理厂提标扩建工程之一，总设计处理规模 86 万吨 / 天，出水水质全部执行国家一级 A 标准。随着 12 个新建和改扩建污水处理厂项目全部按计划通水试运行，南宁市污水处理能力达到 183 万吨 / 天，超过全市日均自来水供应量。

黑臭在水里，问题在岸上，关键在排口，核心在管网。从2017年5月起，南宁市采用管道监测机器人、管道声呐、潜望镜等先进的检测设备，进行道路地下雨污管道全面普查，集中力量开展管网建设改造；积极推进污水处理厂、市政排水管网和河道水体联动，推行“厂—网—河（湖）”一体化管理，全市排水设施纳入GIS地理信息系统进行“一张图”管理；集中排查整治“小散乱污”企业，清理沿河畜禽养殖，开展流域农村及城中村改厨改厕，规范粪便污水收运处置，控制生活、工业、农业点源和面源污染；开展河道清淤及岸线垃圾清理，有效削减水体内源污染。

建设海绵城市，“纳污河”变成湿地公园

南宁市是全国第一批海绵城市建设试点城市。2015年，南宁市启动那考河流域治理PPP项目，先抓流域黑臭水体综合治理，再结合海绵城市建设，把“纳污河”变成了湿地公园。

2017年，南宁市将那考河生态治理模式复制应用于城市内河综合整治，开展全流域全要素系统治理。

2019年1月1日正式运营的沙江河流域治理项目，是南宁市以那考河为模板建设的第二个流域治理项目，将建成广西首座全地埋式污水处理厂，出水全部经湿地生态净化后向主河道上游补水。

竹排江茅桥湖至邕江出水口段，也融入海绵城市建设理念，进行了系统治理。南宁市相继落地城市内河黑臭水体治理工程、心圩江环境综合整治工程、水塘江综合整治工程3个PPP项目（涵盖8个内河流域）。同时，运用生态治理的思路，推进朝阳溪、亭子冲、那平江等流域系统治理。编制“一河一策”治理方案，按照“四定”原则对建成区13个内河流域进行“一河一图”挂图作战，科学统筹治理工作。

经过系统治理，截至2020年底，建成区38段黑臭水体全部消除黑臭，南宁市建成区内河流域水环境明显好转，一条条流经人口密集区的城市内河旧貌换新颜。

河长制护航，保障美丽水生态

南宁市注重把“治水”与“管水”有机结合，以“河长制”推动“河长治”。每位市领导负责联系一条城市内河，要求每月现场巡河检查和协调服务不少于1天，督促市、区、乡、村四级3047名河长、45名湖长全面履职尽责；实施水环境综合治理攻坚战项目进度“红黑榜”通报制度；坚持治水为民与宣传教育“两手抓”，发动志愿者和群众担任“民间河长”，通过开门治水人人参与，实现共建共治共享。

污水地下走，清水河中流，漫道林中过，两岸绿成荫。而今的邕城，湿地公园沿河而建，花海树林点缀其间，处处可见绿水青山的美景，水生态治理更是成为落实强首府战略带动全市经济社会高质量发展的新动能，让“绿水青山就是金山银山”的绿色生态发展理念在首府南宁落地生根、开花结果。

经过全流域全要素治理，那考河从黑臭小河沟蝶变成美丽的湿地公园（徐天保 摄）

良好的水环境治理成效，助推南宁市于2019年5月成功入围全国黑臭水体治理示范城市；2020年1月，南宁市开展竹排江黑臭水体系统治理入选生态环境部通报表扬的典型案例；2017年、2018年，南宁连续荣获“美丽山水城市”称号；2020年11月，南宁通过住房和城乡建设部、生态环境部的黑臭水体治理专项督查考核现场检查。

大工业与美丽山水交相辉映

发源于贵州的柳江，在广西柳州市绕了几道弯。作为西南工业重镇，柳州在发展进程中曾走过弯路，一度被打上“酸雨之都”的标签。

多年来，特别是党的十八大以来，柳州坚决向污染宣战，实现大工业与美丽山水和谐共存，获得“工业城市山水美，山水城市工业强”的美誉。

生态环境部公布地级及以上城市国家地表水考核断面水环境质量排名，2020年与2021年柳州均位居全国第一。

这一显著变化的背后，是柳州深入学习习近平生态文明思想，坚定贯彻“绿水青山就是金山银山”理念，坚持高质量发展、绿色发展的生动实践。

柳江河畔的蟠龙山，人造瀑布从翠绿的半山中奔涌而出，构成“百里柳江，百里画廊”一道亮丽的风景线。当年这里曾是一家印染企业的排污口，带着刺鼻气味的工业污水正是从这里排入柳江。蟠龙山见证了柳江治污传奇。

“风吹一地灰，十雨九次酸。”20世纪八九十年代的柳州，烟囱林立，浓烟滚滚，以重化工业为主的粗放发展模式导致环境污染严重，酸雨率曾高达81.8%—98.4%。大量工业污水、生活污水曾直排柳江，在柳州市区不到9公里的河段上，分布着30多条排污沟渠。

21世纪初，柳州市以壮士断腕的决心，全面打响工业调整布局战，对城区内排污较多的企业关掉一批、改造一批、搬迁一批。许多原来污染环境的城中工厂变成了美丽宜人的公园以及学校、住宅小区等。

记载着柳州城市变迁史的柳州工业博物馆，正是在柳州市原第三棉纺厂的旧址上建立起来的。曾经的工厂车间仍依稀可见，这里已变成了“网红”打卡地。竹鹅溪是柳江支流之一，过去曾是比较严重的黑臭水体，经过 12 年的综合治理，竹鹅溪水质合格率达 100%，竹鹅溪畔成了市民们喜爱的悠闲场所。

“看着柳江水质越来越好，环境越来越美，有一种满满的幸福感和自豪感。”一位柳州市民说。

好水并非天上来！

近年来，柳州市委、市政府提出打造“21 世纪现代山水工业城

经过治理后，柳江河畔变得十分秀美（李斌 摄）

市”的奋斗目标，全面启动水环境综合治理“碧水蓝天”工程。

位于柳州市北郊的白沙污水处理厂是“碧水蓝天”工程项目之一，每天有 18 万吨左右的污水在此处理。白沙污水处理厂厂长说，污水通过自动化的污水处理设备，经过有机物降解、脱氮除磷等生物工艺处理，辅以化学除磷和紫外线消毒，最终水质达到排放标准一级 B 标以上。柳州市建成市、县两级城镇生活污水处理厂 10 座，处理能力超过 82 万吨 / 日；建成镇级污水处理厂 46 座，基本实现镇镇有生活污水处理厂。

在沿江截污治污之后，柳州启动了“百里柳江”市区河段综合治理项目，对两岸 55.5 公里的河道进行清理整治，开展园林景观建设，让美好沿岸环境与柳江好水相得益彰。

柳州全面推行河长制，现有市、县、乡、村四级河长 2068 名；落实十分严格的水资源管理制度，健全环境违法行为失信惩戒机制。柳江支流都柳江流经贵州省黔南布依族苗族自治州和黔东南苗族侗族自治州，最大支流龙江流经河池市。2019 年，柳州市联合来宾、河池建立跨区域协作机制，2020 年与贵州省黔东南苗族侗族自治州签订跨区域环境联合交叉执法协议，构建跨省区执法合作机制，推动上下游流域联合开展生态环境治理。

柳州以汽车、机械、钢铁为龙头产业，工业总产值占广西工业总产值的 1/4。当地在推动工业经济发展过程中认识到，发展越是面临困难挑战，越要贯彻绿色发展理念，走高质量发展道路。

在柳江畔的柳钢，工业污水经过一道道工序处理，最后变得清澈见底。柳钢建成 4 座废水集中处理站，吨钢耗水量由 2000 年的 54 吨降至 2021 年的 1.7 吨，工业水循环利用率超过 98%，基本实现工业废水零排放。该公司附近的池塘边，时常可见成群的白鹭自由翱翔和觅食。

传统汽车产业对生态环境影响较大。上汽通用五菱汽车股份有限公司瞄准环保、绿色发展方向，加强新能源汽车研发。2017 年，该公司自主研发的宝骏 E100 新能源两座小汽车问世，此后宝骏 E200、E300 相继上市，2020 年推出五菱宏光 MINI EV 新能源汽车，大量新能源汽车进入寻常百姓家。

以生产大国重器工程机械闻名的柳工集团高度重视绿色发展，积极应用互联网、大数据、人工智能等新技术，成功研制全国首台 5G 智能遥控装载机、无人驾驶压路机，新一代绿色纯电动、智能化装载机、挖掘机逐步推向市场。

在绿色发展理念的指引下，柳州工业正加速转型升级，生态环境质量持续改善。一条工业强、山水美、环境好的绿色崛起之路在柳州越走越宽。

工业城市有一个“鸟天堂”

2021 年 12 月 2 日，柳州市雀儿山公园邀请“观鸟导游”开展生物多样性之鸟类知识讲座，希望打造“鸟类友好型公园”，吸引更多鸟类到此繁衍栖息。经过多年生态文明建设，被赞“工业城市中山水美，山水城市中工业强”的柳州，热心打造“鸟类友好型城市”，已然成为“鸟类天堂”。

当天的授课老师，是柳州市唯一的职业“观鸟导游”孙家杰。他还是柳州市观鸟协会副会长、柳州市野生动植物保护协会秘书长、广西生态学学会科普讲师团讲师。

在孙家杰为公园工作人员和市民介绍了柳州常见鸟种并进行鸟类知识科普后，园方还邀请他来到东雀湖鸟类湿地保护区实地考察。

在一处观鸟平台上，一名“鸟友”正用长焦相机锁定一只在一片滩涂上觅食的白鹡鸰（jí líng）；远处的湖面上，一只黑水鸡在悠闲地游着；树丛中不时传出各种能荡涤人心的鸟叫声。

雀儿山公园管理处主任陈瑜介绍，公园有50多种留鸟、候鸟，常见的有翠鸟、小鸊鷉（pì tī）等，群体数量一直在增加。“只要是能够吸引更多鸟类停留甚至安家的措施办法，我们都会努力去做。”雀儿山公园说到做到。

在当地，流传着一个“为鸟停工程”的故事，成为这座城市的爱鸟佳话。2015年，雀儿山公园将东雀湖东面水域打造成浅水湾湿地，种植花叶芦苇、美人蕉等植物，引进浆果类植物作为鸟类的食源。同时，公园将湿地和鸟类栖息地的保护面积扩大至5.8万平方米，完善了观鸟、游览、休闲、科普等配套设施，尽量保留原生态林地内的一草一木与地形地貌，为鸟类提供良好的栖息环境。

2016年，在雀儿山公园根据审批开工建设东雀湖游览步道时，“鸟友”和网友认为此举将威胁到栖息在此的翠鸟等鸟类。柳州市园林局组织专家论证后，停止了该段步道的施工，对该片区实施半封闭式管理，作为鸟类湿地试点保护。

作为“观鸟导游”，孙家杰对柳州的常见鸟类了如指掌，不用带客外出观鸟拍鸟的时候，他两三天就会跑到公园或山上去观鸟。他说，很多年前，柳州的统计数据显示，当地有鸟类212种。虽然目前没有最新的确切数据，但这些年来，新的鸟类不断被发现。他认为包括县份在内，柳州估计能见到四五百种鸟类，市区应该有两三百种，全区记录的700多种鸟类，大部分在柳州都能见到。

每年，国内外的一些“鸟友”都会来柳州找孙家杰，请他当向导，到君武森林公园等地观看、拍摄极为罕见的海南鳽（jiān）（原名“海南虎斑鳽”）。这种鸟被称为“世界上最神秘的鸟”，属国家一级保护野生动物，被列为世界30种最濒危鸟类之一，是中国特有的鸟类。

孙家杰说，2009年，海南鳽首次在柳州被发现。之后研究人员还在柳东新区的密林中找到了这种“明星鸟”的野外繁殖地，记录下它们在自然状态中筑巢育雏的珍贵资料。柳州市动物园管理处副主任俸海刀介绍，这些年来，他们一直在对这种鸟进行野外调查，几乎每年都能看到它们的踪迹，表明柳州已成为其繁衍生息的家园。

2020年4月，鹿寨县洛清江水域首次发现7只“鸟中大熊猫”中华秋沙鸭，2021年其数目增加到16只。如今中华秋沙鸭在全球的数量不足2000只，被列入世界自然保护联盟濒危物种红色名录。中华秋沙鸭是我国稀有鸟类，属国家一级保护野生动物，因对生存环境极其挑剔，其成为水域生态环境的重要指示物种。

孙家杰说，中华秋沙鸭的食物主要以黄颡（sǎng）鱼为主，只有在没有污染的地方，才有黄颡鱼。

环境好不好，看鸟就知道。每年春秋两季，成群结队的白鹭在柳州山乡随处可见，它们甚至还会飞到市中心柳江河上的萝卜洲等地停留、觅食。这种素有“环保鸟”美称的鸟，因对栖息地的水质和空气都有苛刻的要求，而被视为“大气和水质状况的监测鸟”。一旦环境有所污染，它们便会离开。

20世纪八九十年代，柳州还是“酸雨之都”，最常见的鸟类就是麻雀之类，很难见到珍稀鸟类。如今工业城成了鸟儿的天堂，这种巨大的转变，是柳州工业文明与生态文明融合发展的成果。

为了让鸟儿拥有更安全和谐的家园，柳州市确立了九万山、元宝山、拉沟、三锁鸟类、融水滚贝老山、融水泗涧山等6个国家、自治区、县级自然保护区，并为鸟儿规划建设了10个湿地公园和24处湿地保护小区。如今的柳州，城区人均公园绿地面积有14.23平方米。人们在美丽的城市里安居乐业，天下良禽择木而栖，幸福好比春江水溢满柳江。

漓江生态美，桂林山水秀

2021 年 5 月 3 日，五一假期进入高峰期，漓江景区特别是漓江精华段游船迎来了火爆行情。

在磨盘山、杨堤等码头，等待上船的游客兴致盎然，对即将开始的漓江之旅满是期待；在兴坪码头，下船的游客意犹未尽，不停拍照，赞不绝口。

“很多游客专门来坐我这艘船，还会问习近平总书记视察的是哪一段。”桂林旅游股份有限公司漓江游船分公司船队船长黄才猊笑呵呵地说，“我是家中第四代开船人，我也是漓江生态变化的见证者。”

回忆起习近平总书记对漓江生态的关心，黄才猊由衷地说：“绿水青山就是金山银山。我们肯定会守护好这条母亲河，造福后代，按照习近平总书记的嘱托，不断追求人与自然和谐。”

桂林市严格落实河长制、湖长制相关要求，着力保护漓江生态环境。图为人们在漓江重要的水源地灵川县公平乡青狮潭水库清理漂浮物（黄勇丹 摄）

阳朔县兴坪镇位于漓江风景名胜区核心段，沿岸兴坪村、大河背村等村开着多家风格独特、环境优雅的民宿，游客多，村民收入丰厚。但渐渐地，漓江沿岸一些村子的生活污水直排江中，各种违法搭建屡见不鲜，与近在咫尺的漓江美景格格不入，地处黄金地段却成为旅游发展的“灯下黑”。对此，桂林市大力推进漓江“治乱、治水、治山、治本”，全面清理整治采石场、非法采砂、网箱养鱼等，实施漓江补水、污水治理、护林改造等工程，漓江生态环境得到改善，流域森林覆盖率超过80%，干流水质常年保持Ⅱ类标准，580个村庄146万余人通过农村环境整治项目受益。漓江沿岸各类型旅游项目也不断升级，沿岸群众在生态与产业协同发展中得到了更多实惠。

习近平总书记一直十分关心漓江生态保护，多次对科学保护漓江作出重要指示批示。2021年，习近平总书记到广西时还专门听取漓江流域综合治理、生态保护情况汇报，并乘船视察漓江。向习近平总书记汇报漓江保护工作的桂林漓江风景名胜区管委会主任郭红星介绍说，漓江生态保护将全面抓好流域水体治理，全面建立流域生态补偿机制，全面深化漓江管理体制机制改革，努力把漓江生态保护打造成为世界品牌和国内江河综合治理的典范。生态文明的发展理念深深影响着世代生活在漓江之畔的人们，他们享受着漓江生态之美，守护着桂林山水之秀。

红河清水向东流

红水河从云贵高原奔流而下，穿过八桂大地，汇入西江，浩浩荡荡向粤港澳大湾区流去。

这是河池的母亲河，也是珠江水系的重要干流。然而，因为流域红壤土质的特点，雨季时大量泥沙冲入河套，河水常年浑浊泛红，

“红水河”因此而得名，史上也称“乌泥河”。

“以前一下大雨，浑浊的河水卷着树枝、树根和各种垃圾翻滚而下，打一桶水半桶泥沙，两岸的人畜喝水都困难。龙滩水电站大坝建起来后，这些年河水变得越来越清澈。现在红水河的水看着很透亮。”在红水河边生活了几十年的天峨县六排镇居民付汉勇说，“以前春夏之交是河水最红的时候，现在一年四季都是碧波荡漾了。”

红水河水质的大幅改善，使河池境内的江河水质全面提升。“十三五”期间，河池市重要河湖水功能区水质达标率达100%，市中心城区饮用水源地水质达标率达100%，国控、省控7个河流断面水质达标率达100%。2021年1—6月，河池境内水质在全国337个设区市及以上城市水环境质量考核排名中位居第五。珠江流域以及沿江城市群上亿人口普遍受益。

一座座高坝，锁住千里“红水”。

红水河在河池境内流长458.6公里，占总流长约70%。驱车从天峨县城沿河而上，远远看到一个雄伟的大坝横在河套之中。那就是龙滩天龙坝，高200多米。站在坝首向上游望去，巨大的坝体截住奔腾的河水，高峡出平湖。在天峨县下老乡圭里村与百塘村交界处，红水河从这里进入河池境内。这里的红水河水已经不泛红了。从东兰县隘洞镇红水河简易码头乘旅游船沿江而下，直到该县三石镇板文村的红水河第一湾，一路山光水色，两岸绿树、修竹清晰倒映于水中，宛如一幅幅流动的水彩画。

“龙滩水库是红水河干流的龙头骨干水库，防洪库容大，调蓄能力强，形成约360平方公里的水面，防洪库容70亿立方米。”龙滩水电站水工管理部一名高级主管介绍道。龙滩水库具有强大的调节性能。以前，红水河年平均输沙量达5240万吨，经龙滩水库削减沉积调节后，年出库沙量降至1500万吨。龙滩水库犹如一张巨型过滤网，滤去流域面积 9.85 万平方公里地表水大部分的泥沙，是红水河下游河水变清的“头等功臣”。

从龙滩顺流而下，河池境内的岩滩水库、大化水库、百乐水库都发挥了沉积泥沙的作用，同时调节和稳定下游流量，增强河流的自我净化能力，大大改善了中下游河水的水质。国家、自治区在河池市境内红水河上的龙滩、六排、大化、双苏等断面监测点监测数据显示，红水河水质均稳定达到国家标准的Ⅱ类水以上。

一片片绿坡，涵养流域水源。

如果说，水利工程是红水河从浑浊变清澈的过滤器，那么植树造林和封山育林工程则是红水河水质改善的挡土墙。

河池市金城江区地处云贵高原余脉，属喀斯特地貌，原来森林植被相对少，部分地方石漠化较严重，红水河最大支流刁江河在其境内注入红水河。

红水河流经黔桂土山地带，山高坡陡、落差大、植被少，以前水土流失严重。从 2002 年起，金城江区实施珠防林工程，合理配置树种，人工造林主要用杉树、松树等，封山育林区以天然阔叶林为主体，乔木和灌丛相结合。该区九圩镇是石山区，当地 3 个自然屯与专业户签订林地使用协议，专业户承包经营 1860 亩荒地植树造林，投资约 600 万元，获得国家珠防林政策补贴 37.6 万元。5 年后这些树木逐渐成林，石山披绿，这里从此不再出现大量泥沙流失。

东兰县位于红水河中段，流域面积较大。2001 年，东兰县成为第一批退耕还林试点县。到 2020 年底，东兰县森林面积达 289.78 万亩，森林覆盖率达 84.25%，河池市森林覆盖率达 71.4%。红水河沿线的天峨、南丹、东兰等县的森林覆盖率有了很大提高，不仅为红水河提供了重要的水量补给，还为红水河流域涵养水源、保护生态发挥了重要作用。红水河全流域水质稳定在国家标准Ⅱ类水以上。

白海豚与大工业同在

钦州市三娘湾海域，一群群白海豚不时在海面嬉戏。北京大学生命科学学院教授潘文石曾经在公开演讲时说：“这是我国沿海最健康的海豚种群。”

中华白海豚数量越来越少，被称为“海上大熊猫”。为了给白海豚留下生存和繁衍的空间，钦州市加大环保力度。

北部湾大开发风生水起，中石油、林浆纸等一批重特大型项目先后落户钦州，钦州港区聚集了千亿元的临海大产业，但钦州依旧碧海蓝天、鱼翔浅底。

钦州市海洋局公布的海洋环境状况显示：2021 年全市海洋环境状况稳中向好，清洁、较清洁海域面积占比 87.5%，比 2015 年提高近 28.7%。

在临海大产业与县域经济双双腾飞的过程中，钦州市有效地解决

中华白海豚在三娘湾自由嬉戏（黄云清 摄）

了“三废”与友好型环境要求的矛盾。

在人们的记忆中，大型火力发电厂“无处不飞灰”。然而，只要到过国投钦州电厂，你就会颠覆原来的认知。

该厂坐落在钦州湾蔚蓝的大海边，无论是刚投产的二期工程还是运行多年的老厂区，生产生活区内环境清洁，绿满长廊……“火力发电厂能这样清洁生产，不是身临其境，真的无法想象。”这是来自东盟国家政府考察团的感叹。

“环保指标每提升一个标准，就意味着一笔大的投入。”钦州市环保局的专家说。在钦州，环保达标是一个硬指标，也是一把“尺子”。

绿色生活，是绿色发展的重要组成部分。从2010年开始，钦州市就制订了“园林生活10年计划”，如今获得了“国家园林城市”称号，初步建成具有“岭南风格、滨海风光、东南亚风情”的园林城市，形成“林在城中、城在林中、人在景中”的城市景观，有效提高了居民生活质量。

最南海岸线，最美红树林

海边滩涂上，一片低矮的红树林郁郁葱葱，一只只白鹭在其间飞翔。

这里是北海滨海国家湿地公园。“你可别小看这一片矮矮的红树林，刮起台风时，它们就是沿海防护林体系的第一道防线。”北海市林业局营林科负责人说。对于北海这座年均遭受5.3场台风的滨海城市而言，红树林是不可或缺、名副其实的“海岸卫士”。

面对海洋自然灾害的严重威胁，除了构筑海岸堤坝外，世界上的沿海各国都把开展植树造林、加强生态防护作为防灾减灾的重要手段，注重发挥防护林在防御自然灾害、维护生态平衡中的突出作用。

而作为21世纪海上丝绸之路和丝绸之路经济带有机衔接的重要

门户，广西建设沿海防护林体系，不仅有利于加强广西沿海防灾减灾能力，而且在保障海上丝绸之路的生态安全方面也有重要意义。

2017 年 4 月，在“一带一路”国际合作高峰论坛举办前夕，习近平总书记在北海金海湾红树林生态保护区实地察看了红树林生长和保护情况，详细了解红树林作为“海岸卫士”“海上森林”对海洋生态环境的调节作用。面对宽阔的红树林和一望无际的大海，习近平总书记驻足凝望，叮嘱要继续做好红树林的研究和保护。

广西的大陆海岸线长 1628.6 公里，地处我国大陆海岸线最南端。广西海防林工程涉及 5 个市、18 个县（区），工程区土地总面积、总人口、生产总值分别占全区的 13.7%、19%、18.9%，是广西经济发展的重要区域、改革开放的前沿陆地。全国沿海防护林体系工程南端界碑就坐落在广西与越南交界的东兴市。

自 1987 年国家启动沿海防护林工程建设以来，广西已实施了 3 期工程，共完成营造林面积 630 多万亩，基干林带 180 万亩、911 公里，红树林 6 万多亩，绿化村屯 403 个，城镇绿化 1180 多万平方米。截至 2019 年 8 月底，广西沿海地区森林面积达 2270 万亩 森林覆盖率由 1987 年的 19.1%提高到 55.5%，红树林面积增加到近 15 万亩。海防林工程防灾减灾效果明显，共减少水土流失面积 30 多万亩，沙化土地年均净减少 2.4 万亩。

北海市铁山港区青山头是 2014 年 7 月最强台风“威马逊”直接登陆北海的重点区域。那里的沿海防护林带长面宽，形成了有效的正面防护屏障，保护了正后方铁山港区居民的安全。铁山港区没有发生重大人员伤亡和财产损失，经济损失较无防护林的区域减少了 50%，有效护卫了人民安康。

家底“厚实”的生态屏障并非一日之功，由于台风频繁登陆，广西沿海地区的群众都自觉在房前屋后营造防风护村林。广西沿海地区

红树林是构筑海洋绿色生态的天然屏障。截至 2021 年，广西红树林总面积现达 9330.34 公顷，居全国第 2 位。图为白鹭在合浦县廉州镇烟楼村海边红树林中觅食（林启波 摄）

村屯绿化率从 1987 年以前的 50%左右提高到现在的 90%以上。

自治区政府从 2006 年起实行林业生态建设与管理目标责任制，将海防林工程建设作为考核沿海地区市、县领导的重要指标。2011 年自治区政府又将重点防护林工程项目纳入绩效考评范围，增强了各地建设海防林的责任感。

根据沿海地区的自然条件和灾害特点，全区海防林建设确定以村镇绿化为“点”，基干林带、通道绿化为“线”，荒山荒滩绿化为“面”，农田林网建设为“网”，构筑滩涂红树林、沿海基干林带、纵深防护林三道防线，尽快实现基干林带的真正合拢，建成多树种混交、林分结构稳定的海岸防护林带，建立以森林为主体，能有效抵御台风暴潮等自然灾害的综合性防护体系，努力打造北部湾绿色生态屏障。

在海防林建设过程中，全区大力推广良种松树、良种桉树等优良品种，同时积极引进外来树种，丰富海防林树种。钦州市于2002年引进种植无瓣海桑6000多亩。广西林业企业投资20多亿元建设原料林基地，形成各种所有制积极参与海防林建设的格局，沿海地区也成为广西林业开放度最高的区域。

跨海建大桥，不砍一棵树

这是一座工程浩大的在建大桥，被称为“广西第一跨海大桥”，混凝土浇筑量一再打破世界纪录。

这将是一座别致的跨海大桥，桥下的红树林生长环境依旧，或飞或歇的野鹭群春夏秋冬常伴……

这就是打通钦州和防城港两大港区交通“卡点”的广西龙门大桥，动土动海的工程已基本完成，作业区红树林安然无恙，没有一棵树被砍伐。

不可思议的奇迹，究竟是怎么样创造的？

多花5亿元，保树改设计方案——

早在2013年1月，龙门大桥可研报告就获得批复。当时设计的东引桥将穿越1200米红树林生长区。

如何避开红树林保护区？当地政府敦促专家团队重新修改设计方案。新的设计方案比原方案多花5亿多元。

如果按宽度100米、密度100棵/亩计算，新方案保护下来的红树林接近每棵3万元。

生态优势金不换！共同投资建设龙门大桥的自治区政府、钦州市政府和广西交通投资集团都不含糊：改，坚决改！

于是，龙门大桥的两座桥塔分别立在两个小岛上，桥塔后面的两岸锚碇各自建在沙质浅滩上，四大主体建筑原址全都没有一棵红树。

钢结构栈桥虽然建在保护区之外，途经或邻近的海滩上同样分布有红树林。安装桥柱通常要清理地表，伤及红树在所难免。为此，施工单位绞尽脑汁，采用一种全新的“插针法”作业：把钢质桥柱从高空吊来，选择红树之间的空地缝隙，如大钢针般垂直扎入滩底。支撑栈桥的两排钢柱跨海而立，与周边滩涂上 12212 棵红树并肩做伴，相安无事。

再难也要试，挪树开先例——

作为广西首座单跨超千米的特大桥，建在钦州市茅尾海红树林分布区，绝对不动一棵红树，是难以想象的。

对于修改设计方案后仍然无法避开的少量红树林，按照“3 倍恢复、管护 5 年”的规定，建设单位投资 350 多万元异地补种，提前实施生态恢复工程。

动工在即的大桥将要清理地表时，望着海滩上经历了数十年风浪的红树，没人忍心去砍伐。林业专家请来了，共同商议可否就近移植。

红树林生长在潮涨潮落的泥滩上，根系特别发达，扎得深且伸得远，世界上还没有大龄红树移栽成功的先例。

搞科研就是要敢为人先，难度越大越值得尝试。广西林科院的专家团队十分愿意做“第一个吃螃蟹的人”。

无法使用机械，连根带泥挖红树全靠人力。好不容易把红树挖出来，再把根和泥一起包裹好，一棵树要用上七八个人，费上九牛二虎之力，一步一步移上岸。最终，300 来棵大龄红树“乔迁”到了千米之外的“新家”。

多道防线堵，拦死砂石土——

眼下，龙门大桥每天都在繁忙作业，车进车出。

有心人注意到，别处大都是泥土路的施工临时便道，在这里全都是高标准硬化路。

大桥竣工后，临时便道需要平整复绿，何必浪费水泥沥青搞硬化呢？

施工单位负责人指着海里的红树林解释说：硬化路遇大雨甚至台风时，可以大大减少砂石土入海。

这位负责人又指向路边一座座用塑料布盖得严严实实的“小山包”说：那下面全是修路挖出来的表土，给它遮风挡雨是为了不让泥土入海，同时保持其营养成分不流失，将来复绿使用时依然是肥土。

路边又宽又深的排水沟，是清一色“三面光”硬化渠，雨水顺渠流入沉淀池，入海前在池里过滤净化。

路边、渠边、池边翻动过的新土上，新种的草木藤本植物绿油油的，裸土不见天……

这些拦截砂石土的封锁线，细数共有 8 道之多。怪不得如此宏大的工程、如此繁忙的施工，作业区域的海水依然碧蓝如初。

施工难免扬尘，尘土难免飘落。有关方面专门购置喷淋车，每天给红树林“洗澡”，让它们始终“身体”洁净、“容貌”美丽。

桥让树之“避”，树让桥之“移”，人对树之“护”，多么美妙的人与自然和谐景象！

（三）效益显现的绿色发展

守住绿水青山，换来金山银山

广西坚持生态立区、生态惠民，陆续出台一系列生态文明和环境保护改革方案，使生态文明建设有了制度依据，并通过“绿色 GDP”考核推动绿色发展和生态文明建设，努力把生态优势转化为发展优势，使区域生态产业渐入佳境。

——生态农林业持续增长。水果、桑蚕、糖料甘蔗、秋冬菜、优质鸡、罗汉果、茉莉花（茶）产业规模稳居全国第一；成功创建4个国家级现代农业产业园；成功申报18个国家级特色农产品优势区，数量排名全国第一；大力发展林产加工业和林下经济，全区林业产业总产值由2014年的3850亿元增加到2020年的7662亿元，跃居全国第2位。

——生态工业逐步崛起。传统产业加快转型升级，先进制造业和战略性新兴产业持续壮大，打造了汽车、电子信息等10个千亿元级工业产业集群，以柳州、南宁、贵港、桂林为核心的新能源汽车产业基地初步形成；先后创建国家级绿色园区6个、国家级绿色工厂45个。

——生态服务业稳步提升。大健康产业加快发展，桂林国际旅游胜地、北部湾国际滨海度假胜地、巴马国际长寿养生旅游胜地和防城港国际医学开放试验区等建设深入推进，打造国际知名的宜居康养胜

东兴市江平镇巫头村150兆瓦渔光互补旅游综合示范项目，将现代渔业养殖与光伏发电有机结合，开创了水下养殖和水上发电的双赢新模式，实现了绿色发展（谢汉蒙　黄锦新 摄）

地和世界文化旅游重要目的地。

为了让八桂大地青山常在、清水长流、空气常新，为“十四五”生态环境高水平保护和经济高质量发展开好局、起好步，2021年以来，广西加快建设美丽广西和生态文明强区，吹响了“十四五”时期打好污染防治攻坚战升级版的号角，狠抓大气污染防治攻坚，推进漓江、南流江、九洲江、钦江等重点流域水环境综合治理，开展土壤污染综合防治，保持和改善生态环境质量。

与此同时，广西深入推进生态环境保护和修复、水土流失整治和石漠化综合治理，推广实施沃土工程，完善河长制、湖长制、林长制，建立湾长制，推行垃圾分类和减量化、资源化，大力发展生态经济，推进生态产业化和产业生态化，不断谱写新时代广西绿色发展新篇章，让人民群众在“山清水秀生态美”的金字招牌中有更多的获得感和幸福感。

生态立区，绿色崛起

1952年，黄温利、黄秀莲夫妻与其他26名年轻人来到高峰林场时，面对的是一片荒山野岭，场部只有一间破烂的泥土房。为了绿化荒山，28名年轻人在陡峭的“大高峰”山顶安营扎寨，住的是茅草棚，睡的是木头架子，吃的、用的全靠肩挑人扛。每人只有一件蓑衣、一截竹筒、一把锄头，顶着严寒酷暑，坚持不懈大种树。

如今，黄温利、黄秀莲这对伉俪青丝染雪，曾经的荒山早已披上绿装。人与自然和谐发展的绿色实践，为建设新时代中国特色社会主义壮美广西作出积极贡献：石漠化综合治理成效全国第一，人工林、速丰林面积和森林年生长量、年木材产量、森林蓄积年净增量均居全国第一，植被生态质量和植被生态改善程度全国领先……“山清水秀生态美”成为广西实实在在的金字招牌、最大优势和核心竞争力。

1950年，广西的木材产量仅有1.66万立方米。20世纪末，广西利用良好的雨热条件，大力发展桉树、松树、杉树为主的速生丰产用材林。党的十八大以来，全区林业系统坚持以习近平新时代中国特色社会主义思想为指导，牢固树立和践行“绿水青山就是金山银山”理念，深入实施珠防林、海防林、退耕还林、石漠化综合治理等国家重点造林工程，不断培育优质森林资源，使广西跻身为全国最重要的木材生产基地。2020年，全区木材产量3600万立方米，以约占全国5%的林地，生产出超过全国50%以上的木材。

广西木材加工业快速发展，林木采伐量一增再增，但并没有造成森林资源退化萎缩。截至2020年底，广西已连续12年每年植树造林300万亩、义务植树8000万株以上，全区森林覆盖率达到62.5%，森林生态系统服务功能总价值达到1.87万亿元，均居全国第3位。全区活立木蓄积量从1950年的1.65亿立方米增长到9.47亿立方米。广西连续多期成为森林面积和森林蓄积量双增的省区，在全国独树一帜。

生态立区，就应该是生态改善与产业发展双赢。

初夏时节，都安瑶族自治县下坳镇隆坝村，90后返乡创业大学生蓝钧的毛葡萄种植示范基地里枝枝蔓蔓爬满架，茂密的花骨朵预示着好的收成。

2014年，蓝钧大学毕业后回到隆坝村与贫瘠的石山“死磕”。从最初租种的250亩荒山和水泡地，到如今1050亩基地，他带动了32户农民通过种植毛葡萄增收。“毛葡萄可以在石头缝里生长，一株就能覆盖1亩乃至几亩石山。”蓝钧说。他通过种植毛葡萄，年均收入数十万元，真是“绿了青山，鼓了腰包”。

都安境内石山面积近九成，被称为“石山王国”。通过石漠化综合治理，全县生态恶化态势得到有效遏制，森林覆盖率达70.46%。

全国岩溶地区第三次石漠化监测结果显示，广西石漠化土地同比净减38.72万公顷，减少率20.2%，净减面积超过1/5，治理成效稳居全国第一。

党的十八大以来，自治区党委、政府将石漠化治理作为生态广西建设的重要考核指标，不断扩大石漠化综合治理工程重点县的范围，持续增加资金投入。各地林业部门探索出“竹子+任豆”“任豆+金银花”等10多种混交造林模式，建立100多个治理示范点。

截至2021年，广西岩溶地区林草植被盖度达66.3%，较2011年增加了3.9个百分点；改善型土地面积53.19万公顷，相当于退化型土地面积的6.4倍，生态修复程度远远超过生态退化程度。广西岩溶地区石漠化治理后生态状况稳步向好。

层峦叠嶂的大化瑶族自治县七百弄国家地质公园（周军 摄）

生态建设迈快步，产业发展也不落伍。马山县古零镇弄拉屯在石山搞起了“山顶林、山腰竹、山脚药、平地粮、低洼桑”一体化的立体生态农业，2020 年全屯村民人均收入超过 1.8 万元。

作为全国最大的木材生产基地，广西丰富的木材资源为打造千亿元产业造纸与木材加工业创造了得天独厚的条件。2020 年，木材加工、林下经济、林业生态旅游稳定成为广西林业的三大千亿元产业；广西林业产业总产值达到 7521 亿元，年均增长 12%，从全国第 5 位跃升到第 2 位。

林业生产是广西生态产业的核心竞争力，有效地将广西的生态优势转化为产业优势和经济优势。

人造板产业是全区木材加工业的核心产业。近 10 年来，广西人造板行业加快结构调整，兼并重组有序推进，落后产能不断淘汰，绿色环保产品逐步增加。截至 2021 年 5 月底，全区已建或在建林业产业园区达 39 个，创建各类现代特色林业示范区（园） 1222 个。广西人造板以产量大、质量优而享誉全国。

森林旅游等新产业新业态加快发展，环绿城南宁森林旅游圈建设全面启动，把生态优势转化为产业优势和经济优势，与广西建设旅游大区战略有机衔接、融为一体。2020 年，广西已建立自然保护区 78 处、森林公园 61 处，国家湿地公园 24 处、地质公园 23 处、风景名胜区 33 处、森林康养基地 47 处、森林生态文化旅游核心示范区 21 个，林业生态旅游产业综合产值达 1472 亿元，成为全国重要的林业生态旅游和森林康养基地。

林业生态旅游和森林康养年消费超 1300 亿元

作为全国重要的森林资源富集区，广西发展林业生态旅游和森林康养产业得天独厚。把森林生态资源与现代医学、传统医学、民族医药、休闲旅游等产业有机结合，推动大健康和文旅产业深度融合，广西康养旅游发展日益成熟，长寿康养胜地品牌享誉海内外。

2021 中国文化和旅游高峰论坛发布了中国康养旅游城市百强榜单，广西 7 个设区市上榜，分别为桂林、南宁、北海、梧州、防城港、柳州、玉林。该论坛还发布了省域康养旅游城市十强榜单。其中：浙江、广东、福建以沿海地区的区位优势排名靠前；湖北、四川、广西、贵州以优越的自然生态环境和较大的康养旅游产业规模，位列第二梯队。

通过深入实施森林旅游“510 工程”、森林公园提质工程以及统筹推进环绿城南宁森林旅游圈项目建设，广西已培育出一大批独具特色、影响深远的森林康养品牌。其中，六万大山、派阳山、大明山、龙胜温泉、东兰森林公园被评为国家重点森林康养基地，六万大山森林公园获得“全国最佳森林康养地”称号，高峰森林公园成为全国最大的城市森林公园，姑婆山、大容山被评为“中国最美森林旅游景区”，贵港、贺州成功创建“全国森林旅游示范市”，龙胜、金秀、环江、罗城成功创建“全国森林旅游示范县”。广西与国家林业和草原局共建现代林业产业示范区，不断培育壮大“广西森林康养长廊”“壮美广西生态旅游”品牌，集中建设一批林业生态旅游集聚区、森林康养示范基地、精品林业生态旅游线路，重点打造一批集“居、养、游、医、教、文、研”等功能于一体的森林康养精品园区和健康旅游基地。

截至 2021 年 12 月，广西已建成各类自然公园、自然保护区、森林人家等森林康养地 158 处，创建 62 处森林康养基地，成为全国重要的森林康养集散中心。2021 年，全区林业生态旅游和森林康养年接待游客量达到 1.45 亿人次，总消费超 1300 亿元，占到全区文旅产业收入总额的 20%以上。

秸秆综合利用的广西“密码”

“十三五”期间，广西积极践行绿色发展理念，把秸秆综合利用作为农业农村高质量发展的重要举措来抓，形成了广西特有的“密码”，破解了秸秆综合利用难题。截至2020年底，全区秸秆综合利用率超过85%，水稻、玉米等主要农作物秸秆利用总量累计达8500万吨，推广综合利用模式技术面积2.3亿亩次，增收节支60多亿元。

聚焦产业发展，构建利用高效产业链

2021年5月，在南宁市青秀区伶俐镇的广西四野牧业有限公司，只见一辆辆装着玉米秸秆、甘蔗尾叶的车辆正在过磅，收购的秸秆一部分被切碎后加工成饲养肉牛的青贮饲料，一部分与禽畜产生的粪便一同加工成商品有机肥。

该公司负责人介绍，推行“秸—饲—肥”种养结合模式，降低了规模养殖企业成本，推动了肉牛养殖产业的良性发展。截至2021年5月，该公司年产秸秆饲料超10万吨，生产有机肥5万余吨，年养殖肉牛超过6000头。

横州市作为我国西南地区最大的甜玉米生产基地，通过生产青贮饲料和饲料颗粒两种途径，实现了甜玉米秸秆全域全量利用。据横州市农业技术推广站站长介绍，该市采用“农户订单＋企业配送”的模式，由企业根据畜禽养殖户需求配制供应颗粒状的鸡、鸭、猪饲料。

秸秆颗粒饲料没有任何添加剂，喂养出的畜禽肉质好，鸡鸭每斤零售价能提高2—5元，陶圩鸡、北滩鸡等还通过了特色产品认证。该县生产的秸秆颗粒饲料还销往贵州省等地，秸秆颗粒饲料年产值达到1380万元，青贮饲料年产值约为4000万元。

在玉林市玉州区，水稻秸秆被大量应用于草绳编制、稻草人制作。玉州区推行“企业＋农户”的模式，由企业出资购置100台草绳加工机，免费借给农户使用，企业每月统一上门向农户回收加工的草绳；玉林市富硒农业科技有限公司2020年下半年开始制作稻草人艺术品，销往南宁、贺州等地的休闲农庄、公园、景区等，一个1—1.5米高的稻草人能卖到2000元左右。

玉州区2020年在试点乡镇实现了6000亩水稻秸秆的全量利用，仅每亩水稻产生的秸秆通过编制草绳可获得440多元的可观利润。

“十三五”期间，广西整合中央转移支付资金和自治区乡村振兴项目资金1.4亿多元，支持45个县（市、区）整县推进秸秆综合利用项目，各试点县秸秆综合利用率超过90%。全区各地以秸秆多元综合利用为主，发展肉牛养殖、食用菌栽培等多个产业链条，秸秆产业化利用能力大幅提升。

强化能力提升，促进综合利用高质量发展

把握秸秆综合利用工作的重点、难点，探索形成一批区域特色、基地带动、规模发展、多产业融合的秸秆资源化综合利用典型，进一步提升了广西秸秆产业化利用能力，促进了秸秆资源化综合利用高质量发展。

据了解，目前广西已形成秸秆资源化综合利用十大模式，在秸秆直接还田、饲料化利用、能源燃料、基料化利用、原料化利用等方面，均取得了较大的技术突破，并在各地进行了推广应用。

巴某村蝶变记

位于百色市田阳区大石山区的巴某村是生态致富的一个典型代表。

巴某村山环水绕，俨然世外桃源，但由于山多地少，基础设施薄弱，缺乏产业支撑，曾是田阳区29个深度贫困村之一。

2018 年以来，在自治区党委办公厅的帮扶下，在自治区文化和旅游厅等部门的支持下，巴某村利用生态优势开发乡村旅游，让山村变风景，让风景变产业，让产业变“钱途”，村里面貌焕然一新，获得了“生态宜居红旗村”“产业兴旺红旗村”“全国乡村旅游重点村”等众多荣誉，成为全国旅游扶贫先进典型。

巴某村脱贫致富的第一步，是通过实施环境治理、完善配套设施建设等，打造山清、水净、村美的宜居乡村。

一是开展环境治理，建一个“海绵乡村”。大力实施农村污水处理工程，开展湖池清淤，修复生态系统，种植水生植物，净化水体，改善水质。修复湖坝和驳岸，修建沿湖步道及栈桥，打造环湖景观，构造优美的水域和陆域生态体系。

二是进行“微改造”。将 80 多栋裸露红砖的民房改造成青瓦白墙的民房，把房前屋后的空地变成小菜园、小绿地；兴建了村史馆、小广场、风景墙；在道路两旁栽植风景树，安装太阳能路灯，巴某村展现出“小桥、流水、人家”的秀丽风光。

三是完善配套设施。加强乡村道路、养殖基地道路和环屯路网建设，修建登山栈道、观景平台、烧烤长廊、游客服务中心、农家特色商品一条街等。

经过精心打造，一个山水田园、梦境家园呈现在世人面前。“以前村子脏乱差，人人都想往外跑，现在出去的人都想回来了，因为村里比城里更漂亮。”村民黄秀英有掩饰不住的自豪。

巴某村脱贫致富的第二步，是建设“桃李园”景观和民宿度假区，开发“春赏花”“夏避暑”旅游新业态，激发乡村发展新动能。

在文化和旅游、农业农村等部门的扶持下，巴某村积极发展观光农业。2018 年底，巴某村初步建成 500 亩桃李基地，种下 1.3 万棵桃树和 5000 棵李树，树下间种油菜花。

桃花红，李花白，菜花黄……一到春季，基地内的桃花、李花和油菜花争相开放，美图和短视频“刷爆”微信朋友圈，成为游客踏春赏景的“网红”打卡地。

“2021 年春天的油菜花和桃李花季人气很旺，总计有 3 万多名游客前来村里观赏游玩。”巴某村党支部书记黄大鹏说。

巴某村纬度低、海拔高、气候温凉，年平均气温 18.6℃，是天然的避暑之地，属于巴马国际长寿养生旅游胜地区域，适合养生度假。巴某村要打造“凉泉度假村”。

村民自愿申请，合作社审核，文化和旅游部门建设，专业团队经营，年底保底分红。村民纷纷把民居改造成民宿，第一期共建成 9 栋 39 间民宿，2021 年共接待游客 16 万人次。村民组建合作社，将民宿

百色市田阳区五村镇巴某村已从一个深度贫困村发展成为“产业兴旺红旗村”和“生态宜居红旗村”（周军 摄）

租给田阳恒茂旅游开发公司经营，并签订合作协议，规定合作社每年保底收益 20 万元，年底分红每户每年民宿收入不低于 1.2 万元。2021 年民宿经营受到新冠肺炎疫情冲击，但不影响村民的保底收入。村民黄秀荣、黄大气分别从田阳恒茂旅游开发公司分到收入 2 万元。

巴某村脱贫致富的第三步，是发展特色种植和生态养殖业。油茶、蜜柚、柑橘、桃李等特色种植基地如雨后春笋纷纷涌现，村民谭志伟种植李树 2 亩左右，每年收入 3 万余元。

巴某村还与周边 20 个村抱团成立联富养殖有限公司，依托华润供港基地，建设巴某村适度养殖区，每年可获得集体经济收入 7.5 万元。

旅游业的蓬勃发展，带动特色种植和生态养殖业共同发展。一家媒体直播平台到巴某村专场推介当地秀美风光及农特产品，线上关注人数达 43 万人。如今，巴某村的五色糯米饭、黑色粽、红薯、芋头、玉米酒、巴某鸭等农特产品声名鹊起，深受游客和消费者青睐。

“现在，我们都不用外出打工了。卖五色糯米饭每月收入就有 2000 元。”村民覃美兰开心地说。

鱼儿“登陆”养，环保又致富

按照国家重点生态功能区的定位和发展要求，大化瑶族自治县对红水河上的大化、百龙滩库区及岩滩水电站库区主河道 1.24 万多个网箱进行清理。碧波荡漾的大化、百龙滩库区被列为禁养区。

保护生态和发展经济，怎样才能和谐共生？

让鱼儿“登陆”转型，核心技术是陆基圆形池养殖新技术新方法，关键点是循环用水，达标排放。

2020 年，大化镇流水村岜雷屯率先建设了陆基圆形池养殖基地。养殖基地的几个厂房里，共放置大约 60 多个直径在 8 米左右的圆形池。通过将地下水抽取到圆形池里养鱼，并通过“微滤机—氨氮分解池—植物、动物过滤池”等水质净化系统对其进行过滤，使其达到淡水养殖用水水质标准后循环使用。

贡川乡贡川村下柳屯、古河乡弄法村以及县城周边分散养殖户纷纷新建投产陆基圆形池，预计年产量 340 吨。“每个池子一次可养出商品鱼 3500 公斤左右，2021 年 4 月首批鲈鱼上市，共 5.5 万公斤，销售额 150 余万元，纯收入 30 余万元。”广西盛博渔业有限公司负责人笑着说。

对于涉及岩滩、北景、乙圩 3 个乡镇的拥有 9.6 万亩库汊水域的岩滩库区，大化瑶族自治县根据水生态承载能力，划分出 59 个可养殖区共 3.1 万亩，并已开发养殖区 51 个，其中 30 个可养殖库汊内已开发拦网养殖 49 处共 1 万多亩。

在北景镇那色村音圩屯，以前在库汊用网箱养殖，已由新成立的音圩合龙水产养殖专业合作社改为拦网养殖。该合作社在 800 多亩库汊水面上再圈拦一个区域，将投放的鱼苗养殖到能够竞食的大小，再将其放到拦网的大水面库汊里生态养殖，现该地成为红水河现代生态渔业（核心）示范区。在库汊东岸，大化瑶族自治县建成北景镇红水河—东盟国际垂钓基地。该基地已被评为全国休闲农业和乡村旅游四星级园区。生态转型、渔旅融合，保护了环境，也推进了淡水健康养殖产业提质增效。

在乙圩乡巴追村六谷养殖区宽阔的库汊水面上漂浮着一朵占水面面积达 30 亩的美丽“梅花”。这是村民韦德勇精心设计的组合型养鱼网箱。网箱从里到外分为 5 层，集渔业生产、休闲体验、水质净化于一体。第一层为游客、养殖户休息观赏平台，红瓦盖成的凉亭成为“梅花”的“花蕊”；第二、第三、第四层分别为观赏性鱼类养殖区、经济鱼类养殖区、净水鱼类过滤区，第三层和第四层之间设置水草种植环道；第五层为“梅花”的“花瓣”，种植水葫芦进一步净化水质。

“梅花”所在的养鱼场面积达1450亩，是岩滩库区最大的生态渔业养殖场。大化瑶族自治县创建二级渔业健康养殖示范县示范项目，韦德勇投资200多万元，县政府通过渔业油价补贴调整资金，给予补贴90万元。截至2021年10月，大化有4个养殖场获得国家级“水产健康养殖示范场”称号。

五、脱贫篇：全面小康

作为全国脱贫攻坚主战场之一，广西 1984 年就成立了领导扶贫工作的专门机构，早期主要以解决温饱为主，党的十八大以来工作重心转移到补齐基础设施、产业发展短板上。

2015 年 3 月，习近平总书记在参加十二届全国人大三次会议广西代表团审议时强调，要把扶贫攻坚抓紧抓准抓到位，坚持精准扶贫，倒排工期，算好明细账，决不让一个少数民族、一个地区掉队。

党的十八大以来，自治区党委、政府把脱贫攻坚作为最大政治责任和第一民生工程，按照“核心是精准、关键在落实、确保可持续”的思路，深入学习贯彻习近平总书记关于扶贫工作的重要论述和对广西工作的重要指示批示精神，认真落实党中央、国务院决策部署，层层推进脱贫攻坚重大政策和举措，统筹整合各方力量和资源，加强驻村帮扶、定点帮扶、社会帮扶和粤桂扶贫协作。同时，广西立足资源禀赋和产业基础，创新制定县级“5+2”、村级“3+1”特色产业规划，构筑了“县有扶贫支柱产业，村有扶贫主导产业，户有增收项目”的产业扶贫格局，有效解决扶贫产业弱、小、散的问题。2018 年 10 月，广西被评为全国产业扶贫十大机制创新典型。一系列脱贫“组合拳”接续推出，连战连捷，捷报频传。

在党中央、国务院的坚强领导下，广西各级各部门迅速形成同心同向合力攻坚的大扶贫工作格局，八桂儿女坚持自力更生、艰苦奋斗，以咬定青山不放松的韧劲，不达目的不罢休的决心，采取超常规举措，一步一个脚印，如期实现庄严承诺。2020 年 11 月 20 日，全区 54 个贫困县全部摘帽，广西脱贫攻坚取得具有里程碑意义的成果。在所有贫困县脱贫摘帽、脱贫攻坚取得决定性成就的基础上，广西各级党委、政府着眼长远，开拓创新，接续推进脱贫攻坚与乡村振兴有机衔接，让脱贫成为幸福生活的新起点，将人民群众的美好期待照进现实。

风雨过后终见彩虹。今天的八桂大地，处处呈现山乡巨变、山河锦绣的时代画卷，群众生活蒸蒸日上，日子越过越红火，全区各族人民的获得感、幸福感和安全感明显提升。

（一）殷殷嘱托暖八桂

牢记领袖嘱托，奋力脱贫攻坚

作为全国少数民族人口最多的省区和脱贫攻坚主战场之一，广西始终是党中央心之所牵、情之所系。特别是党的十八大以来，习近平总书记多次对广西工作作出重要指示，反复强调要用“绣花功夫”实施精准扶贫，让老区和老区人民尽快摆脱贫困，决不让一个少数民族、一个地区掉队。

八桂大地暖流涌动，春潮澎湃。

5700 多万各族人民牢记领袖嘱托，把打赢脱贫攻坚战作为最大的政治责任、第一民生工程和难得的发展机遇，进一步解放思想、改革创新、扩大开放、担当实干，举全区之力集中攻坚，终于历史性地告别了延续千百年的绝对贫困。2016—2020 年，在国家组织开展的省级党委和政府扶贫开发工作成效考核中，广西连续 5 年获得综合评价“好”的等次。

从生产大队党支部书记，到泱泱大国最高领导人，习近平总书记时刻牵挂着贫困地区、贫困群众：“扶贫始终是我工作的一个重要内容，我花的精力最多”“脱贫攻坚是我心里最牵挂的一件大事”“我最牵挂的还是困难群众”……最深情的牵挂，最坚定的决心。

如今回望来路，殷切期许犹在耳畔。

共话发展

2015 年 3 月 8 日，习近平总书记与参加十二届全国人大三次会议的广西代表团代表共商国是，共话发展，赋予广西“三大定位”新使命。

来自百色市田阳县（现为田阳区）那满镇新立村的党支部书记罗朝阳代表激动不已，因为早在 2010 年 5 月，时任中共中央政治局常委、中共中央书记处书记、国家副主席习近平就曾到访由大石山区移民搬迁落户的新立村共联屯，与村民拉家常、聊脱贫，给当地干部群众以巨大鼓舞和信心。

罗朝阳兴奋地述说当时的情景，热切地向习近平总书记描述新立村的新貌。新立村村民自力更生、埋头苦干，通过种植西红柿、花卉等作物，村民收入有了明显提高，村子也更漂亮了，给周边村屯发展做了很好的示范。

习近平总书记用“感同身受”一词表达自己的高兴和欣慰，请罗朝阳向乡亲们转达自己的诚挚问候。

习近平总书记强调，要看真贫、扶真贫、真扶贫，少搞一些盆景，多搞一些惠及广大贫困人口的实事。总书记希望广大干部群众勤劳实干、加快发展，并要求中央有关部门注重解决扶贫攻坚工作面临的突出问题。贫困地区各级领导干部要立下军令状，好干部要到扶贫攻坚一线经受磨炼。

全力精准扶贫

自治区党委、政府把脱贫攻坚作为头等大事和第一民生工程，坚持以习近平总书记关于扶贫工作的重要论述为指导，矢志让广西各族人民都过上幸福美满的日子。

2015 年 10 月，自治区党委、政府召开全区精准扶贫攻坚动员大会，吹响“攻坚五年，圆梦小康”的冲锋号。为把扶贫对象摸清搞准，广西开展了史无前例的精准识贫，组织 25 万名干部进村入户，共识别出 634 万贫困人口，解决了“扶持谁”的问题，在全国率先开展贫困人口动态调整。

2017 年 4 月，习近平总书记再次到广西视察，提出“五个扎实”新要求，强调要扎实推进民生建设和脱贫攻坚。他强调，广西是革命老区，是贫困地区，也是边境地区、民族地区。脱贫攻坚工作做好了，边疆稳定、民族团结就有了坚实基础；边境建设搞好了，民族事业发展了，对打赢脱贫攻坚战也是极大促进。这几项工作是一个有机整体，要一并研究、同步推进。

2018 年 12 月，在广西各族人民热烈庆祝广西壮族自治区成立 60 周年之时，习近平总书记欣然题词——“建设壮美广西　共圆复兴梦想”，深情寄托了党中央对广西站在新起点、创造新辉煌的殷切期望。

为确保扶贫扶到根上，广西按照“核心是精准、关键在落实、确保可持续”的要求，因村因户因人分类精准施策，推广县级“5+2”、村级“3+1”特色产业，全区产业覆盖率达 97.03%，全区建档立卡贫困户人均纯收入上万元。

“再苦再累也绝不让一人掉队。”据统计，全区共选派 5379 名驻村第一书记和 3.7 万名工作队员驻村，安排 52.3 万名干部结对帮扶，做到不漏一户一人。在这场没有硝烟的战斗中，至少有 176 名干部牺牲在扶贫路上。

把生命奉献给脱贫攻坚事业的黄文秀，感动了无数人。习近平总书记对黄文秀同志先进事迹作出重要指示，称赞黄文秀在脱贫攻坚第一线倾情投入、奉献自我，用美好青春诠释了共产党人的初心使命，谱写了新时代的青春之歌。广大党员干部和青年同志要以黄文秀同志为榜样，不忘初心、牢记使命，勇于担当、甘于奉献，在新时代的长征路上作出新的更大贡献。

成千上万像黄文秀一样勇于担当、甘于奉献的扶贫干部、驻村第一书记，激发出广大人民群众改变命运的斗志，形成了脱贫攻坚的强大合力。

如期完成脱贫攻坚任务

历史的脚步迈入 2020 年，脱贫攻坚进入“啃硬骨头、攻坚拔寨”的最后冲刺期，突如其来的新冠肺炎疫情让“战贫”工作更为吃劲。2020 年 3 月 6 日，决战决胜脱贫攻坚座谈会在北京召开。习近平总书记在会上强调，各级党委和政府要不忘初心、牢记使命，坚定信心、顽强奋斗，以更大决心、更强力度推进脱贫攻坚，坚决克服新冠肺炎疫情影响，坚决夺取脱贫攻坚战全面胜利，坚决完成这项对中华民族、对人类都具有重大意义的伟业。这是党的十八大以来脱贫攻坚方面最大规模的会议，就是要确保脱贫攻坚战取得最后的胜利，不获全胜决不收兵。

习近平总书记发出号令，我们就要奋勇前行。广西以决战决胜之势向贫困发起最后总攻，让全面建成小康社会的梦想一步步照进现实。

2020 年 5 月，环江毛南族自治县退出贫困县序列。习近平总书记作出重要指示表示："得知毛南族实现整族脱贫、乡亲们生活有了明显改善，我感到很高兴。全面建成小康社会，一个民族都不能少。近年来，多个少数民族先后实现整族脱贫，这是脱贫攻坚工作取得的重要成果。希望乡亲们把脱贫作为奔向更加美好新生活的新起点，再接再厉，继续奋斗，让日子越过越红火。"

他强调，当前，脱贫攻坚已经到了决战决胜的关键时期，越到紧要关头越要坚定信心、真抓实干。各级党委和政府要坚定不移把党中央决策部署落实好，克服新冠肺炎疫情带来的影响，集中力量啃下脱贫硬骨头，多措并举巩固成果，确保高质量完成脱贫攻坚目标任务，奋力夺取脱贫攻坚战全面胜利。

这充分体现了习近平总书记和党中央对民族地区发展和民族群众的关心关怀，对广西脱贫攻坚工作的充分肯定和巨大鼓舞，为全面打赢脱贫攻坚战给予精准有力指导、增添强大动力。

2020 年 11 月 20 日，自治区政府批准融水、三江、那坡、乐业、隆林、罗城、都安、大化等 8 个贫困县（自治县）退出贫困县序列。至此，广西 106 个有扶贫开发工作任务县（市、区）建档立卡贫困人口全部脱贫，5379 个贫困村全部出列，54 个贫困县全部摘帽。

2020 年 12 月 9 日至 10 日，自治区党委十一届九次全体（扩大）会议在南宁召开。会议指出，广西脱贫攻坚任务如期完成，全面建成小康社会取得决定性成就。

站在"两个一百年"奋斗目标历史交汇点上，全区各级各部门正准确把握新发展阶段，抢抓用好新发展机遇，全面贯彻新发展理念，积极融入新发展格局，努力实现巩固拓展脱贫攻坚成果同乡村振兴有效衔接，向习近平总书记、向党中央、向广西各族人民交上一份满意答卷。

“一个少数民族也不能少”的生动例证

“全面建成小康社会，一个少数民族也不能少。”2020年6月，习近平总书记在宁夏视察时强调。

在环江毛南族自治县我们看到了生动的例证——该县思恩镇陈双村的7个民族3200多名群众，在党的民族政策和富民政策指引下，紧紧抱在一起，携手奔小康。

在陈双村，部分村民小组的名字很特别——东兴组、龙岩组、木伦组、龙江屯等，都是县里其他乡镇或村屯的名字。

陈双村是一个移民村，20世纪90年代起，环江在县内实施“有土安置”，贫困群众陆续从偏远山区搬迁到县城边的陈双村居住，并用移民来源地命名新村。

在陈双村的29个村民小组中，19个是搬迁来的，3280名村民中，移民来的占1900多人。陈双村党支部书记介绍：“陈双村还是一个多民族村，生活有毛南、汉、壮、瑶、苗、水、布依等7个民族群众，少数民族占总人口的90%以上。”这些年他们完全融在一起，成了一家人。

针对民族多、移民多的特点，陈双村摸索出了“六联”工作法，即产业联营、屯务联管、文艺联演、婚嫁联姻、治安联防、品牌联创，强力推进脱贫攻坚，促进民族团结进步。

29个村民小组中，双乐屯最有特色，居住着26户从驯乐苗族乡搬迁来的苗族同胞。3幢亭式建筑矗立在村口，以廊道相连。通往寨门，村里数排仿苗族吊脚楼的楼房整齐划一，再往里走则是凉亭、人工湖、“苗家四合院”等景观，村后的连片砂糖橘是自治区三星级现代特色农业示范区。

忆苦思甜，苗族同胞韦玉荣感慨万千：“刚来时我们连田地都不

环江毛南族自治县思恩镇陈双村村貌（廖志荣 摄）

会种，全靠党的好政策和当地老乡帮忙。”按当时的政策，每户搬迁村民获得1亩水田和15亩旱地，但搬出来的苗族同胞们没有水牛，当地村民就帮耕地；移民村民要种甘蔗，当地村民就给他们赊甘蔗种，并手把手地教，让一批又一批移民扎根陈双村。

特别是脱贫攻坚战打响后，惠民政策越来越多，双乐屯开始产业转型，韦玉荣带头种起了砂糖橘，并大获丰收。韦玉荣说，2019年他家卖了5万多公斤砂糖橘，每公斤3.6元，毛收入20万元。每年收果时，乡亲们争相前来帮忙。周边村民跟着种砂糖橘，苗族村民则毫无保留地传授技术。截至2020年6月，全村共种植6000多亩水果。

除了水果，其他产业也发展得风生水起。在木伦组，壮族村民覃仁双坚持种甘蔗，2019年收入3万元。目前，甘蔗仍是5个村民小组的支柱产业。在龙江屯，受新冠肺炎疫情影响没法出去务工的毛南族妇女谭兰桂，2020年春种下了15亩山茶油。她说：“茶油苗是政府免费给的，今后几十年的收入有保障了。”此外，全村有400多户种桑养蚕。

“2019年村民人均纯收入8700多元。”陈双村党支部书记说，“2020年初还有20户63人未脱贫，都是因病没有劳动能力，通过政策兜底全部能实现‘两不愁三保障’。”逐步走向富裕的陈双村，近年先后获得“中国少数民族特色村寨”“全国民族团结进步示范村”等荣誉称号。

新立有了大变化

百色市田阳区那满镇新立村，曾是贫困落后的石山村。该村党总支书记、全国人大代表罗朝阳，与习近平有过两次面对面的交流。

2010年5月10日，时任中共中央政治局常委、中共中央书记处书记、国家副主席习近平踏着泥泞的山路来到新立村调研。罗朝阳全程陪同，介绍新立村的发展情况。习近平高度肯定并深情嘱托：“有党的正确领导，有党的富民政策，广大人民群众再发扬艰苦奋斗精神，新立会有很大变化。”

2015年全国两会期间，习近平总书记参加广西代表团审议。作为全国人大代表的罗朝阳在会上向习近平总书记汇报了新立村5年来的变化。发言结束后，习近平总书记对他说：“希望下一个5年，你们村和整个百色地区能够同全国一起实现全面小康。”

10年来，罗朝阳始终牢记习近平总书记的嘱托和殷切期望，带领大家组织实施建设生态易地扶贫搬迁项目，调整产业结构，大力发展秋冬菜、芒果、香蕉等高效农业，全村159户499名建档立卡贫困人口实现脱贫摘帽，如期与全国同步实现全面小康。2021年，新立村农民人均纯收入从2010年的2500元提高到1.45万元，村级集体经济收入超10万元。

从脱贫攻坚到乡村振兴，新立村成为百色市乡村治理示范村、自治区文明村和全国民主法治示范村。在新立村走向富裕的道路上，罗朝阳继续带领乡亲们重点落实好抓党建促乡村振兴各项任务，不断引进新品种、推广新技术，努力发展农村电商，做强、做优特色水果和养殖业。同时依托新立村丰富的人文自然资源，大力推进“乡村旅游 + 休闲农业”建设，全面推进产业、人才、文化、生态、组织“五个振兴”。

罗朝阳在网络平台上，经常会发新立村旧貌换新颜的照片。他在日记里写道：“自治、法治、德治、智治融合发展，让乡村变成望得见青山、看得到绿水、记得住乡愁的美好家园。”

努力构建“四治”相结合的乡村治理体系，全面提升新立村乡村治理现代化水平，着力建设善治文明、生态宜居、留得住乡愁的新立村——这是罗朝阳为自己和新立村立下的又一个小目标。他充满自信地说，希望习近平总书记再来新立村做客，到时候看到的一定是一个环境更优美、产业更兴旺、百姓更幸福的新立村。

产业兴，毛竹山村换新颜

2022 年 2 月，全州县毛竹山村村民王德利家，王德利和妻子罗玲玲的脸上溢满了对生活的热爱和自信。他们不善言谈，但不多的言语间清晰地表达出内心的喜悦和感激：“我们种上了葡萄，我们一家的生活好起来了，是因为我们赶上了好时代。”

10 年前，毛竹山村还以传统的农作物种植为主，外出务工的年轻人也没有较好的出路，生活普遍困难。直到如今，罗玲玲还记得村里曾经的民谣：“毛竹山，泥瓦房，生活苦，南瓜汤，有女不嫁毛竹山。”

王德利一家也不例外，即使早出晚归，忙完农活忙打工，一年下来，也只能换得微薄的收入。随着两个女儿慢慢长大，王德利一家的生活更加拮据。

时光如梭，10年一晃而过。曾经一年汗水换不来5000块钱。如今通过规范和科学管理，王德利家仅家里种的葡萄就能带来10多万元的年收入，家中因村里发展旅游而办起来的特色小店，足不出户也能挣几千元。

生活巨大改变的背后，是发展思想的巨大转变。

10年前，毛竹山跟许多山村一样，空有青山绿水，对产业发展还没有统一的规划和方向，受传统农业瓶颈制约大。

作为农业大县，全州县委、县政府全面贯彻落实国家出台的各项惠农政策，因地制宜地寻求农业创新发展，充分利用得天独厚的地理环境和气候条件，逐渐实现“一村一品”特色经济，带动老百姓脱贫致富。

在县里的大力支持和动员下，2015年，毛竹山村党小组成立了葡萄种植协会，积极开展技术培训和结对帮扶，大力推行“党小组+理事会+基地+农户”的模式，动员全村种植红地球、金手指、温克等葡萄品种320多亩。

王德利作为留守在村里为数不多的年轻人，为改变家庭困境，他从葡萄种植协会和产业带头人那里不断学习新的发展理念和新的技术，积极主动融入如火如荼的产业发展热潮。他从起初种植葡萄不到3亩田，发展到如今种植有12亩，不断增加投入和扩大规模，既是因为他尝到了乡村振兴的红利，也是他对种植葡萄和未来美好生活的自信和憧憬。正是在像王德利这样的年轻人带动下，经过几年的大胆尝试和勤奋劳作，毛竹山村的葡萄年总产量超过50万公斤，总收入超350万元，并示范带动周边乡村发展葡萄产业2万多亩，形成统一品种、统一技术、统一销售的产业发展经验。截至2020年，毛竹山村村民年人均可支配收入达3万元。

努力不仅使王德利在2020年年收入达到了14万元，更迎来了他一生当中最难忘的时刻。2021 年 4 月 25 日，习近平总书记走进毛竹山村，走进了村里的葡萄田，并与王德利一家人围坐在客厅，亲切地聊家常、话发展。

当习近平总书记说到乡村振兴、特色产业、科技兴农等话题时，王德利听得极为认真，铭记于心。这些年他家的日子之所以过得越来越好，仿佛在那一刻，找到了最清晰的答案。回顾那一天的经历，王德利感触最深的是："像习近平总书记说的，好日子都是奋斗出来的！有党和国家的政策，有习近平总书记的关怀，即使不去大城市打拼，我也能把日子过得更有甜头、更有奔头。"

2022 年，王德利除了主动配合政府对葡萄施行改良种植，还利用自己的小店推广家乡的特色农产品，和村民一起守住绿水青山，让更多人看到一个不断进取、奋勇拼搏、追求梦想的毛竹山村。

（二）精准扶贫奔小康

聚焦精准，决战决胜

决战决胜，成败在于是否精准。

"十三五"以来，广西始终坚持精准扶贫精准脱贫基本方略，围绕"扶持谁、谁来扶、怎么扶、如何退"的问题，瞄准深度极度贫困，精准施策，稳扎稳打，连战连捷，如期完成了脱贫攻坚目标任务，现行标准下农村贫困人口全部脱贫，贫困县全部摘帽，消除了绝对贫困和区域性整体贫困。

2015 年底至 2016 年初，广西围绕"扶持谁"，开展"史上最严"的精准识别，找准"靶心"。

广西瞄准 54 个未脱贫的贫困县，其中 33 个是国家扶贫开发工作重点县（含石漠化片区县），21个是自治区扶贫开发工作重点县。这些贫困县中很多村屯属于“一方水土养不了一方人”的地方，且集中分布在滇桂黔石漠化片区、少数民族聚居区和边境地区，自然环境恶劣、生态环境脆弱、贫困人口多、贫困程度深、脱贫难度大，是脱贫攻坚最难啃的硬骨头。

确定了“靶心”，接着就要明确“谁来扶”的问题。广西严格落实“省负总责、市县落实、乡村实施”的脱贫攻坚责任制，坚持“五级书记”抓扶贫，通过拧紧责任链条、选派精兵强将、加大真金白银投入、集结全社会力量，构建起专项扶贫、行业扶贫、社会扶贫互为补充的“三位一体”大扶贫格局。

与此同时，突出打好“四大战役”“五场硬仗”等系列组合拳，全力实施产业扶贫、推广就业扶贫、实行易地扶贫搬迁、推进基础设施建设、深化粤桂扶贫协作，集中力量攻克深度贫困堡垒，确保真正精准到户、帮扶到人。

“四大战役”显成效

全区支持包括贫困地区在内的110个县（市、区）的基层医疗卫生机构建设项目2564个，实现每个县有二级及以上公立医院、每个乡镇有标准化卫生院、每个村有标准化卫生室。全区共有全科医生1.14万人，乡村医生3.7万人，全面消除了医疗服务“空白点”，基本实现贫困患病人口“应治尽治”和常住贫困人口家庭医生签约服务全覆盖。落实“198”兜底医疗保障政策，确保所有符合条件的贫困人口全部参加基本医疗保险，逐步完善贫困人口医疗保障政策体系，建立基本医保、大病保险、二次报销、医疗救助、财政补助5道保障线。

教育扶贫实现从“输血式”向“造血式”转变。2019年，广西大力改善贫困地区学校硬件设施，建立起控辍保学“双线四包”工作

金秀瑶族自治县六段村百年瑶寨旧貌（金秀瑶族自治县委宣传部 供图）

金秀瑶族自治县六段村茶山瑶易地扶贫搬迁安置点航拍新貌（张友豪 摄）

体系，全面落实教育资助政策，加强乡村教师队伍建设，义务教育巩固率达到95.2%，从源头上拔除了“穷根”。

牢牢守住“贫困户不住危房”的底线：对建档立卡贫困户、低保户、农村分散供养特困人员、贫困残疾人家庭4类重点对象48万户实施农村危房改造，对难以筹措资金的极度贫困户危房改造按建设成本给予兜底解决。

2018年11月至2019年底，广西再次集中人力、物力、财力开展大石山区饮水安全巩固提升工程建设大会战、饮水安全歼灭战，大石山区116.9万人受益。全区实现了从“有水喝”到“有好水喝”。

“五场硬仗”传捷报

广西创新制定县级“5+2”、村级“3+1”特色产业规划，构筑了“县有扶贫支柱产业，村有扶贫主导产业，户有增收项目”的产业扶贫格局，产业扶贫覆盖建档立卡贫困户约118万户，覆盖率达96.38%。

举全区之力，将贫困群众从“山窝窝”“石头缝”中搬出来，并确保群众“搬得出、稳得住、能脱贫、逐步能致富”。2019年12月底，全区搬出安置建档立卡搬迁对象16.38万户71万人，提前一年完成了“十三五”易地扶贫搬迁建设和入住任务，贫困群众实现了安居乐业。

截至2020年12月，全区修建屯级路7.1万公里，2.48万个20户以上自然屯受益，道路硬化率达93%。

着力破解村级集体经济发展的短板弱项，积极探索各种方式搞活集体经济，通过强化多元发展，消灭了脱贫攻坚前将近90%集体经济“空壳村”。截至2020年底，全区所有贫困村村集体经济收入均超过5万元。

粤桂扶贫协作再谱新篇。2016年以来，广东对口帮扶广西实现了33个国定贫困县结对帮扶全覆盖，粤桂两省区在产业、劳务、人才、教育、医疗、社会扶贫、基础设施、环保等方面，开展全方位、多领域、深层次的扶贫协作，积极创新“乡乡、村村、村企”等基层结对帮扶模式，有力助推广西打赢打好脱贫攻坚战。广西共引导超过1万家广东企业到桂参与扶贫，投资额超过2800亿元，带动11.03万贫困人口脱贫。

咬住“精准”扶真贫

精准扶贫，关键是要把扶贫对象搞清搞准，把家底盘清，这是前提。心中有数才能工作有方。

党的十八大以来，广西始终坚持精准扶贫精准脱贫基本方略，围绕“扶持谁”，实施了“史上最严”的精准识别，为精准施策、连战连捷打下坚实基础。同时，广泛动员社会各方面力量参与脱贫攻坚工作。25家中央单位定点帮扶广西28个国定贫困县，9112家区内单位定点帮扶5379个贫困村。2016年以来，累计选派驻县工作队队长222名、驻乡镇分队长2310名、贫困村党组织驻村第一书记1.0379万名、驻村工作队员6.0881万名。同时，社会各界广泛参与扶贫事业，凝心聚力打赢脱贫攻坚战。

2015年10月，广西组织25万名干部进村入户，以“一进二看三算四比五议”工作方法为举措，以制定识别指标和财产检索为突破，以“两评议、两公示”为保障，以脱贫攻坚大数据平台为载体，开展精准识别工作。

对488万农户、2000多万农民进行家庭经济状况调查，逐户评估打分；对农户进行财产检索，存在“有两层以上精装修住房”“有经营公司或其他经济实体”等8种情形之一者，原则上采取“一票否决”……

对建档立卡贫困户实行动态管理。2016年开始，广西建立起一支1.7万人的五级扶贫信息员队伍，在全国率先开展动态调整工作，同步对建档立卡数据质量核实核准、信息常态化更新。国务院扶贫办认为，广西统一设计市、县、乡、村、屯五级贫困人口动态调整工作流程，其质量及扶贫对象精准度排全国前列。

广西还对扶贫对象采取“五严”（严计划、严标准、严程序、严评估、严销号）退出措施，做到贫困户、贫困村、贫困县应退尽退，精准退出。扶贫对象退出后，坚持“摘帽不摘责任、摘帽不摘政策、摘帽不摘帮扶、摘帽不摘监管”，继续保持攻坚态势，巩固发展脱贫成果。

多年来，广西致力于目标不变、“靶心”不散，聚力解决绝对贫困问题，确保脱贫成果经得起历史检验。

党建引领带富贫困村

在来宾市象州县罗秀镇的贫困村军田村，村党总支将党组织优势转化为脱贫攻坚优势，走出一条党建促脱贫的路子。

2020年7月6日，军田村村民覃桂梅正驾驶一辆铲车往运输车上装石料。她倒车、铲料、装车，动作娴熟，让人佩服。

几年前，覃桂梅还是生活艰难的贫困户。在帮扶干部的帮助下，她依靠扶贫贴息贷款种植水果，后来又开了个沙场，几年时间就成了村里的致富带头人。吃水不忘挖井人，覃桂梅向党组织递交了入党申请书。她说：“驻村第一书记和帮扶干部帮助我脱贫致富，所以我也想加入党组织，帮助更多的人。”

覃桂梅的脱贫故事，是军田村抓党建促脱贫取得成效的一个缩影。在驻村第一书记的带领下，军田村与帮扶单位来宾市委组织部、象州县委组织部开展结对联建，带出了好班子、找到了好思路、制定了好机制、树立了好作风。除了开展“两会一课”“党组织生活日”等活动，党支部还视实际情况组织开展各种服务群众活动，受到村民一致好评。

70多岁的贫困户覃秀林身患残疾，儿子又患精神残疾，两人相依为命。2019年末，覃秀林的房子被暴雨损坏，无力修整。党总支了解情况后，与驻村工作队和镇领导多方联系爱心企业捐款，又组织党员义务投工投劳帮他们修好了房子，添置了新家具。

在军田村党总支的带领下，军田村全体村民拧成一股绳，劲往一处使，全村产业发展、人居环境、村风村貌、集体经济都发生了变化。

在村集体经济发展方面，2019年军田村实现村集体经济收入由2016年的0元上升到2019年的12.46万元，2020年有望突破20万元。2020年，军田村种植砂糖橘3000多亩，建成占地4亩的水产培训基地和占地3亩多的食用菌种植基地，初步形成“种养相结合、长短相结合”的产业结构。全村282户贫困户（含86户退出户）中有246户种植砂糖橘共1018亩，覆盖比例为87%。

军田村党总支连续3年获评为自治区五星级党组织，军田村村委会获评自治区2019年度五星级村（居）民委员会，军田村获评自治区文明村镇。

种植芭蕉芋，里木村富裕了

2020年6月，在龙胜各族自治县伟江乡里木村，一进村就可看到山上和河边一片片芭蕉芋，叶子碧绿如盖。这种以前村民主要用来喂猪的高淀粉植物，如今成了该村一宝，支撑起了一个新产业。

这一切，源于该村一名叫石丹凤的女子。作为里木村的党支部书记，带领村民脱贫是石丹凤的职责，也是她的心愿。里木村具有种植芭蕉芋的传统，这种植物抗病性强，很少有病虫害发生，村民们都喜欢种来喂猪，有时也拿来磨粉做成芭蕉芋粉丝自己吃，经济利用价值不是很高。“芭蕉芋是高淀粉作物，为什么不能加工成袋装粉丝打进市场？”石丹凤想。

2015 年，她试种 6 亩芭蕉芋，收获 5000 多公斤，又向村民收购 5000 多公斤，共制成芭蕉芋粉丝 1200 多公斤，通过政府帮扶和在网上售卖，两个月内就销售一空。

小试牛刀成功后，石丹凤信心大增，她决定大展拳脚。2017 年她购入设备，成立当屋咧食品加工公司。她介绍，“当屋咧”在苗语里的意思是“到屋来”。取这个名字，就是希望村民们能通过种植芭蕉芋“招财进屋”。之后该公司建成标准化厂房，开始大规模生产芭蕉芋粉丝。同时，石丹凤发动村民大量种植芭蕉芋，并跟 29 户贫困户签订保价收购协议，保障村民的收益。

2019 年，石丹凤追加投入，扩大厂房，从村民那里收购了 3.5 万多公斤芭蕉芋，加工成芭蕉芋粉丝 4000 多公斤，并很快售罄。

石丹凤说，他们的芭蕉芋粉丝是通过研磨、浸泡、过滤、煮蒸等多道工序精制而成，粉质洁白透明，可制成独特的菜肴，是送礼佳品，在龙胜土特产市场广受欢迎。

尝到甜头的贫困户都主动扩大种植面积，周边的村民也纷纷加入种植芭蕉芋的行列。脱贫户银酉秀之前也种了一点芭蕉芋，但都是拿来喂猪，或自己磨成粉丝留着吃，无法产生很好的经济效益，看到其他贫困户卖芭蕉芋给石丹凤赚了钱，她 2020 年跟着种了 3 亩，希望能给家庭增加点收入。

如今，芭蕉芋粉丝通过标准化生产，已摇身变成里木村的一个支柱产业，石丹凤则成为龙胜远近闻名的芭蕉芋粉丝代言人。

粤桂扶贫协作助上林脱贫

上林县是粤桂两省区贫困村创业致富带头人培育工程试点县。说起近几年上林的扶贫模式，上林县贫困村创业致富带头人创业服务中心主任用了个形象的比喻：四两拨千斤。

“四两”的第一个“两”指广东、广西两省区扶贫协作；第二个“两”指“两培”——培育创业致富带头人，培育扶贫产业；第三个“两”指“两促”——促进本土人才回引创业，促进农村基层党建；第四个“两”指“两带”——带动贫困户增收脱贫，带动贫困村提升发展。“千斤”则是助推全县精准脱贫“千斤重任”。

鸡群从3个鸡舍自由地跑进跑出，这是致富带头人黄一晨创办的博艺种养农民专业合作社养殖基地里的日常一景。这个合作社养有土

在上林县西燕镇北林村蛋鸡养殖基地，村民正在分拣、包装鸡蛋（何学俏 摄）

鸡4.5万只、肉牛50头，带动50户175人脱贫致富。截至2020年6月，贫困户参与劳动用工人数3年累计1500余人次、发放贫困户收益金33万元，村集体经济分红11万元。

水里有虾，水面有花，岸上有农家，这是一个小龙虾养殖基地的美景图。这个基地的主人冯应红，是上林县重点培养的致富带头人。“我是粤桂贫困村创业致富带头人（九江河清）培训基地第3期培训班学员。”冯应红说。

2018—2020年，上林县在广东基地和广西华侨学校开展培训，共培训致富带头人培育对象698名。

冯应红的小龙虾养殖产业在县里和后盾帮扶单位的支持下，从一个小塘窝发展成规模600亩的农旅结合产业扶贫基地，带动的贫困户从最初的7户发展到现在的450多户。下一步，他将与县里的3个合作社合作，共同完成3300亩稻下套养小龙虾的目标任务。

上林县按照创业致富带头人的产业规模、带贫成效等进行星级评定，截至2020年6月，在农村党员、种养大户、合作社负责人、返乡创业者等人员中星级评定出564人。

这些创业致富带头人在脱贫攻坚中大显身手，带头创建400多家公司、企业、合作社等规模经营主体，带动10968户贫困户参与产业项目，占全县贫困户总数的53.2%。被带动的贫困户年增收2296.9万元，户均2094元，为村级集体经济创收1800多万元。

光网全覆盖，拓宽致富路

“最近小蚕不好好吃桑叶，是什么原因呢？”德保县敬德镇驮信村村民林世克遇到了难题，他赶忙连线县农业农村局桑蚕技术员，开展线上咨询。林世克说，以前网络不好，遇到这样的问题得跑来跑去，现在一个电话或一个视频通话就能解决。

在脱贫攻坚战中，德保县整合资源推动光纤网络建设，截至2020年8月，已实现20户以上自然村屯光网100%全覆盖。“互联网+”开阔了群众的视野，丰富和方便了群众生活，拓宽了致富道路，为乡村发展注入新的活力。

互联网搭起致富桥。德保县以建设国家电子商务进农村综合示范县为契机，在硬软件上下功夫，帮助农户在网上销售农特产品，让网络建设发挥经济效益。2019年，该县建成90个乡村电商扶贫（服务）示范网点，通过粤桂协作深圳点筹网为83家涉农小微企业提供电商业务服务，实现销售额1800万余元，带动800多户贫困户实现增收。2020年初，该县开展“暖心生活节”网络直播带货活动，不到一个小时销售额就达139万元。2020年上半年，全县农产品电商销售额达1396.65万元。

“云”上应用便民惠民。德保县87所学校全部实现网络宽带接入，教育资源公共服务平台和教育管理公共服务平台实现县、乡、村学校100%全覆盖。通过“互联网+”撬动优质教育资源，让县、乡、村的学校共享资源、共同受益，提升基层教育质量。该县鉴河小学校长黄燕萍说：“‘互联网+’的接入，给我们带来的不仅有教学技术上的变化，还有教育理念的革新和教学方式的改进。”

“通过远程医疗系统的应用，我们成功进行多例远程会诊。”德保县医院负责人说。该县通过探索远程医疗，让偏远地区群众足不出户就能享受到优质医疗服务。

列出问题清单，精准发力冲刺

广西立足有利条件和优势，用好国家扶贫开发政策，充分调动贫困群众的脱贫积极性、主动性。广大贫困群众树立起脱贫致富、加快发展的坚定信心，发扬自力更生、艰苦奋斗精神，坚持苦干实干，努力改变贫困面貌。

都安瑶族自治县下坳镇高王村驻村第一书记韦强认为，自然环境恶劣、基础设施滞后、历史欠账多是高王村贫困面广、贫困程度深的主要原因。高王村距都安县城70多公里，方圆9平方公里内都是大大小小的山，全村有700亩旱地，人均0.46亩。

自然环境恶劣和多年没有项目落地支撑，导致高王村基础设施极度落后。韦强2016年担任高王村驻村第一书记时，自己开车到村部，路又陡又窄，路边就是悬崖，下车后腿还在发抖。他说，当时全村只有一条公路到村部，仅有的几条屯级路因年久失修，不能通行，绝大部分群众住在危房里。精准识别下来，全村252户1511人中，有贫困户219户1391人，贫困发生率高达92%。

精准脱贫让高王村脱胎换骨。刚到高王村，面对困境，韦强心里没底，担心扶贫资金“大水漫灌”，项目平均到各村，全村资金缺口之大，要等到猴年马月才能补齐。“动起来以后发现自己想错了。”韦强惊奇地发现，精准扶贫不同以往，“政策、资金、项目都向高王这样的深度贫困村倾斜，按照脱贫标准，缺什么补什么。”

2016年以来，高王村新建和扩建屯级路21条26公里，完成68户危房改造，建成集中供水工程1个、家庭水柜64个，宽带网络通到村部、移动信号覆盖17个村民小组，一直以来困扰村民的水、电、路等基础设施问题全部得到解决。到2019年底，全村剩下贫困户50户346人，贫困发生率降到27.12%。

实行问题清单管理，全力冲刺脱贫摘帽。已取得的成绩不俗，但形势依然严峻，剩下的“贫中之贫、坚中之坚”如何才能攻克？“精准、精准、再精准。”韦强说，“我们2020年初就对50个未脱贫户一户一户地摸底，列出了每户存在的问题清单，逐一给予解决。”

“2019年劝返的学生有再辍学风险、20户未完成危房改造，还需建设38个水柜，龙比至龙也、龙黑至龙项两条屯级路未完工，特色产业覆盖率未达100%……”一个个问题列上清单。韦强说，每个问题都落实有责任人、工作人员，明确推进措施和完成时限。2020年5月中旬，村里对危房改造项目进行排查，发现蒙桂强家的危房改造进度较慢，立即组织工作人员上门帮忙，在月底顺利封顶。

截至2020年6月，根据高王村最新的自评，村级“十一有一低于”已达标，50户未脱贫户的“八有一超”基本都达标，仅有5户的房子未安装门窗。韦强信心十足：“我们再攻坚这5户，面上再巩固提升，2020年整村脱贫摘帽不成问题。”

大数据“接地气”，帮扶精准发力

2020年6月，乐业县脱贫攻坚战指挥部信息员正坐在脱贫攻坚大数据中心的电脑前操作信息系统，专注于脱贫攻坚业务指导、扶贫工作动态监测、国办系统信息比对、数据清洗等工作。

“2020年第一季度，我们发现贫困户黄胜功的收入同比大幅下降，立即组织信息员查明情况，得知他因患病无法外出务工，随后县民政局按相关政策，把他们一家纳入A类低保救助范围，提供及时的帮助。”该县脱贫攻坚大数据中心信息员李新旺说。通过分析数据信息，可以精准掌握贫困户情况，采取针对性的扶贫措施，快速解决存在的问题。

2020年初，乐业县建立脱贫攻坚大数据中心，围绕“扶持谁、谁来扶、怎么扶、如何退”的问题，充分发挥县、乡、村三级信息员和帮扶干部的作用，开展扶贫数据信息采集、实时监测、筛查对比、分析应用、核实更新等工作，让录入云端的大数据更“接地气”，使信息精准调查、措施精准落地、干部精准帮扶、督查精准高效，为如期打赢脱贫攻坚战提供有力支撑。

该县组建由各后援单位选派的业务骨干和乡镇、村党员干部共188人组成的信息员队伍，做实做细扶贫基础信息数据相关工作。为提高团队协作效率，破除沟通壁垒，该县大数据中心实行定期联合办公，每周开展2次以上业务培训，确保数据集中、服务下延、互联互通、信息共享、动态管理，更好发挥统筹作用。

数据信息在更新，贫困户的生产、生活状况也在发生变化。乐业县扶贫办主任介绍，截至2020年6月，大数据中心共清洗核准问题数据3000余条，推动解决扶贫对象住房、饮水、医疗、教育、产业、就业等方面问题400余个，为全县脱贫攻坚工作各项决策部署提供重要参考，也使各类扶贫政策和帮扶措施更加精准、务实。

各乡镇、村屯和相关行业部门将贫困户数据信息导入系统，构建跨地域、跨部门、跨业务的协同管理和服务体系，实现全县扶贫信息

乐业县脱贫攻坚大数据中心工作人员耐心地给群众讲解房屋搬迁的相关政策（周军 摄）

资源共享。在开展扶贫数据核准清洗时，信息员直线对接帮扶干部，将更新的数据及时录入“国扶”系统，既保证信息数据的精准性和实时性，又提高了工作效率。

乐业县扶贫办主任说，他们每月定期通过大数据中心导出贫困户的相关数据并进行分析比对，发现异常情况立即组织信息员查找、核实原因，并组织乡镇及后援单位采取干预措施，持续巩固脱贫成果。通过医保、残联、教育等部门收集到的数据，该县加强预警监测，排查贫困“边缘户”并建立问题台账，制定“一户一策”帮扶措施并督促落实，防止出现返贫致贫风险。

（三）尽锐出战摘穷帽

久困于穷，战天斗地

“八山一水一分田”，说的就是群山环抱、山多地少、缺少良田的广西。

受自然条件、历史原因等诸多因素影响，集老、少、边、山、库于一身的广西，贫困群众大都居住在大石山区，生产生活条件极为恶劣，行路难、饮水难、住房难、上学难、就医难、用电难、增收难等“七难”极大地制约了当地经济社会发展。

改革开放以来，广西开展了大规模扶贫开发工作，但由于贫困面大、贫困人口多、贫困程度深，扶贫任务依然繁重。贫困地区的干部群众不等不靠，在党和政府的坚强领导下，发扬自力更生、艰苦奋斗的精神，与贫困作不懈斗争。

从 1985 年开始，广西实施以工代赈，从单纯救济转向经济开发，利用以工代赈的物资、资金帮助贫困地区进行基础设施建设，至2000年共投入46.72亿元。从1994年起实施“八七”扶贫攻坚计划，将307个贫困乡镇、1012个特困村作为重点扶持区域，用7年左右的时间，到2000年基本解决广西800万贫困人口的温饱问题。

进入21世纪，广西把扶贫重点区域从贫困县深化到贫困村，以贫困村规划为基础，以产业开发、基础设施建设和提高劳动者素质为重点，健全、完善和规范扶贫资金、项目管理制度，纵深推进扶贫开发。“十三五”时期，广西始终坚持精准扶贫精准脱贫基本方略，精准施策，坚决打赢脱贫攻坚战。

新一轮扶贫开发的号角在八桂大地吹响后，全区各族人民以连片特困地区和贫困村为主战场，以增加贫困人口收入、尽快实现脱贫致富为首要任务，坚持政府主导，坚持开发式扶贫，坚持统筹发展，坚持专项扶贫、行业扶贫、社会扶贫共同推进，推动贫困地区经济社会更好更快发展。

今天的八桂大地，处处呈现山乡巨变、山河锦绣的时代画卷，群众生活蒸蒸日上、日子越过越红火，全区各族人民的获得感、幸福感和安全感明显提升。

毛南族脱贫记

主要聚居在广西的毛南族实现了整族脱贫！

2020年5月10日，欢欣鼓舞的毛南族群众代表写信向习近平总书记报喜。习近平总书记对毛南族实现整族脱贫作出重要指示，勉励乡亲们把脱贫作为奔向更加美好新生活的新起点，再接再厉，继续奋斗，让日子越过越红火。

沐党恩，毛南山乡沧桑巨变

得知习近平总书记作出重要指示后，环江下南乡中南村南昌屯的群众围坐在村里的大榕树下学习，大家回顾历史、聚焦当下、畅谈未来。南昌屯是毛南族重要的发祥地，距今已有近500年的历史。

“旧社会时家家穷。”70多岁的谭中意说，“以前别说通路通电，肚子都吃不饱。”不仅是南昌屯，毛南族主要居住在喀斯特山区，这些地方的社会经济发展水平不高：“草帽能盖地”，发展产业难；“望天吃水”，基本生活苦；“一里挂九梯”，基础设施差。作为毛南族的发祥地和主要聚居地，环江是全国唯一的毛南族自治县，也是国定贫困县和广西20个深度贫困县之一。

沐浴着党恩，制约毛南族发展的瓶颈一个个被破解，毛南山乡发生了翻天覆地的变化——

贫困代际传递被阻断。累计投入7.2亿元，新建和改善毛南族聚居地区的中小学、幼儿园，满足4500多名毛南族学生上学需求，毛南族贫困家庭学生100%享受教育资助政策。

实现“有地方看病、看得好病”。投入1500多万元，完成72个毛南族聚居村村级卫生室标准化建设，4083户毛南族贫困户配备了家庭签约医生。

稳固住房保障率达100%。投入6000多万元，帮助1880户毛南族贫困户实施危房改造。

饮水安全得到彻底解决。整合资金1.7亿多元，对72个毛南族集居村359个饮水安全工程进行巩固提升。特别是中央和自治区统筹补助1900万元建设的下南乡集中供水工程项目，一次性解决了毛南族主要聚居乡镇1.5万多人的饮水难题。

如今，走进毛南族聚居的村村寨寨，随处可见令人欣喜的发展变化。南昌屯于2014年被列为首批“中国少数民族特色村寨”之一。走进屯里，只见一幢幢极具毛南族特色的楼房依山而建，衬托在青山绿水间，别有韵味；在村头的文化长廊里，村民们竖起10块红色宣传牌，写着《十谢共产党》的歌词："一谢共产党，翻身把你想……二谢共产党，吃饭把你想；以前忍饥又挨饿，现在温饱奔小康……"

跟党走，毛南族群众奔向小康

"我们种下1.2万亩油茶树，还以短养长在油茶林里套种菊花。""2600多人在家门口实现了就业，每月工资3500元左右，抵得上过去在老家一年的收入……"在写给习近平总书记的信里，毛南族乡亲们详细汇报了脱贫举措和成果。下南乡景阳村村民莫仕长说："这些发展路子都是习近平总书记帮我们谋划好、部署好的。"

念兹在兹，心有牵挂。习近平总书记深入民族地区调研，开出一个又一个脱贫良方。广西深入学习贯彻习近平总书记关于扶贫工作的重要论述和重要指示精神，牢记"决不让一个少数民族、一个地区掉队"的殷切嘱托，坚定不移把打赢打好脱贫攻坚战作为最大的政治任务和第一民生工程，举全区之力推进脱贫攻坚工作，重点加强对革命老区、民族地区的支持力度。环江毛南族自治县委一名干部说："毛南族能实现整族脱贫，最大的经验就是听党的话、跟党走。"

习近平总书记指出："要把扶贫开发同基层组织建设有机结合起来，真正把基层党组织建设成带领群众脱贫致富的坚强战斗堡垒。"环江结合本县实际，把"党建+"融入脱贫攻坚，形成了强党建促脱贫的良好局面。通过"党建+产业联扶"，激发群众内生动力，发展"万亩万户、一基双带"工程，扶持毛南族易地扶贫搬迁户获得收益发展金；"党建+项目建设"破解基础设施建设瓶颈，推动毛南族聚居区基础设施和人居环境改善提升；"党建+教育扶贫"，落实控辍保学，实现毛南族贫困学生零辍学。

"发展产业是实现脱贫的根本之策。"2016年以来，环江选定了桑蚕、香猪、油茶等作为县级"5+2"、村级"3+1"特色产业，累计向4083户毛南族贫困户发放了3600多万元产业奖补资金和8600多万元小额信贷资金。2019年底，环江毛南族贫困群众特色产业覆盖率达100%。

易地搬迁是解决一方水土养好一方人、实现贫困群众跨越式发展的根本途径。“十三五”时期，环江把居住在边远山区村屯中的2356名毛南族贫困群众，全部搬迁到县城2个大型集中安置区和乡镇7个安置点，截至2020年5月已100%入住。

“绿水青山就是金山银山。”环江确立“生态立县”战略，引导群众林下种植、养殖，创建了100多个现代特色农业（核心）示范区，种植生态特色水果13.8万亩。毛南族群众向习近平总书记汇报说：“有的屯每户每年领取生态公益林补偿金就达8000多元，很多贫困户当上了护林员，只要把山上的树看好了，一年也就不愁吃穿了！”2016—2019年，环江建档立卡贫困人口累计脱贫6.59万人，其中毛南族减贫14152人，全县贫困发生率从2015年底的19.56%降到2019年底的1.48%。

新起点，奋斗创造美好生活

“我们要接续奋斗，努力拼搏，要追求更加美好的生活，努力实现乡村振兴，要在中华民族伟大复兴的中国梦中贡献我们毛南族的一份力量。”“有党这么好的政策，有全心全意为我们服务的党员干部，我们没有任何理由不努力，更不能当懒汉……”在信中，毛南族群众用朴实的语言，表达了坚定不移跟党走、再接再厉建设好家乡的决心。

脱贫摘帽不是终点，而是新生活、新奋斗的起点。在实现整县摘帽和毛南族整族脱贫后，环江在做好常态化疫情防控的基础上，再下大力、再用苦功，加大对毛南族贫困人口脱贫的支持力度，进一步巩固脱贫成果。通过全力做好乡村振兴这篇大文章，推动乡村产业、人

2021 年 5 月，环江毛南族群众欢聚在易地扶贫搬迁城西安置点开展红歌快闪活动，庆祝整族脱贫一周年（徐天保 摄）

才、文化、生态、组织等全方位振兴，让毛南族群众过上更幸福的生活。

——持续推进产业和就业。流转 1.3 万亩荒坡，按照“国有林场 + 政府平台公司 + 扶贫产业基地 + 万户脱贫户”的发展模式，创建易地搬迁户后续扶贫产业园和脱贫户后续扶贫产业园。创建了 100 多间扶贫车间，优先搬迁群众就业；建设 463 间扶贫商铺，免收 3 年租金，鼓励贫困群众自主创业。

——让搬迁群众融入城市。2020 年 5 月，环江城西易地扶贫搬迁安置区举行了一场社区活动，十几位保洁员畅谈工作感想。环江在毛南族群众搬迁安置小区推行“党建联抓、产业联扶、就业联创、文化联办、服务联动、自治联建，全力带动搬迁群众安居乐业”的“六联一带”后续扶持服务机制，提升毛南族群众的获得感、安全感、幸福感；同时通过政府购买服务方式，引入“三社（社区、社会组织、社工）联动”服务机制，全面提升社区服务水平，实现社区自治联管。

——培养本土人才，推动乡村振兴。实施“百强党员能人”培育工程，加强对农村党员的职业技能培训，把党员能人选为村“两委”干部，使其成为促进农村经济发展和推进乡村振兴的主力军和“领头雁”。

实现整族脱贫，毛南族翻开了历史新篇，站在了新的幸福起点上。

脱贫“甩帽”劲不松

2018 年 10 月的一天，冯丽仙带着孩子骑上电动车，从龙州县龙州镇城南幸福家园出发，10 多分钟后来到霞秀小学。目送孩子进入校门后，她骑车返回，早上 8 时左右来到城南幸福家园的一家小卖部上班。

冯丽仙对现在的生活很满意，她说：“住进来差不多满一年，成了真真正正的城里人。”城南幸福家园是龙州县的易地扶贫搬迁安置点，共安置 559 户 2300 余人。冯丽仙一家四口于 2017 年 11 月入住，100 平方米的房子自己只掏了 1 万元。

城南幸福家园位于龙州县城南进城大道旁，地理位置优越，交通条件便利，宜商宜居。冯丽仙一家原本住在八角乡陇均村陇助屯的泥瓦房里，环境恶劣，交通不便。新居与旧房差别巨大，但搬迁前冯丽仙还是有担忧：“在家里还有几亩地，怎么也能吃饱饭；进城了开支大，要是没活干，买米的钱都没有。”

但进城没过多久，冯丽龙的担忧就烟消云散了。不仅务工机会多，还有专门针对搬迁户的招聘会。冯丽仙为了照顾家人就近找了现在这份工作，她的爱人则在一家批发店装卸货物。2018 年 9 月，冯丽仙的工资有 1900 元，爱人的工资有 2500 元。

一人就业一家脱贫。龙州县利用粤桂扶贫协作契机，与广东省鹤山市合作，让城南、城北 2 个安置点 189 人就业；建成 5 个扶贫车间，引进 2 家企业，让 155 名搬迁群众在家门口就业。

龙州县是广西第一个脱贫摘帽的国家扶贫开发重点县，2011—2017 年减贫 109591 人，贫困发生率降至 1.91%，成绩显著，但龙州县上下依然保持清醒的头脑。该县从就业创业、特色种植、特色养殖、互市贸易、乡村旅游等方面着手，进一步拓宽群众增收渠道，巩固脱贫攻坚成果。

共宜幸福家园位于水口口岸边，与越南一山之隔，安置了 777 户搬迁户。龙州县通过“易地搬迁+边贸扶贫+扶贫产业园+驻边守疆”的模式，让搬迁户搬得出、留得住、有发展、能致富。水口镇镇长介绍，通过给搬迁到边境安置点的搬迁户发放边民互市证，引导其参与互市贸易及边贸服务以增加收入。据统计，搬迁户通过边贸扶贫，人均每月可增加收入 1600 元以上，达到“借边发展、靠边吃边、稳边固边、兴边富民”的效果。

在上金乡卷逢村，农民梁福海正为即将到来的榨季做准备。他走到甘蔗地旁，看着一根根粗壮的甘蔗，脸上露出笑容。初步测算，他家 2018 年 10 亩“双高”甘蔗地产量超过 70 吨，比往年多 30 吨左右。

2017 年，梁福海一家脱贫了，但 2018 年各种帮扶政策都没少，特别是县里出台的甘蔗低产改造奖补政策（每吨奖励 50 元，总数不超 3000 元），激发了他种甘蔗的积极性。加上妻子刘彩霞到扶贫车间打工，梁海福一家的收入明显增加。两口子感叹：“党的政策真好，扶我们脱贫了又再送一程。”

“石山王国”的脱贫答卷

2020 年 11 月 20 日，自治区政府批准都安瑶族自治县等 8 个深度贫困县退出贫困县序列。都安 4.69 万户 20.29 万建档立卡贫困人口全部脱贫、147 个贫困村全部出列。消息传来，瑶山乡亲们欢欣鼓舞，纷纷表达对党和政府的感激之情，对乡村振兴充满信心。

“感谢党的好政策，不仅让我家住上稳固的新房子、喝上安全的饮用水，而且村里的路修好了，环境也变得漂亮了。”都安瑶族自治县三只羊乡鸡洞村塘洞屯老人廖金等说。

“幸福都是奋斗出来的！”下坳镇加八村龙桃队村民罗美刚说，“今后，我将继续学习技能，增强本领，让日子越过越红火。”

“我们合作社将在新起点上致力打造一个具有瑶山民族特色的知名土鸡品牌，建成一个集‘产销研游’于一体的现代化农民专业合作社。”都安百弄土鸡养殖专业合作社理事长说。近年来，该合作社累计带动 1200 多户贫困户参与土鸡养殖，累计向所在贫困村和贫困户返还收益金和分红 60 多万元，为脱贫攻坚作出积极贡献。

都安属老、少、山、穷、特地区，“九分石头一分土”，素有“石山王国”之称，是全国扶贫开发重点县、全国深度贫困县、广西极度贫困县，是广西贫困人口和易地扶贫搬迁人口最多、贫困面最广、贫困程度最深、脱贫任务最重的县份。

一路奋斗，成果丰硕。近年来，都安脱贫经验得到各方肯定，脱贫攻坚取得决定性胜利。都安被评为“2018 年度广西科学发展进步县”；都安优质肉牛肉羊现代农业产业园被评为国家现代农业产业园，“贷牛还牛”扶贫产业成为全国产业扶贫典型范例，都安澳寒羊肉被列入首批全国扶贫产品目录。

大化：领导包村，决战脱贫

寒冷的冬雨飘洒在大化瑶族自治县雅龙乡温和村通往弄火屯崎岖的山道上。2018 年 1 月的一天，大化瑶族自治县委书记带领的调研组身穿雨衣，拄着拐杖，艰难地攀爬前行。弄火屯的“火”，在壮语中是“贫穷”的意思。弄火屯山高路险，土地稀少贫瘠，自然条件恶劣，居住在这里的群众一直处于深度贫困之中。

“弄火屯整屯搬迁至村部所在的弄力安置点，安置房已基本建成。”雅龙乡乡长汇报道。在弄火屯，调研组察看群众的生活环境，并走进贫困户韦桂元家里，召集屯里的贫困群众，察看各家各户的扶贫手册，了解每个家庭的收入情况、致贫原因。截至 2018 年 1 月，弄火屯有 17 户 76 人，其中贫困户 11 户 46 人，贫困发生率为 60.5%。调研组对安置点装修和配套设施建设进行了安排部署，力争让群众迁入新居过新年，并探讨劳务输出帮扶、产业帮扶渠道。

这样的调研帮扶情形在大化贫困山乡 46 个深度贫困村先后出现。大化建档立卡贫困人口 8 万多，2017 年上级下达的脱贫任务是 8374 人脱贫，大化的脱贫目标是 1 万人脱贫。“剩下的都是硬骨头”，任务非常艰巨。2017 年 11 月下旬，该县切实转变作风，提高执行力。安排部分县领导到雅龙、板升、七百弄等深度贫困乡镇担任驻村第一书记，并将全县处级领导包乡督战负责制转变为包村负责制，以战斗的姿态来对待脱贫攻坚工作所面临的形势。

2018 年 1 月，大化瑶族自治县 30 多位处级领导干部分别深入深度贫困村调研，通过实地调研、召开座谈会等方法，了解深度贫困村贫困户分布、住房、产业发展、人均增收及扶贫搬迁工作状况，了解分析贫困户致贫主要原因，脱贫攻坚所面临和亟待解决的问题，等等。动员贫困户向县城搬迁，就近集中搬迁安置。对不愿意搬迁的，调研组立足山里的资源优势，从多样性、适应性、实效性出发，与贫困户探讨产业脱贫等脱贫摘帽措施。

（四）产业致富激活力

借地筑巢引凤凰

“飞地经济”是指把“飞出地”的资金和项目放到行政上互不隶属的“飞入地”，通过规划、建设、管理和税收分配等合作机制，实现互利共赢的持续或跨越式发展的经济模式。

在上林县塘红乡弄陈村，时任驻村第一书记的闭国础创新性打造了扶贫“飞地经济”。

“形象地说，就是借地筑巢引来凤凰。”闭国础说。

地处大石山区的弄陈村，土地贫瘠，曾是上林县的深度贫困村。闭国础 2017 年 12 月来到这里时，全村还有 85 户贫困户未脱贫。发展什么样的产业，才能让所有的贫困户持续增收？闭国础凭借自己多年在南宁市工业和信息化局任职、从事过工业资源整合工作的经验，决定将“飞地经济”理论应用到产业扶贫工作实践中。经过多方努力，弄陈村与上林振林集团达成合作，盘活闲置的原中可乡政府大院，利用结对帮扶企业提供的资金，在离村部 6 公里的地方建起 2500 平方米的钢结构标准厂房。

种下梧桐树，关键还是要引来金凤凰。闭国础先后接洽 6 家公司，经过仔细调查研判，他和团队最终选择与上林县今井工艺制品有限公司携手合作，生产仿真花。2019 年 7 月，弄陈村扶贫车间交付使用，仿真花项目正式生产运营。

2020 年 6 月，扶贫车间里，几十个来自周边村屯的妇女在机器上操作生产。正在射骨机上制作仿真植物叶子的张远容，原来在广东打工，2019 年扶贫车间开工后，她果断选择就近就业。“我每个月有 2600 元工资，跟去广东打工差不多。关键是可以在家照顾孩子。”

制作仿真花属于劳动密集型产业，扶贫车间不仅为塘红、镇圩、乔贤等乡镇的村屯以及易地扶贫搬迁塘红安置点贫困户提供了 90 多个用工岗位，而且通过产品组装工序外发，为老妇弱残等劳动力提供在家就业机会，又带动上千人增加收入。

弄陈村的外发点里，七八个老太太围坐在大桌子旁，边聊天，边组装仿真花。居家就业既能赚钱，又能充实生活，到外发点领活做成了弄陈村留守老人和残疾人的日常。

蓝建华因手脚残疾而陷入贫困，他和老母亲在闭国础的帮助下，

上林县塘红乡弄陈村扶贫车间的工人在打包紫藤仿真花，准备销往日本（何学俏 摄）

也学会了组装仿真花。如今，母子俩每年通过组装仿真花收入 1 万多元。

“飞地经济”为山区贫困村经济发展注入了活力，弄陈村 2019 年顺利实现整村脱贫摘帽，贫困发生率降至 0.71%。

利益联结好，产业快步跑

“贷牛还牛”实施 3 年，截至 2020 年都安瑶族自治县肉牛养殖发展到近 15 万头；引进澳寒羊仅 3 年，已建成 5 个万只示范基地、10 余个千只养殖场；2019 年起发展养蜂产业，不到一年就有 5000 多箱……

都安瑶族自治县的扶贫产业发展好的原因有很多，但令人印象最深的，还是该县在发展扶贫产业过程中，注重健全利益联结机制，让参与的贫困户、企业、村集体都有钱赚，政府在民生、县域经济、财政等方面也有收益。

以发展养蜂产业为例。大兴镇池花村蜜源丰富，群众有养蜂传统，但技术不到位导致产量低，加上没有资金扩大规模，成不了大产业；企业有项目、有销路，但缺乏资金和合适的养殖场所；村“两委”有集体经济发展资金，却没有好的项目。三者各自单干，谁都做不大，更赚不到钱。合起来发展，村集体出钱，企业出技术和部分资金并开拓市场，农民负责养蜂，优势互补，产业就发展起来了。

开始时轰轰烈烈，结尾时“一地鸡毛”，这样的产业发展轨迹屡见不鲜，原因之一是各方权责利没有明确好。都安的养蜂项目采取“村集体 + 公司 + 农户”的模式：村集体投资购买蜂箱、蜜蜂，建设蜂场；公司负责技术支撑、培训和巡场指导；指定贫困户担任蜂场管理人，采到的蜂蜜按照 4∶2∶4 分成，即村集体 40%、公司 20%、管理人 40%，村集体和管理人的蜂蜜，可以自行销售或由公司按每公斤 100 元最低保护价回购。村民蒙义杰 2019 年 7 月成为一个蜂场的管理人，负责管理 30 个蜂箱，当年分得了 18 公斤蜂蜜。他苦学技术，精心管理，2020 年分得蜂蜜 60 公斤左右，收入上万元。蒙义杰说："我这个是无本生意，现在蜂蜜 300 元 1 公斤，管得越好，分得越多，赚得越多，当然要用心了。"

"贷牛还牛"项目也是如此，贫困户、企业和政府的利益都有保障。企业赢利"多点开花"，牛犊繁育每头利润 800—1000 元，屠宰加工每头牛净利润 1500—2000 元。贫困户增收"名目繁多"，养一头牛一年利润 6000 元左右，到肉牛养殖基地和合作社务工、"粮改饲"等都能实现增收。这些"一举多得"的措施，推动农业供给侧结构性改革，实现种养殖业、冷链加工业、物流销售配送业的融合发展。

葡萄种植托起致富梦

每次站在自家的毛葡萄园里，看着漫山遍野的毛葡萄，韦凤茂总是踌躇满志。

韦凤茂是罗城仫佬族自治县四把镇里乐村农民，2002 年和兄弟在石漠化的山坡上，开荒种植 120 亩毛葡萄。一年又一年，后来扩大到 360 亩。再后来，为方便管理，兄弟俩分开种植，韦凤茂分得 170 亩。

"2019 年我收了 10 万公斤毛葡萄，卖得 30 万元钱。"韦凤茂高兴地说，"往后，我想开个农庄。"

2002 年，为了照顾家人，韦凤茂没有继续在广东打工，而是回到家里。可面对绵延群山，去哪里寻找生活来源？

靠山吃山。他与兄弟一合计，决定开荒种植毛葡萄。日出而作，

韦凤茂在果园里用石块建起支撑葡萄架的石柱（卿要林 摄）

日落而息，他们靠双手在荒山上开辟出一片片果园来。毛葡萄枝条很长，为了支撑枝条，韦凤茂和兄弟一起动手、请人帮工，一年时间里陆续在果园里用石块垒起2000多座约1米高的石柱。上山没有路，兄弟俩就挖石铺路，找土填坑，开出一条简易产业路。

“苦点累点不要紧，要紧的是，整整9年时间没有一分钱收入，我们咬牙挺过来了。”韦凤茂说，因为没有技术，没有果苗，只能种植野生的单性毛葡萄，而这个品种要7年才挂果，即使挂果，也没有多少收成。直到2011年，韦凤茂才开始有收入。

由于前期开支大，收入少，2015年韦凤茂家被认定为建档立卡贫困户。然而也是由于种植毛葡萄，2016年韦凤茂家脱贫摘帽了。后来，政府部门为他把产业路扩建成水泥路，汽车可以开到半山腰，施肥摘果更加方便了。

毛葡萄酸涩，适合酿制葡萄酒和葡萄汁，不适合食用。每年采摘葡萄后，除了卖果，韦凤茂还在家里酿制十几吨葡萄汁，出售给外面的老板，每公斤售价32—36元。“这种葡萄汁是有度数的啵。”他打趣地说。

忙了一整天，每到晚上，韦凤茂总会饮上0.5公斤自酿的葡萄汁，让自己微醉在漫山遍野的葡萄里。

罗城把毛葡萄产业列为主要的扶贫产业之一，特别是中西部贫困石山地区，种植毛葡萄已成为群众脱贫增收的一个重要途径。从2009年起，全县累计有3800多户贫困户参与毛葡萄种植，其中建档立卡贫困户1600多户。2012—2020年6月，全县已有1200多户贫困户因种植毛葡萄实现脱贫。

有特色产业，扶贫效果佳

2020年6月19日，融水苗族自治县香粉乡中坪村村委会办公楼前，77岁的贫困户马翠荣阿婆从驻村工作人员手里领到了50只扶贫鸡苗。当天，有12户贫困户共领了774只鸡苗。

中坪村2017年底被追加为深度贫困村，计划于2020年脱贫摘帽。全村568户2138人，其中建档立卡贫困户214户804人，贫困发生率为33.36%。截至2020年6月，全村尚有贫困人口27户81人，贫困发生率为3.75%。

贫困户马翠荣阿婆从驻村工作人员手里领回鸡苗（卿要林 摄）

这次发放的鸡苗每只重约0.5公斤，贫困户根据自家条件申领鸡苗数量，他们领回家再养 3 个月左右就可以销售。当天贫困户中领取鸡苗最多的有 100 多只。

有特色产业，扶贫效果更佳。近年来，中坪村全力推进杉木、优质稻种植和禾花鲤、土鸡养殖等产业，贫困户产业覆盖率达到 100%。2020 年 3 月，该村又建成 17 亩粤桂扶贫产业食用菌种植联种联建示范基地，已种植 20 万棒黑木耳食用菌。这批食用菌棒总投入 70.7 万元，其中村级集体经济投入 8.7 万元，27 户未脱贫户以产业奖补资金投入 27 万元，70 户已脱贫户以产业奖补资金投入 35 万元。“所有食用菌棒都进入大棚，贫困户投入奖补资金的部分归他们所有，各户在技术员指导下自行护理，收益也归他们。”驻村第一书记马克华说。整个基地预计年产食用菌 25 吨，年产值约 100 万元，按照以往种植经验计算效益，一年下来，每户未脱贫户将有四五千元纯收入。

传承老工艺，致富有门路

“我在车间工作一个月收入大概 3000 元，2019 年已经脱了贫，接下来打算买一台缝纫机，在家里也可以干活挣钱。”2020 年 6 月，在隆林各族自治县新州镇含山村大树脚屯，苗族绣娘杨光玉正在高凤民族服饰加工扶贫车间制作蜡染图案。

刺绣、蜡染是苗族群众传承千百年的传统手工技艺，如今成为大树脚屯少数民族同胞的脱贫技能。近年来，隆林加强非物质文化遗产传承、保护和利用，引导、支持少数民族致富带头人设立非遗扶贫就业工坊，在弘扬和传承民族传统手工艺的同时，带动贫困群众就近就业。

苗族姑娘李万梅是新州镇有名的绣娘，她和家里的年轻人学习、传承苗族服饰手工艺。2014 年，她在老一辈创办的家庭苗绣小作坊基础上，成立了民族服饰公司。“我们的民族服饰丰富多彩，我要让苗族妇女手工制作的民族服饰、蜡染服饰等工艺品走出大山，带动乡亲们增收致富。”李万梅说。

为了打开国内外市场，李万梅想在民族服饰中加入一些时尚的、生活化的元素，却一直找不到融合的平衡点。“嫂子，我是服装设计专业毕业的，这个由我来负责。”李万梅的小姑子杨倩霏自告奋勇，她依托公司成立劳模创新工作室，负责民族服饰、文化创意产品的设计、生产、研发、技术革新等方面的策划和管理。

该工作室广泛吸纳各地创新意识强、技能素质高的绣娘，研究制定改进方案，推动民族服饰的传承与创新。为带动更多的乡亲增收，李万梅和杨倩霏办起民族服饰加工扶贫车间，为建档立卡贫困户和低收入家庭提供就业岗位。

“这个手提包上的祥云，代表幸福吉祥，刺绣图案融入了我们苗族的手工艺，很受市场欢迎。”在扶贫车间里，杨倩霏向大伙展示极

在隆林各族自治县高凤民族服饰加工扶贫车间里，绣娘们正在忙碌地工作（周军 摄）

具苗族特色的服装、头帕、手提包等产品。她介绍，车间的 30 多个员工都经过系统培训，可以独立制作系列苗族工艺品。

截至 2020 年 6 月，隆林技艺类非遗项目以隆林壮族衮服工作坊以及“高凤”“金凤”苗族服饰工作坊较为典型，这 3 家服饰工作坊年产值均在百万元以上，生产的工艺绣品、民族服饰等产品销往我国贵州、云南等地以及越南等国。统计数据显示，该县线上和线下的民族服饰商铺近百家，带动了当地少数民族群众增收致富。

元宝山下有“元宝”

“城里人，喝一杯乡下的糯米酒吧！”2020 年 6 月 19 日下午 3 时多，在融水苗族自治县元宝山脚下，安太乡培秀村野人瀑度假酒店“掌柜”蒙永珍正张罗客人的晚餐事宜。

培秀村就在元宝山脚下，是游客上山下山歇脚之处。蒙永珍是土生土长的培秀村人，早在 20 世纪 90 年代，他就在元宝山上建旅馆，后因环保要求拆除了旅馆，他远赴上海打工。2011 年，蒙永珍回到家乡，与 3 个兄弟投资 200 万元重操旧业，在元宝山脚下建了家酒店。

“到 2014 年我们才开张营业。”蒙永珍说。营业后生意很好，因这里离乡镇和县城都远，游客上山下山要吃饭，有些还要住宿，独家生意做得很红火，然而 2020 年遇上新冠肺炎疫情，生意受到很大影响，直到 5 月份才有所好转。

本地村民养的土鸡肉嫩味美，很多游客吃饭必点白切鸡，鸡的销量颇大。为此，蒙永珍鼓励贫困户多养土鸡，他常年收购贫困户家的土鸡等土特产。他的收购价很大方，土鸡每公斤 60 元，土鸡一般重约 1.25 公斤，贫困户每卖一只就有七八十元收入。

蒙永珍经常买培秀村南西屯贫困户何进行和何华妈家的鸡。从他

融水苗族自治县安太乡小桑村青山寨旅游业繁荣发展，带动村民脱贫致富（卿要林 摄）

的酒店到南西屯约有 1 公里，从南西屯山脚下沿盘山公路往上走 2 公里才到何进行和何华妈的家，开车需要 10 多分钟，走路要 40 多分钟。“虽然近一点也能买到鸡，但他们都是贫困户，鸡的品质也好，所以远一点也没关系。”蒙永珍说。

蒙永珍实在忙不过来，就委托蒙春风带大伙去看望这两户贫困户。蒙春风开上他的五菱之光，直奔南西屯。他的车就是因为入户跑“残”的。一路见人，他都打招呼，车速却未减慢。到了山脚，车子往盘山公路上冲。蒙春风说，这条水泥路是 2019 年 11 月份通车的，上级筹措了 143 万元来修，全长 2.18 公里，到了何进行和何华妈的家，基本也就到了路的尽头。“这条路有 20 多个弯，没修好之前，下雨天根本没有办法开车上去。”蒙春风说。

这两户贫困户都住在山上。何进行家有 6 口人，2017 年脱贫，他家养了近百只鸡。鸡散养在吊脚木楼一楼，二楼住人。即使是大白天，二楼也很昏暗。何华妈家也是木楼，儿子外出打工，只剩她一人在家，她养了 50 只鸡，2018 年脱贫。这两家都种有 3 亩稻田，田里养有禾花鲤。蒙春风替他们算了笔账，仅稻谷和禾花鲤的毛收入，每家每年就有 6000 多元。

“旅游 + 产业”构筑脱贫双引擎

“2019 年罗汉果价格好，我种的 6 亩罗汉果卖了几万元。”2020 年 6 月，在龙胜各族自治县龙胜镇金结村洪门寨，村民贲益茂正在罗汉果园里点花，进行人工授粉。

洪门寨位于龙胜镇东南部，距县城仅 5 公里，是金结村的一个村民小组。车辆沿着盘山村道向上行驶的时候，可以看到半山腰上有一大片绿油油的梯田，错落有致的壮家木楼点缀其间，寨边溪水潺潺，俨然一个世外桃源。

过去，洪门寨守着绿水青山，却只靠种稻谷等传统作物为生，经济来源较少。大部分年轻人都外出打工谋生，只有老人、妇女和小孩留守，一些田地甚至被丢荒。洪门寨共 91 户 348 人，之前贫困户就有 42 户 160 人。

由于村子风景秀丽，有山有水有梯田，还有各种土货，10 多年前开始有徒步爱好者来到这里游玩。

贲益茂瞅准机会，第一个在村里搞起民宿，接待游客。他说，第一次接待游客的时候，自己甚至不知道怎么收钱。

慢慢地，游客越来越多。稻谷成熟的时候，每天自驾、徒步到洪门赏景的游客多达上千人。2019 年国庆期间，贲益茂一天就要接待十几桌客人。超出接待能力的时候，他就把游客引导到其他村民家里吃住，慢慢地带动七八户贫困户也做起了民宿。几年前他已脱贫，并成为村里的致富带头人。

贲益茂的致富故事，是金结村的脱贫缩影。为发挥洪门寨旅游资源优势，打造龙胜新的知名旅游景区，在当地党委、政府和驻村第一书记的支持下，2019 年金结村与旅游公司签订协议，成立云海梯田旅游开发公司，共同开发洪门寨原生态乡村旅游。“村民以寨里的自然资源和土地资源入股，我们负责投资开发。”该公司总经理表示。开业后村民们有望收入翻两番以上。

除了得天独厚的自然风光和民族特色，金结村还引进资金和技术，因地制宜发展罗汉果、百香果、凤鸡、翠鸭、红薯等传统特色产业。“旅游＋产业”双引擎，带动了金结村 9 个村民小组的经济发展，脱贫致富动力十足，2019 年该村的贫困户已经全部脱贫。

开发一个景区，致富一方百姓

2020 年 7 月，在钦州市钦南区那丽镇殿良村贫困户黄炎才的果园里，已经成熟的三华李挂满了枝头，游客正在果园里采摘游玩。

“这段时间每天都有 10 多名游客来果园采摘游玩，靠着那雾山森林公园旅游扶贫的带动，我年收入有 16 万元，已经摘掉了穷帽。现在家里建起了新楼房，买了小汽车，生活越过越好了。”黄炎才说道。

2020 年以来，钦南区依托“一山（那雾山）一海（茅尾海）一路（钦陆公路）”丰富的旅游文化资源，以创建国家全域旅游示范区为契机，积极探索“旅游＋扶贫”模式，通过以全域旅游带动全面脱贫的发展模式，让越来越多贫困群众增收致富。

该区以那雾山森林公园为龙头景区，筹集资金 2500 多万元进行园区基础设施建设，已成功创建为广西四星级乡村旅游区和钦州市旅游扶贫示范区。当游客纷至沓来时，那雾山森林公园创新机制，选择一批产业基础较好、交通相对便利、生态环境优良的贫困村发展乡村旅游业；推动贫困村、贫困户因地制宜发展“一村一品”“一家一艺”；

对发展条件好的贫困村实施整村开发，促进贫困农户增收脱贫。

截至 2020 年，已带动那丽镇周边那丽、殿艮、那雾塘、崩塘等 4 个贫困村的 278 户贫困户 1149 人脱贫，增加经济收入 30 多万元。

“乡村旅游点的建设，带动了周边群众脱贫致富和乡村村容村貌的提升，达到‘开发一个景区，致富一方百姓’的效果。”那丽镇团委书记说道。截至 2020 年 6 月，那雾山景区周边新增了 100 多家三华李、杨梅、百香果、火龙果等特色水果采摘园，带动更多的贫困户脱贫致富。

钦南区沙埠镇、久隆镇还充分利用环广西公路自行车世界巡回赛的区位优势资源，大力发展中国龟谷、台创园、台果园、松山乡村世界、东盟花卉大世界、银湖山庄等生态观光农业景点，实现周边 200 名群众就近就业，贫困户户均增收上万元。高明、黎屋等贫困村实现了脱贫摘帽，近 300 名贫困人口实现了脱贫。

钦州市那雾山景区游客纷至沓来，带动当地产业发展（周军 摄）

（五）接续奋斗创辉煌

接续奋斗再出发，乡村振兴开新局

2021 年注定不平凡！

2021 年 7 月 1 日，习近平总书记在庆祝中国共产党成立 100 周年大会上庄严宣告："经过全党全国各族人民持续奋斗，我们实现了第一个百年奋斗目标，在中华大地上全面建成了小康社会，历史性地解决了绝对贫困问题，正在意气风发向着全面建成社会主义现代化强国的第二个百年奋斗目标迈进。"

广西取得脱贫攻坚战全面胜利后，也与全国一道步入了小康社会。

胜非其难，持之者其难。

"十四五"、第二个百年开局，广西没有喘口气、歇歇脚，而是提出"起步就要提速、开局就要争先"——

听，八桂儿女巩固拓展脱贫攻坚成果同乡村振兴有效衔接的步伐铿锵有力。

看，八桂大地在建设新时代中国特色社会主义壮美广西征途上风生水起。

织牢防贫监测网

2021 年初开始，自治区制定防止返贫动态监测和帮扶工作方案，建立农户自主申报、基层干部走访排查、部门筛查预警及群众反映的易返贫致贫人口快速发现、核查和响应机制，千方百计巩固拓展脱贫攻坚成果。

开展防贫监测集中排查行动，找准监测对象并将其纳入系统监测。

开发全区防贫动态信息监测和帮扶系统以及"广西防贫"App，

推动实现风险预警、审核认定、政策落实、跟踪管理的全流程信息化、智能化。

实行精神和物质“双重扶持”、增加收入和减少支出“两线发力”，动态帮扶监测对象。

截至 2021 年 6 月 30 日，广西纳入系统监测的 39.55 万人已有 17.52 万人解除返贫、致贫风险。

夯实增收全链条

如何使脱贫基础更加稳固、成效更可持续，解决群众的“急难愁盼”问题，广西打出一套组合拳——

修订完善产业奖补政策，支持脱贫地区发展壮大特色产业。持续开展扶贫产品认定管理和消费帮扶工作，2021 年上半年全区新增认定扶贫产品 2417 款，销售扶贫产品达 106.29 亿元。

“2021 年上半年，全区脱贫人口务工人数超过 2020 年全年务工规模。”自治区乡村振兴局有关同志说道。全区组织系列招聘送岗、“点对点、一站式”等就业服务活动，发挥就业帮扶车间、公益性岗位、“以工代赈”项目等作用，帮助脱贫人口外出务工和就地就近就业。

安排 9.87 亿元财政资金用于实施 88 个易地搬迁后续扶持产业项目，组织系列就业帮扶工作，实现有劳动能力且有就业意愿的 16.05 万户搬迁户一户一人以上就业。

对接争取广东省 5 市继续结对帮扶广西 8 市 33 个原国定贫困县，联合广东协同推进“九大领域协作”，创新推进乡村振兴“五个一批”建设。2021 年上半年，广东已落实到位财政帮扶资金 16.774 亿元，互派挂职干部、专业技术人才 587 人次，帮助广西结对市县农村劳动力新增就业 24.85 万人，引导 294 家企业到协作地区投资发展，采购和帮助销售广西农畜牧产品和特色手工艺产品，价值 191.8 亿元。

25 家中央单位继续定点帮扶广西 28 个原国定贫困县并保持 2 年稳定，9000 多家区内和驻桂单位继续定点帮扶 5379 个脱贫村，继续向脱贫村派出驻村第一书记和驻村工作队员，向 60 个县（含 54 个脱贫县）派出驻村工作队长。

迈好振兴第一步

“十四五”开局之年，广西以更有力的举措，汇聚更强大的力量，加快农业农村现代化步伐，促进农业高质高效、乡村宜居宜业、农民富裕富足。

2021 年初，全区农村工作会议围绕习近平总书记关于乡村“产业振兴、文化振兴、人才振兴、生态振兴、组织振兴”部署要求，结合广西实际，对乡村振兴工作作出了系统部署。

接着，自治区推出乡村振兴三年行动重大举措——

以“产业兴旺”为主导，推动实施粮食安全保障、现代特色农业产业提质、乡村旅游和健康产业壮大、易地扶贫搬迁集中安置点后续产业扶持、县域产业园区基础设施提升“五大工程”。计划投资约 7480 亿元，建设项目超过 1.1 万个。

全面实施乡村振兴产业发展、基础设施和公共服务能力提升三大专项行动，以重点项目建设为抓手，着力推动乡村产业发展，改善乡村发展基础条件，有效增加乡村公共服务资源。2021 年上半年，安排 2021 年度财政衔接推进乡村振兴补助资金 160.54 亿元，资金量较 2020 年增长 2.92%，已全部下达市县。

聚焦“三大区域”，向中央争取并确定广西 20 个原深度贫困县列为国家乡村振兴重点帮扶县，自治区层面确定 20 个自治区乡村振兴重点帮扶县和 4 个“参照政策给予支持”县。

从补足边境地区财力、改善边民生活条件等方面入手，倾斜支持防城港市防城区等 8 个边境县（市、区）发展。2021 年上半年下达 8

个边境县均衡性转移支付 24.84 亿元，下达财政衔接推进乡村振兴补助资金 14.69 亿元。

微信群晒出乡村振兴“群”力量

环江毛南族自治县下南乡波川村种植大户谭美春手机里的“写信 10 代表”微信群，别具意义。这个群的群友，曾经一同书写了一封满载着毛南山乡脱贫群众深情厚谊的信件，寄去了北京，寄给了习近平总书记。

“脱贫前后的生活对比非常强烈，真的是发自内心地激动。我们很感恩，从心底想把自己的喜悦心情汇报给习近平总书记。因此我问了一下其他村的脱贫户代表，结果他们都非常赞成，于是我就建了这个微信群，郑重其事地讨论怎么给习近平总书记写信汇报。”2021 年 5 月 19 日，2020 年写信的发起人和执笔人谭美春，回忆起当时建群写信的情景，依旧有些激动。

谭美春原本是贫困户，脱贫后牵头成立环江毛南新村水果种植专业合作社，与本地村民抱团发展，带动周边的群众种植特色水果，是远近闻名的“开着小车下地”的致富带头人。

据介绍，谭美春写信报喜的想法在当时得到了乡党委、政府大力支持，她在当地党委、政府的协助下联系附近 10 个村的脱贫户代表开会讨论信件内容。为了把这封信写好，谭美春建起微信群，将 10 个代表召集在下南乡中南村开会，你一言我一句，集思广益，最后整理打印出来由写信群众签名。因为不知寄信的具体地址，这封信就由县委宣传部代为邮寄出去了。

“没想到习近平总书记很快就回复了，让我们把脱贫作为奔向更加美好新生活的新起点，再接再厉，继续奋斗。我们当时拉的微信群现在还在继续发挥作用，交流产业发展心得，还时不时晒一晒各村的产业成果。”谭美春打开手机，向大伙展示了近期“写信 10 代表”微信群里的聊天记录，群成员都是各村的产业发展带头人，有的晒出参观学习的照片，有的晒出捧着奖牌的照片，有的展示自家果园丰收的果实……如今的“写信 10 代表”微信群，晒出的是毛南山乡各地脱贫群众再接再厉，奋斗在乡村振兴、产业发展一线的集体“群”力量。

“2021 年 4 月在电视和手机上看到习近平总书记来我们广西了，感觉非常亲切和高兴，希望习近平总书记也能来环江走一走、看一看。借此机会我要继续向习近平总书记汇报喜讯，现在我家种有 120 亩柑橘，2020 年卖果就创收 20 多万元，2021 年家里添置了新轿车，安装了新空调，我们对越来越红火的新生活充满信心。”谭美春说。

努力把毛竹山村建成全国乡村振兴示范村

“现场直播让我们毛竹山葡萄更加扬名，对推动葡萄产业和乡村旅游发展、进一步增加农民收入很有帮助……”2021 年 8 月 14 日，守在家里观看央视《走进乡村看小康》直播的毛竹山村党支部书记王新民激动地说。

“习近平总书记来到毛竹山村视察，为我们推动乡村振兴注入了强劲动力。”在观看直播后，才湾镇党委书记兴奋地说，“截至 2021 年 8 月，毛竹山村已累计接待游客近 30 万人次，带动村民人均增收 1 万元。下一步，我们将重点规划建设民俗风情体验区、生态风光体验区、幸福葡萄园区，完善道路、游客中心、停车场等基础设施，加快三产融合发展，努力把毛竹山村建设成为广西乡村振兴排头兵、全国乡村振兴示范村。”

《走进乡村看小康》第十一期节目《山水田园风光好》聚焦毛竹山村通过发展葡萄产业致富奔小康的故事，同时还用镜头展现了全州

全州县才湾镇毛竹山村优质葡萄种植基地（邓华 摄）

旖旎的自然风光、美丽宜居的乡村，以及蓬勃发展的乡村旅游业等农村新业态。

近年来，全州县引进社会资本60余亿元，实施重点旅游项目20余个，该县红色旅游成为全区乃至全国新亮点。

安和镇龙井村近年来大力发展乡村旅游，成效显著。该村脱贫户唐秀英在家门口就业，依靠卖旅游商品脱贫致富。她说：“央视向全国甚至全世界宣传龙井村，我对未来的好日子更加充满信心。”

近年来，全州县以打造“红色湘江”自治区级田园综合体为契机，大力发展大米加工、米酒酿造等粮食精深加工产业，壮大柑橘、金槐、“稻鱼共生”等特色产业，推动红色旅游、绿色旅游、乡村旅游蓬勃发展，是桂林市全力打造世界级旅游城市的一个范例。

乡村振兴迈大步

走进大新县榄圩乡武姜村，四处是漫山遍野的青梅树，楼房错落有致，四通八达的水泥路上轿车随处可见，一派美好生活景象。

地形陡峭，耕地少，这个曾经贫困的小山村沉寂多年，最终被一颗小青梅唤醒。截至2021年5月，武姜村青梅种植面积达6150亩，年产值超过1200万元。青梅成为武姜村的支柱产业。

“乡村振兴中，我们选准了产业，等于找到了‘金钥匙’。”武姜村党支部书记说。

习近平总书记指出，乡村要振兴，因地制宜选择富民产业是关键。为找准特色产业“金钥匙”，广西大力推进脱贫攻坚与乡村振兴有效衔接，跑好脱贫攻坚和乡村振兴“接力赛”，完善推广县级“5+2”、村级“3+1”特色产业发展模式。同时，立足林、果、蔬、畜、糖、茶、桑、蚕等特色资源，突出绿色、富硒、长寿等优势，大力发展生态、绿色、有机高品质农产品，总结推广螺蛳粉产业发展经验，打造一批特色农业产业集群，培育一批在全国有影响力的“桂字号”农业品牌，持续做实乡村特色产业。

2021年3月，自治区发布《广西乡村振兴产业发展基础设施公共服务能力提升三年攻坚行动方案（2021—2023年)》，计划实施项目1.1万个以上，总投资约7480亿元。

其中，全区将推动实施260个特色农业产业发展项目，总投资604.8亿元。实施一批糖料蔗、油茶、坚果、水果、蔬菜、茶叶、蚕桑、食用菌、中药材等特色种植业项目，重点建设规模化、优质化、品牌化特色农产品生产基地和富硒产品生产基地，推动实现全产业链发展；实施一批肉牛肉羊、生猪、渔业等特色养殖业项目，发展生猪标准化、规模化养殖和水牛奶产业；扩大财政扶持政策覆盖范围，支持禽类、牛羊生产；发展规模化屠宰、加工及流通业。发展水产种业、稻渔综合种养，推广滩涂养殖、近海养殖；推广设施渔业，发展大水面生态渔业、深海远海养殖和远洋捕捞业；发展水产品加工，振兴南珠产业。计划到2023年，全区肉牛肉羊年产量达21万吨以上，生猪年产量达242万吨以上，渔业年产量达372万吨以上。同时，将以产业兴旺为主导，推动乡村全面振兴，实施粮食安全保障工程、现代特色农业产业提质工程、乡村旅游和健康产业壮大工程等五大工程，计划实施项目2500个以上，总投资4200亿元以上。

2021年5月10日，自治区乡村振兴局挂牌。随后，各设区市乡村振兴局陆续挂牌，巩固拓展脱贫攻坚成果、统筹推进实施乡村振兴战略有了组织保障。

在此之前，全区于2021年3月完成村（社区）“两委”换届，选优配强乡村振兴“领头雁”。此次换届突出以事择人导向，把人才集聚到城乡发展第一线，通过本地选、外地引、上面派，把能干、实干、会干的优秀人才选进“两委”班子。新一届“两委”班子的学历、年龄结构大幅优化，党组织书记中，年龄在55岁以下的占98.9%，大专以上学历的占35.8%。

2021年，驻村工作队更名为乡村振兴工作队。截至2021年5月，乡村振兴工作队员全部到位，在农村广阔天地大施所能、大展才华、大显身手。

当前，广西正举全区之力推动乡村振兴，促进农业高质高效、乡村宜居宜业、农民富裕富足，让乡村美起来、农民富起来、乡村精气神提起来。

六、团结篇：共同家园

“广西是全国民族团结进步示范区，要继续发挥好示范带动作用。”这是2021年4月习近平总书记视察广西时作出的重要指示，也是对广西民族团结进步工作的充分肯定，更是对广西做好新时代民族团结工作的期盼和重托，叮嘱广西“在巩固发展民族团结、社会稳定、边疆安宁上彰显新担当”。

作为全国少数民族人口最多的省区，广西有壮、汉、瑶、苗、侗、仫佬、毛南、回、京、彝、水、仡佬族等12个世居民族和44个其他民族。各民族在这片美丽神奇的土地上守望相助、和谐共生，民族团结之花常开常盛。

党的十八大以来，广西牢记嘱托，感恩奋进，深入贯彻民族区域自治制度，持续推进民族团结进步示范区建设，不断深化各民族交往、交流、交融，紧紧抓住铸牢中华民族共同体意识这条主线，齐心协力建设中华民族共有精神家园、共同富裕幸福家园、守望相助和谐家园、边疆稳定平安家园。

在构筑中华民族共有精神家园的过程中，广西驰而不息地加强和完善党的全面领导，努力把基层组织建设成为铸牢中华民族共同体意识、带领群众全面建成小康社会并推进乡村振兴、维护社会和谐稳定、开展反分裂斗争的坚强战斗堡垒；重视培养和用好少数民族干部，更好发挥党和政府联系少数民族群众的桥梁纽带作用；着力培育中华民族共同体意识，不断强化各族干部群众“两个共同”“三个离不开”“五个认同”的思想意识；以文化为基点，从经济、政治、民族团结进步教育全方位、各领域增强各民族对中华文化的认同，并大力弘扬中华优秀传统文化，促进各民族文化在传承保护中交融创新，把弘扬少数民族优秀传统文化与建设各民族共享的中华文化有机结合起来，传承好民族精神。

在构筑共同富裕幸福家园的过程中，广西进一步牢固树立让人民生活幸福是“国之大者”思想，把改善民生、凝聚人心作为经济社会发展的出发点和落脚点，大力推动经济社会全面发展，多做暖人心、顺民意、惠民生的实事好事，不断满足各族人民日益增长的美好生活需要。广西如期全面兑现“全面建成小康社会，一个民族都不能少”的庄严承诺，并努力推动各民族共同走向现代化，坚持问题导向，聚焦解决群众“急难愁盼”问题，进一步提升各族群众的获得感、幸福感。

在构筑守望相助和谐家园的过程中，广西各民族长期坚持由空间到经济、文化、社会、心理的全方位嵌入：通过交往，相互学习借鉴、取长补短；通过交流，消除彼此的情感隔阂，相互走进各自的内心世界；通过交融，相亲相爱，形成“你中有我、我中有你、谁也离不开谁”的融洽关系，多民族的朋友圈、社交圈、生活圈早已成为常态。广西秉持“重在平时、重在交心、重在行动、重在基层”的理念，深入开展民族团结进步创建工作，善于引导各民族在生活和工作中相互了解、相互尊重、相互包容、相互欣赏、相互学习、相互帮助，不断增进共同性，尊重和包容差异性，铸牢中华民族共同体意识。

在构筑边疆稳定平安家园过程中，广西时刻保持“图之于未萌，虑之于未有”的警觉性、敏锐感，守土有责、守土担责、守土尽责，促进民族团结，捍卫祖国安全，坚决守好祖国南大门，筑牢祖国南疆牢不可破的“铜墙铁壁”。

广西将巩固和深化全国民族团结进步示范区成果，凝聚起八桂各族儿女共同建设新时代中国特色社会主义壮美广西的磅礴力量，踔厉奋进。

（一）中华民族共有精神家园

石榴结籽心连心，八桂团结一家亲

各民族兄弟姐妹亲如一家，像石榴籽一样紧紧抱在一起，是广西民族团结、和衷共济、和谐发展的真实写照。

“你中有我，我中有你”的民族团结局面，得益于广西深刻认识到，中华民族共同体意识是国家统一之基、民族团结之本、精神力量之魂，铸牢中华民族共同体意识是新时代党的民族工作的主线，既要做看得见、摸得着的工作，也要做“润物细无声”的事情。

广西出台了专门文件，进一步深化民族团结进步，坚持搞好民族团结进步宣传教育，引导各族群众牢固树立正确的国家观、历史观、民族观、文化观、宗教观，增进各族群众对伟大祖国、中华民族、中华文化、中国共产党、中国特色社会主义的认同，推进中华民族共有精神家园建设，促进各民族交往、交流、交融，各项工作往实里抓、往细里做，有形、有感、有效。

培根铸魂，构筑各民族共有的精神家园

党的十八大以来，习近平总书记审古今之变、察时代之势，作出“铸牢中华民族共同体意识”的重大原创性论断，其价值意蕴丰富而深刻。在 2021 年召开的中央民族工作会议上，习近平总书记全面回顾了中国共产党民族工作百年光辉历程和历史成就，深入分析现阶段民族工作的历史方位和重要使命，突出强调以铸牢中华民族共同体意识为主线，推动新时代党的民族工作高质量发展，这为做好新时代党的民族工作指明了前进方向、提供了根本遵循。

广西壮族自治区第十二次党代会报告把铸牢中华民族共同体意识摆在“三个共同愿景”第一位，这对于深入学习贯彻习近平总书记关于加强和改进民族工作的重要思想，牢牢把握新时代党的民族工作正确政治方向，团结全区各族人民接续奋斗、勇毅前行，凝心聚力建设新时代中国特色社会主义壮美广西，具有重大而深远的意义。

广西在铸牢中华民族共同体意识上负有重要使命，具有特殊优势。长期以来，在党中央的正确领导和亲切关怀下，全区各族人民同呼吸、共命运、心连心，共同团结奋斗、共同繁荣发展，八桂大地发生了翻天覆地的变化。特别是党的十八大以来，自治区党委始终坚守维护民族团结重大政治责任，坚持以铸牢中华民族共同体意识为主线，民族团结进步事业取得历史性成就、发生历史性变革。2020 年广西汉族和少数民族混合家庭户数比 2010 年增长接近 30%，少数民族混合家庭户数比 2010 年增长超过 20%，这正是广西各族群众不断铸牢中华民族共同体意识的生动体现。

建设新时代中国特色社会主义壮美广西是一项长期艰巨的历史任务，必须在凝心聚力上下功夫，把全区各族人民的智慧和力量充分激发和调动起来。广西紧紧围绕铸牢中华民族共同体意识，抓好经济社会建设、改革发展稳定各项工作，为建设新时代中国特色社会主义壮美广西创造良好环境、提供持久动力。

文化认同，民族团结之根、民族和睦之魂

2021 年 5 月，老艺术家、“刘三姐”扮演者黄婉秋给习近平总书记写信，汇报多年从事文艺工作的收获体会，表示要继续传承和弘扬优秀民族文化。一个月后，黄婉秋收到回信，习近平总书记在回信中说：电影《刘三姐》之所以成为经典，就在于它根植于广西的山山水水，契合了人们对真善美的向往和追求。深入生活、扎根人民，把各民族共同创造的中华文化传承好、发展好，是新时代文艺工作者的光荣使命。

文化认同是最深层次的认同，是民族团结之根、民族和睦之魂。在建设民族团结进步示范区的过程中，广西始终把推进民族文化繁荣作为主要内容，大力发展民族文化，建设各民族共享共乐的精神家园，努力建设具有时代特征、广西风格、和谐兼容的民族文化强区。

近年来，广西积极打造“壮族三月三·八桂嘉年华”文化旅游消费品牌，“壮族三月三”已成为传承和弘扬广西优秀民族传统文化的

收到习近平总书记的回信，黄婉秋倍感光荣和幸福，非常感恩党的教育培养、感恩习近平总书记的亲切关怀（邓华 摄）

大型原创民族舞剧《花界人间》剧照（周军 摄）

重要载体。广西还着力构建覆盖城乡的五级公共文化服务体系，推动文化惠民活动向基层延伸，形成“村村建阵地、乡乡搭舞台和周周有演出、月月有活动、季季有赛事”的群众文化新格局，通过此类充分汲取各民族文化营养的文化活动，让中华民族共同体意识能落地、可感知。

活用具有中华文化底蕴的文化符号和视觉形象，深入挖掘民族文化内涵，广西创作了一大批富有民族性、地域性、时代性的艺术精品，向世界展示中华文化的品牌，加固了中华民族共有精神家园的“四梁八柱”——

电影《刘三姐》风靡海内外，“印象·刘三姐”首开国内大型实景演出先河；2021 年彩调剧《新刘三姐》等作品入选庆祝中国共产党成立 100 周年优秀舞台艺术作品展演名单；《八桂大歌》《碧海丝路》等 13 部舞台精品荣获“文华奖”；广西 2 台剧目在第六届全国少数民族文艺会演中夺得3项大奖，其中壮剧《百色起义》荣获最佳剧目奖、最佳导演奖，音乐剧《血色湘江》获舞台美术奖；南宁国际民歌艺术节连续举办23届，推动中华优秀传统文化创造性转化和创新性发展；文学桂军、漓江画派等成为亮丽文化名片；2020年广西3部作品——《驻村笔记》《人间消息》《被风吹过的村庄》获第十二届全国少数民族文学创作骏马奖；2016年左江花山岩画文化景观成功列入世界文化遗产名录，实现了广西没有世界文化遗产、中国没有岩画类世界遗产的零的突破；2016年壮族霜降节列入联合国教科文组织人类非物质文化遗产代表作名录，少数民族文化遗产得到有效保护和传承。

广西还立足山水文化、民族文化、红色文化、海洋文化、边关文化、长寿文化等资源优势，规划创建铜鼓文化、壮族文化、北部湾渔文化、瑶族文化等国家级文化生态保护区，进一步丰富和发展中华民族共有精神家园，系紧各民族长期以来心手相牵、亲如一家的精神纽带。

强基固本，像爱护自己的眼睛一样爱护民族团结

桂林市回民小学是广西第一批铸牢中华民族共同体意识试点学校。该校校长蒙然说："要让休戚与共、荣辱与共、生死与共、命运与共的共同体理念深入人心，让每个从学校走出去的孩子成为民族团结的一颗种子。"

柳州市56路"石榴红"民族团结公交专线，成为该市一道亮丽的风景线。该市创新推动民族团结进步工作，利用56路公交专线车辆为载体，围绕"石榴花红""同心筑梦""团结欢歌"三个主题进行装饰，在车内外电子显示屏幕循环播放民族团结进步创建工作相关视频、标语等，持续开展民族团结进步宣传。

在习近平新时代中国特色社会主义思想指引下，广西把铸牢中华

柳州市三江侗族自治县良口乡在产口村举行侗族多耶大赛，热情讴歌党的丰功伟绩，抒发侗乡百姓感党恩、听党话、跟党走的坚定信心（龚普康 摄）

民族共同体意识作为新时代民族工作的主线，全面深入持久开展民族团结进步创建工作，构建中华民族共有精神家园，最大限度凝聚起八桂大地各族儿女共同奋斗的力量——

积极构建铸牢中华民族共同体意识大宣教工作格局，结合党史学习教育，将铸牢中华民族共同体意识逐步纳入干部教育、国民教育、社会教育、党员教育。把铸牢中华民族共同体意识融入民族团结进步创建工作全过程，作为创建工作的指导思想、主要任务和评价标准，出台自治区民族团结进步示范区示范单位评审命名管理办法，制定下发《关于进一步加强民族团结进步示范区示范单位创建工作的若干意见》，坚持分级联创、提质扩面，做到“四个并重”，启动巩固拓展“全国民族团结进步示范区”建设成果五年行动计划（2021—2025）。党的十八大以来，广西获命名全国民族团结进步示范区示范单位44个，全国民族团结进步教育基地9个，34个单位和39名个人分别被评为全国民族团结进步模范集体和模范个人。

全面贯彻党的民族政策，推动民族事务治理体系和治理能力现代化——

广西始终坚持民族区域自治制度，深刻认识民族区域自治制度的核心功能是维护祖国统一，切实做到统一和自治相结合、民族因素和区域因素相结合。逐步健全完善民族政策和法律法规体系，坚持依法治理民族事务。制定实施 4 项自治区地方性民族法规、6 项设区市地方性民族法规、12 项自治县自治条例和 23 项单行条例，出台 67 件涉及民族事务的政府规章和规范性文件，涉及民族民间传统文化保护、民族教育、扶贫开发、清真食品管理、壮瑶医药管理、少数民族语言文字、少数民族传统体育等各个领域。启动促进民族团结进步法规制定工作，完善民族政策法规评估机制，积极稳妥做好民族政策法规的调整完善工作，不断推动民族事务治理体系和治理能力现代化。

百色革命老区各族群众开展以“感党恩　跟党走”为主题的欢庆活动（蓝庆侃　摄）

民族区域自治绘就民族团结新画卷

“事成于和睦，力生于团结。”广西坚持和完善民族区域自治制度，加强铸牢中华民族共同体意识教育，构筑中华民族共有精神家园，八桂大地上呈现出共居共学、共建共享、共事共乐的民族团结美丽画卷。

早在60多年前，广西就开始了自己的探索之路——新中国成立不久，广西省政府就在少数民族杂居区开展民族区域自治和建立民族联合政权工作。1951年2月，广西第一个乡一级民族自治区在蒙山县诞生，由瑶族公民担任“瑶族自治区人民政府”区长，开启了民族区域自治的进程。

随后，广西相继建立了1个行署一级、5个县级、40个乡级的民族区域自治机关，使少数民族初步行使了民族区域自治的权利。1958年，广西壮族自治区成立，标志着广西各民族平等、团结、互助、合作的关系进入了一个新的发展阶段。

60多年来，民族区域自治制度在广西开花结果、茁壮成长。广西先后成立了12个自治县、3个享受自治县待遇县、59个民族乡，11个世居少数民族中有8个实行了区域自治，辖区少数民族人口占全区少数民族人口92%以上，形成自治区、自治县两级民族区域自治，民族乡作为民族区域自治制度补充形式的格局。民族区域自治制度改善了少数民族群众的政治、经济、文化生活和地位，提高了少数民族管理自己事务和建设社会主义的积极性。

桂林市雁山区草坪回族乡位于美丽的漓江东岸，是广西唯一的回族乡。多年来，该乡一直坚守“民族团结、和谐发展”的原则，除了组织乡干部、村党支部书记不定期学习民族宗教法律法规外，还大力加强基础设施建设、发展特色经济。2010年，草坪回族乡成立了该乡第一个农业专业合作社，大力发展提子种植；2013 年，该乡投入 3.6 亿元，启动草坪休闲旅游主题小镇建设；2015 年，桂林市在该乡打造休闲农业核心示范区，基本形成了潜经甜竹、明村黄皮果、大田月柿等“一村一品”特色种植格局，群众尝到了“水果蜜”，吃上了“旅游饭”，千年古镇展新颜。

60 多年来，自治区党委、政府坚持运用法治思维和法治方式，在保障国家统一和民族团结的基础上，开展地方自治条例制定工作。迄今为止，自治区制定的数十件地方性法规和条例，涵盖民族传统文化、民族教育、民族医药、民族旅游、民族特色村寨、民族产业、民族干部等方面，形成了具有广西特色的民族法制体系。同时，《广西壮族自治区贯彻落实〈中共中央、国务院关于加强和改进新形势下民

各民族拥有使用和发展本民族语言文字的权利。1987 年起，壮语文进入北京人民大会堂。图为翻译人员正在进行同声传译（自治区成立 60 周年庆祝活动筹委会办公室宣传文化组、自治区民族宗教事务委员会 供图）

族工作的意见〉实施方案》《广西依法治理民族事务　促进民族团结实施方案》《广西贯彻落实〈关于加强和改进少数民族流动人口服务管理工作的意见〉实施方案》等文件相继出台，为广西依法治理民族事务、促进民族团结工作提供了坚实保障。

在坚持和完善民族区域自治制度的过程中，广西为了让民族区域自治法赋予的权利得到充分行使，逐步提高少数民族干部占比，少数民族平等参与行政管理、自主管理本民族内部事务的权利得到实现。自治区人大代表和自治区政协委员中少数民族占比分别达42.3%和30%，有力保障了各民族参政议政的权利。

多年来，自治区党委、政府努力建设一支政治上靠得住、工作上有能力、群众中有威信的少数民族干部队伍：自治区主席、自治县县长、民族乡乡长全部由实行民族区域自治的少数民族公民担任；全区各级党委、人大、政府、政协领导班子及其职能部门，都配有一定数量的少数民族干部；各级党政机关少数民族干部占比与少数民族人口比例也大体相当。一大批少数民族优秀干部走上各领域的领导岗位，成为维护国家统一和民族团结的中坚力量。

民族政策的厚土滋养，使一代又一代年轻的少数民族专业人才茁壮成长，脱颖而出。在公务员招录中，广西对少数民族考生给予加分照顾，对边远艰苦地方和民族乡的部分职位适当放宽要求，并在部分自治县定向招录少数民族干部。广西实施少数民族干部培养专项工程，加强对少数民族干部的培养力度。此外，广西还通过建立博士后"两站"，实施广西"新世纪十百千人才工程"、国家"少数民族高层次骨干人才计划"，全面启动"八桂学者""特聘专家"选拔工作，形成高层次专业技术人才队伍。这一系列有力措施，为广西培养了发展民族团结进步事业的骨干力量。

织就民族团结进步的美丽壮锦

每年农历三月三期间，铜鼓擂响，山歌唱起，广西各族群众欢聚一堂，在山水间以歌传情、以歌会友，共同抒发对美好生活的向往和热爱。

2014年，“壮族三月三”入选国家级非物质文化遗产。同年，广西将“壮族三月三”确定为地方性法定节假日，自治区内全体公民每年放假两天，各地举办各种民族文化活动。这是尊重少数民族文化和保障少数民族基本权利的体现，也是民族区域自治制度优越性的体现。

2016年开始，自治区党委、政府决定打造“壮族三月三·八桂嘉年华”文化旅游消费品牌活动。该活动由“桂风壮韵浓”“相约游广西”“民族体育炫”“E网喜乐购”“和谐在八桂”五大板块组成。

如今，“壮族三月三·八桂嘉年华”活动已经成为推动广西经济社会发展，促进民族团结进步、展现新时代中国特色社会主义壮美广西新风貌的盛会。每年在此期间，广西还在全区开展“民族团结进步宣传月”活动，引导各族群众进一步铸牢中华民族共同体意识，共同织就一幅凝聚共识、同心筑梦的民族团结美丽壮锦。

欢歌唱响新时代，团结奋进向未来。2022年4月2日至5月2日，以“喜迎党的二十大，中华民族一家亲”为主题的2022年“壮族三月三·八桂嘉年华”活动在八桂大地火热开展。激昂的铜鼓敲响春天的旋律，热情的山歌邀约四海宾朋，在欢乐祥和的节日里，广西各族人民唱出“好日子天天都放在歌里过”的幸福喜悦，唱响民族团结一家亲的华彩乐章，深情表达紧跟伟大复兴领航人踔厉笃行的坚定信念。

一年一度的“壮族三月三·八桂嘉年华”系紧了各民族长期以来

心手相牵、亲如一家的精神纽带。2022年“壮族三月三”系列文化活动中，八桂儿女纵情歌唱、欢快舞蹈，一场场独具特色的线上线下活动，在热烈喧腾的氛围中展现幸福美满生活。

展现民歌魅力，唱响文化自信。广西新民歌大会反响热烈，吸引了15个国家的民歌爱好者积极参与。该活动共征集到参赛作品1200多部（其中海外投稿67部），有814部作品入选线上展播，作品内容丰富、形式多样，紧扣“喜迎党的二十大，中华民族一家亲”主题，弘扬团结和谐、积极向上的主旋律，通过举办线上展播、线下竞演、优秀节目会演，集聚超高人气。截至2022年5月1日，该活动全网总点击量超过1.95亿次，海外点击量300多万次，呈现出“海内外同唱新民歌，千人唱万人和”的喜人景象。

“壮族三月三”期间，“强国复兴有我”广西校园课本剧展演活动启动，广西各中小学报名踊跃。该活动旨在打造广西规模最大、影响最广的青少年思想政治和民族团结进步教育实践平台，南宁、柳州、桂林、百色等设区市的小学、中学、高中等各学段学校，纷纷排练课本剧目。不少学校认为，比起生硬的说教，课本剧以青少年喜闻乐见的形式，更能让学生在轻松愉悦中自我熏陶、自我教育、自我提高。2022年4月15日启动的第四届“三月三”网络短视频大赛，围绕“民族团结这十年、美丽中国这十年、乡村振兴新画卷、东盟友谊这十年”四大板块，通过创作者手中的镜头，大力讴歌新时代新征程中党团结带领人民取得的光辉成就，充分展示新时代中国特色社会主义建设取得的丰硕成果。

以人民为中心，以文塑旅、以旅彰文。全区文旅系统精心筹备，推出内容丰富、形式新颖的文旅活动，营造文明和谐的假日文化旅游氛围，充分展现了广西各族人民感恩新时代、奋进新征程的精气神。推出“三月三”文化旅游主题宣传片，向世界展示了不一样的广西之美。

南宁市武鸣区举办的“壮族三月三·八桂嘉年华”歌圩活动成为壮民族文化交流的重要平台（唐典胜 摄）

百色市乐业县幼平乡各族群众欢聚共庆“壮族三月三”（王功道 摄）

截至2022年4月6日，宣传片在全网播放量810.7万次，点赞14.3万次，转发25.4万次。“在你心里红　才是真网红——晒出你心目中的三月三网红打卡地”话题大赛，全网阅读量8000万次。广西首部文旅微综艺《趣广西打工！怦然心动的offer》文旅微综艺节目，于2022年4月2日上线，受众对节目反响强烈，截至4月6日，全网点击量390.5万次。

广西开展系列活动，各族群众一起参与比赛，一起载歌载舞，一起演绎剧本，一起诵读献词，一起参加法治宣传教育，一起在“云上”互动点赞点评，促进了交往，增进了交流，推动了交融，中华民族一家亲、同心共筑中国梦的氛围更加浓厚。2022年的“壮族三月三·和谐在八桂”活动聚焦铸牢中华民族共同体意识工作主线，无论是宣传活动，还是民族文化旅游活动，都很好地把握了“以增进共同性为主导、尊重和包容差异性”的重要原则，增进各族群众对中华文化的认同，铸牢中华民族共同体意识。

尽管受新冠肺炎疫情影响，2022年的“壮族三月三·和谐在八桂”活动部分线下活动不能如期举行，但线上活动气氛热烈，群众参与度高。桂黔滇湘乡村振兴山歌擂台赛3场直播活动视频观看人数逾300万人次，“壮族三月三　我为家乡来打CALL”主题网络征集活动总阅读量、播放量、点赞数超过120万次，“法律知识网络有奖竞答”吸引180多万人关注……广西人民以澎湃的激情、充沛的自信表达对党的热爱、对祖国的深情、对时代的赞美、对未来的憧憬，凝心聚力建设新时代中国特色社会主义壮美广西。

2022年恰逢香港回归祖国25周年，广西首次通过视频连线在南宁和香港同步举行“壮族三月三”走进港澳系列活动，活动持续至12月。除了发布10条港澳青少年游学线路外，还在香港举办“节日民俗展演”“壮美广西美景进小区和港铁”等主题活动，向香港市民和全球游客推介广西绚丽多彩的民族文化。

广西发挥毗邻东盟的区位优势，举办“总领事三月三线上直播带货活动”，东盟三国总领事化身带货主播，为广西的名优特产代言，向消费者推介“东盟好物”，抢抓RCEP生效机遇，促进“买东盟满足国内，买国内服务东盟”。

近年来，“壮族三月三”民族大联欢的舞台从乡间走向世界。广西12个世居民族联袂内蒙古、西藏、新疆、宁夏、云南、贵州等地的各民族同胞，借助这一平台共同展示各民族传统文化，增进各民族之间的友谊。越南、泰国、哈萨克斯坦、缅甸等“一带一路”沿线国家不少文化、艺术界人士曾应邀出席各类活动。

“广西通过打造‘壮族三月三’文化旅游品牌的方式，对传统山歌文化进行了创造性转化、创新性发展，让其更接地气，更贴人心，更有魅力，更有活力。”广西社科院文化研究所所长王建平表示，“壮族三月三”节庆活动全景式地展现了少数民族和民族地区的风采，促进了广西各民族的文化自觉，增强了民族自尊心、自信心和自豪感，使各民族交往更加频繁、交流更加深入，中华民族共同体意识更牢固。

“唱哈”唱响和谐曲

独具边海风情的东兴乡村游日渐红火，即便不是周末不是假期，东兴市金滩依然游人如织。

金滩背后是江平镇沥尾村，村民早已住进一栋栋漂亮的楼房。这些楼房不少成为民宿客栈，每到节假日便一房难求。

沥尾村是一个渔村，绝大多数村民都是京族。面朝大海而缺乏耕地，京族群众曾经只能靠捕鱼为生。由于交通不便，群众需要挑着鱼走到几十里外的镇上，才能换取木薯等粮食，日子过得紧巴巴。

哈节是京族人的传统节日，“哈”或“唱哈”即唱歌的意思，哈节，又称唱哈节，仪式主要有迎神、祭神、乡饮、送神四个方面内容。因为生活困苦以及交通闭塞，在20世纪六七十年代，哈节传统一度中断。

改革开放春风拂过京岛，让京族群众解决了粮食问题。后来，在相关民族政策的支持下，村里的交通等基础设施不断完善，海水养殖产业以及旅游业也悄然兴起。这个曾经贫穷的小渔村，如今已成为远近闻名的富裕村。

日子好过了，哈节在20世纪80年代中期重新回到沥尾村，并从祭祀活动变成民俗文化演出活动，还被搬上舞台。在当地政府的支持下，现在每年的哈节热闹非凡，吸引了大量游客前往参观。通过举

哈节期间，京族群众在东兴市金滩演奏独弦琴（黄雪娟 摄）

行这些民俗文化活动，有效增进了民族之间的了解，促进各民族团结融合。

在哈节上演奏的京族特色乐器独弦琴，一度几近失传。哈节重新兴起，独弦琴也走出沥尾村并为世人所知。村里的京族人家独弦天籁艺术团，多次参加国内外文化交流活动，把京族文化传播至海内外。

进入21世纪后，京族哈节和京族独弦琴艺术先后被列为国家级非物质文化遗产。沥尾村也被自治区文联命名为“京族文艺村”，被防城港市政府授予“民族团结先进集体”。沥尾村村民、国家级非物质文化遗产项目京族独弦琴艺术代表性传承人苏春发，获评“全国民族团结进步模范个人”。

沥尾村的京族群众常站在哈亭前，即兴唱起一段民歌：“党的民族政策好，为民利益想周到；改革开放奔富强，国富民强生活好！”

让民族传统体育“热活”起来

激情四射的竞技赛事，妙趣横生的互动体验，多姿多彩的民族风情，让越来越多的人感受到广西多彩的民族文化魅力。

近年来，广西深入贯彻全民健身战略，结合少数民族聚集地的特点，打好“培育、活动、民族”三张牌，创新“民族＋体育＋旅游”融合发展模式，形成了与风俗习惯紧密相连、与歌舞音乐融为一体的独具特色的民族传统体育节庆、运动项目和赛事活动，延续民族传统体育文化根脉，推动民族传统体育项目从小众逐步走向大众。

广西是民族传统体育大省区，为让民族传统体育项目走向大众，广西建立了自治区、市、县、乡镇、行政村（社区）五级保护机制，支持民族体育类项目申报自治区级非物质文化遗产代表性项目，壮族抢花炮、仫佬族舞草龙、南丹瑶族打陀螺、隆林彝族打磨秋等31个

仫佬族特色体育项目“抢竹球”（张敦林 摄）

民族体育类项目被列入自治区级非物质文化遗产代表性项目。把学校作为推广和普及民族传统体育项目的主阵地，将民族传统体育项目融入中小学体育课程，作为学校民族教育的重要内容，积极开展“一校一品”“一校多品”教学模式，推动打陀螺、三人板鞋、铜鼓等民族传统体育项目进校园，使民族传统体育项目得到传承和普及，打好了“培育牌”，推动民族传统体育“活”起来。

同时打好“活动牌”，推动民族传统体育“动”起来。广西充分挖掘 12 个世居民族传统体育项目的优势和特点，开展民族传统体育项目进机关、进学校、进企业、进社区、进农村活动，利用节假日、民族传统节日和重大时间节点，举办“壮族三月三·民族体育炫”、京族哈节、歌圩运动会、百万群众健身走（跑）等本土民族特色的全民健身活动，使民族体育受到越来越多群众的喜爱。

2021 年，广西创新举办了“壮族三月三·民族体育炫”系列线上线下联动活动，共举办 642 项民族体育赛事活动，直接参与活动人数 65 万人次，吸引群众和游客 168.83 万人次。

“……141！ 142！ 143！ 144！挑战成功！”在南宁青秀山风景区举行的 2021 年“壮族三月三·民族体育炫”活动现场，广西毽球队队员徐凡挑战花毽单脚双毽双落停吉尼斯世界纪录，当裁判掐下秒表并宣布徐凡挑战成功时，观众们大声欢呼。

活动现场还展示了舞龙舞狮、背篓绣球、板鞋竞速等广西民族传统体育项目，在观看表演的同时，不少游客上前尝试踢毽子，或举起手机拍照，体验浓浓的体育嘉年华乐趣。

在桂林兴安中学田径场的花炮比赛现场，只见场上有队员被抱住摔倒，双方队员挤在一起争抢，激烈的身体对抗让场边观众目不转睛，场上的 4 名裁判更是紧张地盯着进行争抢的队员，好及时制止犯规行为。

花炮比赛又被称为“中国式的橄榄球”。过去是将花炮扔上天，几十人一起上去抢，属于表演性质。现在花炮比赛作为民族传统体育项目，借鉴了篮球、足球等体育项目规则，越来越规范，成为适应现代竞技的民族传统体育项目。

与激烈的花炮比赛相比，高脚竞速、板鞋竞速、陀螺、背篓绣球、毽球等民族传统体育项目的趣味性更强，参与者更多。另外，花样平衡车、花样轮滑、花样自行车、花样跳绳、快乐足球趣味挑战等互动体验活动也在一些广场和景区开展。民族传统体育项目和现代时尚体育项目在这场盛会里交融，成百上千的运动健儿乐在其中，感受运动的激情。

在“培育”和“活动”的基础上，广西打好“民族牌”，推动民族传统体育“热”起来。创新实施“桂风壮韵”体育旅游精品示范工程，依托广西独特的“山、林、河、海”资源及宜人气候条件，将民族传统体育项目融入旅游区表演，大力发展绿色生态运动产业。据不完全统计，广西民族传统体育文化资源已开发了305个比较完整的项目，其中表演类123项，占40.3%。在少数民族旅游景区推广抛绣球、打铜鼓、舞狮子、板鞋竞走、上刀山等27个表演类项目，部分项目邀请游客代表或全体游客参与，深受游客欢迎，全民健身热潮日益高涨。

（二）共同富裕幸福家园

共同繁荣发展，共享伟大荣光

实现中华民族伟大复兴，需要各民族手挽着手、肩并着肩，共同努力奋斗。

2021年4月，习近平总书记视察广西时指出："各民族共同团结进步、共同繁荣发展是中华民族的生命所在、力量所在、希望所在，在全面建设社会主义现代化国家的新征程上，一个民族都不能少，各族人民要心手相牵、团结奋进，共创中华民族的美好未来，共享民族复兴的伟大荣光。"

中华民族是一个大家庭，一家人都要过上好日子。少数民族不富裕，不是真正的富裕；民族地区不实现小康，不是全面的小康。

党的十八大以来，广西先后出台具有特色的精准实施脱贫攻坚"八个一批"和全力推进脱贫攻坚的"十大行动"的20个配套实施方案，实现了几个首创：在全国首创农村低保制度与扶贫开发政策有机衔接、建档立卡扶贫对象动态管理、技工院校结对帮扶计划、"红黑榜"通报制度等经验；形成党员和致富带头人"互促互转"，培养一支"不走的扶贫工作队"，创新运用易地扶贫搬迁旅游开发模式，实现当年建设、当年搬迁入住的速度。

“民族团结心向党，感恩奋进奔小康。”这是河池市环江毛南族自治县思恩镇陈双村的一副对联，道出了村民共同团结奋斗、共同繁荣发展的心声。

这个村子是移民大村，居住着壮、汉、瑶、苗、毛南、水等6个民族，一半以上是易地搬迁户。从山里搬到陈双村、以打猎为生的苗族青年韦玉荣没有活计，犯愁之际，当地的壮族、毛南族群众手把手教他生产技术，还把水牛、收割机借给他用。生活在这里的各民族群众守望相助，共同致富。村民们都有这样的共识：“我们是一家人，今天你帮我，明天我帮你。”

截至2020年底，广西376.5万建档立卡少数民族贫困人口、53.76万边境地区贫困人口全部脱贫，14个贫困自治县（含享受自治县待遇县）、5个贫困边境县全部摘帽。广西作为全国少数民族人口最多的省区，历史性地告别了延续千百年的绝对贫困。

据不完全统计，“十三五”期间，自治区倾斜安排自治县（含享受自治县待遇县）和人口较少民族聚居县财政专项扶贫资金分别达122.85亿元和52.6亿元，为解决上述地区产业发展、公共服务、“两不愁三保障”等方面问题提供了有力的资金保障。深入实施强基固边、民生安边、产业兴边、开放睦边、生态护边、团结稳边等“六大工程”，滚动实施近400个重点项目，总投资近千亿元，边境地区民族团结、社会稳定、边疆安宁的大好局面得到有效巩固，各族群众的获得感、幸福感、安全感不断增强。

兴边富民，末梢变前沿

广西边疆地区发展取得的成就，是我国边疆地区发展的一个缩影，也再一次证明，没有中国共产党，就没有民族地区的旧貌换新颜。

1992 年起，自治区党委、政府先后实施边境地区基础设施建设大会战、东巴凤基础设施建设大会战、桂西北少数民族聚居村寨火灾整治大会战、大石山区基础设施建设大会战等。党的十八大以来，广西深入推进新时代兴边富民行动，进一步促进民生改善、民心凝聚、民族团结、边防稳固。

这一系列大会战、大行动，投入力量之大，建设内容之多，前所未有，成效显著。全区所有边境村屯、边境哨所基本实现了“八通”，即通水、通电、通路、通电话、通广播电视、通网络、通客运班车、通边贸点；边境群众基本实现了“八有”，即有基本保障农田、有中小学校、有文化中心、有卫生院（室）、有清洁能源、有农贸市场、有边贸设施、有主导产业或产品。

经过 20 多年的发展，广西千里边境线上，一条充满活力的沿边经济带正在崛起。

走进凭祥市，昔日边陲末梢已成为开放发展前沿，被誉为“边贸小深圳”。在这里，你可以用壮话、普通话、粤语交流，还能听到湖南话、浙江话、福建话、江西话等。当地不少群众吃上了“边贸饭”，守边稳边、富边安边的信心满满、干劲十足。

凭祥市边境贸易货物监管中心里，满载火龙果、榴梿等水果及其他货物的大货车排成长龙，各式各样的东南亚食品、家具在此集散，边民互市贸易进出口区货场内一派车水马龙的景象。

如今，凭祥市对外贸易实现长足发展，形成辐射国内和越南、柬埔寨、泰国等东盟国家的红木家具、五金机电、纺织服装、农副产品特色水果交易市场四大贸易集散中心，成为西部陆海新通道的节点城市。2021 年凭祥市对东盟进出口总值 1286.7 亿元，同比增长 24.2%。

与越南芒街市一河之隔的防城港东兴市，充分利用国家重点开发开放试验区、沿边金融综合改革试验区、边境旅游试验区等一系列国家级开放合作平台，深化改革开放，经济社会发展日新月异。

东兴市某食品公司从越南进口的腰果，经过人工筛选、除杂、分级、加工封装成袋后，销往国内各大城市。“作为互市商品落地加工重点企业，得益于自治区出台的一系列落地加工指导意见和当地互市商品落地加工政策支持，在新冠肺炎疫情影响国际市场萎缩、外需订单减少的大环境下，我们的业务不仅逆势增长，还在越南建立原料种植基地。”该公司负责人介绍。

据不完全统计，“十三五”期间，广西边境口岸基础设施建设总投资约 25.81 亿元，友谊关、东兴、水口、峒中、龙邦等重点口岸升级改造加快推进，面向东盟口岸大通道初具规模。

在靖西市龙邦口岸物流园区边民互市结算大厅内，来自龙邦镇界邦村的互市贸易代理员张秋丽正在紧张忙碌地核对货物清单。龙邦口岸是国家一类口岸。2021 年 5 月，国务院批复同意龙邦口岸扩大开放为国际性口岸并扩大开放那西通道。百色依托口岸优势，推进龙邦综合物流园建设，加快培育“口岸 + 商贸物流”“口岸 + 加工制造”“口岸 + 跨境金融”“口岸 + 跨境旅游”等枢纽经济，不断深化区域开放合作。

近年来，广西立足实际做足“边”的文章，沿边开发开放的广度和深度不断拓展：中国（广西）自由贸易试验区设立；继东兴之后，凭祥、百色重点开发开放试验区获批建设；防城港国际医学开放试验区是全国首个规划建设的国际医学开放试验区；实现国家对外开放口岸在广西 8 个边境县全覆盖。实施边境口岸建设大会战三年行动计划（2019—2021 年）以来，通关便利化水平明显提高，国际贸易“单一窗口”实现所有口岸业务全覆盖，广西进口、出口整体通关速度稳步走在全国前列。边境贸易加快转型升级，边民互市商品落地加工试点成效明显。沿边金融综合改革等试点领先全国，跨境人民币结算总量连续 8 年居西部省区之首。

广西 12 个世居民族的幸福生活

"感谢党的好政策，帮扶我们富起来……"南宁市上林县木山乡厂圩村村民蓝光春（壮族）感慨道。2015 年，蓝光春被列为建档立卡贫困户。摘桑叶、喂蚕、养牛、种甘蔗……为了脱贫奔小康，他干起活来比年轻小伙还拼。"养蚕，我一年可收入两三万元。"蓝光春还养了一头母牛，一年出栏一头小牛，加上种甘蔗，腰包渐渐鼓起来。上级补一点，他自己出一点，建起了新房。2018 年底，他成功脱贫摘帽。

40 多岁的汤桂雄（汉族）是玉林市博白县博白镇茂江村脱贫户，人称"雄哥"。以前，"雄哥"有点"熊"。茂江人多地少，他家仅有耕地 1.4 亩。2015 年，汤桂雄家被认定为建档立卡贫困户。精准扶贫攻坚战打响后，上级引导该村利用优势发展有机蔬菜产业。借着产业东风，雄哥真正"雄起了"：菜园扩至 40 多亩，成功甩掉"穷帽子"，成为创业致富带头人。

"一亩药材树苗产值达 3000 元，一年下来我家光是卖药材就可以赚 10 万元。"来宾市金秀瑶族自治县六巷乡六巷村脱贫户盘丽红（瑶族）种有 30 多亩中药材。脱贫攻坚战打响后，在扶贫工作队指导下，她家除了发展药材种植，还种起了橘子、茶叶、生姜等农产品。昔日的贫困户变成今天的增收示范户。

2020 年 10 月 13 日，柳州市融水苗族自治县红水乡芝东村，韦晓玲（苗族）与姐妹们开着摩托车拉着刚收获的稻谷，一路欢笑。十几年前，仅靠家里 2 亩薄田，韦晓玲一家难填饱肚子。她和丈夫到广东打工，却因没有技术只能干苦活。2010 年，韦晓玲通过流转自家的土地与公司合作种植茶叶，从此走上致富路。之后，她动员全村流转2510亩土地种植茶叶。截至2019年底，不仅她家摘掉了“穷帽子”，还带动207户1032人脱贫。

“卖2批鸡就有4万多元的纯收入。”2020年10月14日，三江侗族自治县独峒镇八协村座龙屯的茶园里，在给土鸡喂食的欧月广（侗族）说，加上采茶和务工收入，他家年人均纯收入超过了9000元。欧月广夫妇因身有残疾，以前一家人领低保金过日子。2016年在脱贫攻坚工作队和县残联的帮助下，欧月广参加了养殖培训班，在自家茶园里散养土鸡。随着养鸡致富之路越走越宽，2019年他家成功脱贫。

“能帮的都帮了，党的恩情说不完啊！”说起这些年的变化，沐浴着阳光，罗城仫佬族自治县四把镇思平村各地屯村民覃宏永（仫佬族）很是感慨。因思平村自然条件差，加上自身缺乏技术等原因，覃宏永一家的日子曾过得很艰难。几年来，在驻村干部、结对帮扶干部的帮助和引导下，覃宏永得到小额贴息信贷、以奖代补等支持，通过种植砂糖橘、养牛等，2016年顺利实现脱贫。如今，覃宏永又被聘为生态护林员，护林之余还可以在附近做建筑零工，家庭年人均纯收入从2015年前的2000元左右提高到2020年的1万元以上。

走进环江毛南族自治县思恩镇陈双村龙江屯移民点，仿佛走进旅游景点，整齐划一的绿化树，独具民族特色的休闲长廊，干干净净的村道……“我们是2005年从下桥水电站环江库区下南乡希远村搬过来的。”谭利欢（毛南族）说。开展脱贫攻坚以后，在帮扶干部的引导下，她除了种2亩农田外，还大力发展砂糖橘、沃柑、柚子等特色水果产业，2020年她家年收入超过8万元。

“没有党的脱贫好政策，就没有我的今天。”桂林市雁山区草坪回族乡是广西唯一的回族乡，该乡潜经村群众白清旺（回族）谈起脱贫经历，深有感慨。依托毗邻漓江、背靠冠岩景区优势，该乡把部分贫困户安排到景区上班，吃上“旅游饭”。2015 年，白清旺进入漓江游览竹筏队当筏工，每年有 2 万元左右收入，再加上果蔬种植，2017 年白家顺利脱贫摘帽。2019 年，他家尝试在网络销售农产品初见成效。如今，他家年收入已超过 6 万元。

站在东兴市江平镇江龙村 900 多亩稻田边上，刘福珍（京族）脸上洋溢着丰收的喜悦。刘福珍是福珍食品公司负责人，这片水稻是她的种植基地。京族是我国唯一的海洋民族，依靠打鱼为生。2008 年，刘福珍成立贸易公司，带领乡亲们发展边贸，共同致富。2015 年，她又成立食品公司，先后流转 900 多亩土地种植水稻，为村民提供就业岗位，一起奔小康。

2020 年 10 月 11 日，隆林各族自治县德峨镇那地村群众黄阿走（彝族）夫妇送孩子们上车去南宁读书。当地山多地少，主要收入来源靠种玉米，很多孩子上完初中就作罢。但建档立卡贫困户黄阿走夫妇决定改变：“孩子要是不读书，以后还得穷下去。”脱贫攻坚战打响，黄阿走家获得一系列教育扶贫政策支持。同时，夫妇俩干起了养殖、建筑等活计。2018 年，全家顺利脱贫。2020 年高考，二女儿、儿子都考上了大学。加上已大学毕业的大女儿，这个家庭的 3 个孩子都考上大学。

河池市宜州区龙头乡龙盘村向南屯依山傍水，村前桑园滴翠。该屯共有 110 户人口，其中水族占 89%，宋丽敏（水族）就住在这个屯里。上有 90 多岁的奶奶、二级残疾的母亲，下有 3 个小孩，宋丽敏家一度陷入贫困。在扶贫政策支持下，她开始种桑养蚕，再加上相关补助支持，她家于 2019 年顺利脱贫。“政府的帮助我们感激不尽，接下来我们希望通过自己的努力更加富裕。”

“这几年土货特别好卖，我们也过上了好日子。”2020 年 10 月 12

日，隆林各族自治县德峨镇那地村村民郭信梅（仡佬族）在菜园里忙碌着。仡佬族是广西 12 个世居民族中人口最少的，主要聚居在隆林。受制于大山围困，当地仡佬族同胞以前多靠种玉米为生。脱贫攻坚战打响后，该县推动基础设施服务向贫困村覆盖，便利的交通，拓宽了少数民族群众发展道路。在帮扶干部的帮助下，郭信梅搞起了土特产种养，她的丈夫到镇上务工，一年能赚近 4 万元。2019 年，郭信梅一家实现脱贫。

左右江革命老区旧貌换新颜

党的十八大以来，左右江革命老区人民牢记习近平总书记的嘱托，紧跟伟大复兴领航人踔厉笃行，立足独特区位，全力推动老区振兴发展。老区儿女多壮志，奋进新时代，奔向富裕幸福路。

追寻先烈足迹，凝聚奋进力量。90 多年前，邓小平、张云逸、韦拔群等老一辈革命家在左右江领导了百色起义和龙州起义。左右江革命根据地是土地革命战争时期中国共产党在民族地区创建的一块较大的根据地，也是中国西南边疆唯一的革命根据地。

如今，左右江革命老区乡亲们的日子越过越好，革命先辈们用生命守护的家园有了一代又一代接班人。

在百色市乐业县新化镇百坭村，这里见证了共产党人接续奋斗的精神。

2019 年 6 月，年仅 30 岁的百坭村原第一书记黄文秀在返回百坭村途中遭遇山洪因公殉职。习近平总书记对黄文秀同志先进事迹作出重要指示，强调黄文秀同志“用美好青春诠释了共产党人的初心使命，谱写了新时代的青春之歌”。

如今的百坭村，人均年纯收入超过了 1.5 万元，建成了文秀广场、百坭广场、百布荷花池、那用连心桥等基础设施，有了农家乐

百色市乐业县新化镇百坭村新貌（乐业县委宣传部 供图）

和民宿，成为集红色研学、旅游观光、田园休闲于一体的乡村振兴示范村、特色乡村旅游新景点。“发展兰花产业园”“我儿子考上了大学”“百坭越来越美”“百坭汽修店即将开业”“我成了老师”……村民们的幸福生活，黄文秀能“看”到。

如今的八桂大地，“秀”满乡村，一批又一批年轻人接续奋斗在乡村振兴一线。黄思薇中山大学毕业后，追随黄文秀的足迹，成为百色市委宣传部的一名干部，并在2021年3月成为百坭村的驻村干部。“刚从学校出来和群众打交道，没有任何基层工作经验，我自己心里有点怯。”“阿婆说孙子们都出去上学了，她很孤独。我安慰她说，我以后多来陪陪您……”黄思薇倾情投入，工作渐入佳境。她说：“我们要用双手和汗水建设一个真正文明、秀美、朝气的百坭。”这是接力者的承诺，是青春的誓言。

老区人民生活是否幸福，关键看有没有产业。走进百色，透过芒果和铝产业，可以察看左右江革命老区近年来特色产业蓬勃发展、人民群众幸福指数节节攀升的精彩故事。

在田阳区20万亩农林生态脱贫产业核心示范区，果园用上“小火车”，一天运输肥料或芒果4500公斤以上，是人工的10多倍；无人机喷洒水肥，一天喷洒100亩左右，是人工的8—10倍；电动剪枝，让修剪不费吹灰之力……

在田东县林逢镇东养村，村党总支书记陆秀缎介绍了自己种植芒果的历史和经验：“我刚开始的时候是学医的，现在用护理新生儿的技术来护理芒果。”20年来，在陆秀缎的带领下，东养村成为田东县国家农村产业融合发展（芒果）示范园的核心区，种植桂七（桂热82）、台农1号、金煌、桂热71号、热农1号等10多个优质芒果品种。2021年，东养芒果示范区面积2.2万亩，芒果总产量约2万吨，实现销售收入1.5亿元。“绿水青山今天真的成了金山银山。”东养村群众感叹。

2021年，百色芒果种植面积共135万余亩，年产量超过90万吨，总产值约45亿元，面积和产量分别占全国的27%和28%。百色成为全国最大的芒果生产基地，形成了“全国芒果看广西，广西芒果在百色”的产业发展格局。

在百色还可以体验红城之“铝”：红城沃土蕴藏宝藏万千处，有色矿产丰富铝煤锰金铜锑，铝土矿储存量约占全国1/4，铝锭铝棒铝块铝粉铝合金，高端转型深度加工精益求精，国内国际各地畅销换来真金，铝业发展助力老区乡村振兴……

据了解，百色铝土矿远景储量超过10亿吨，目前已经形成年产氧化铝920万吨、电解铝217万吨、铝加工335万吨的生产能力，形成“铝土矿—氧化铝—电解铝—铝精深加工”的全产业链条，成为广西千亿元产业集群的重要一极，基本建成全国生态型铝产业示范基地。

“在石头上种花”，中科院亚热带农业生态研究所在河池石漠化地区种下绿色希望的故事广为流传。在环江毛南族自治县下南乡中南村，村民们收获了绿色“果实”：在石漠化地区种植牧草，养香牛300多头，既保护了生态，又鼓了钱袋。

谱写开放新篇，未来精彩无限。2020年，环江实现整县脱贫摘帽，毛南族实现整族脱贫。未来的路如何越走越宽阔？毛南族群众有了新寄托——正在建设的贵阳至南宁高铁，是广西境内首条时速350公里的高铁，承载着乡亲们对幸福生活的殷切期盼。

在环江毛南族自治县川山镇文江村，家家户户都有几个背篓，以前交通不便，村民要外出，必须用背篓背东西。村民们说：“以前没有公路，赶集要走18公里；有公路了，到县城还是要2个多小时，到南宁得再加4个小时。”

据了解，环江下南乡中南村南昌屯是毛南族的发祥地，当地近年来结合民俗文化大力发展乡村旅游，每年出售毛南族花竹帽和“肥套”就有不少收入。该屯的自治区级非物质文化遗产代表性项目毛南族木雕技艺代表性传承人谭建新说：“高铁建成就好了，到南宁1个小时左右，到时游客会越来越多，我们将把毛南族文化推向全国、推向世界。”

有这么一列火车，是广西开往东盟的列车，是左右江革命老区对外开放的缩影。

在崇左市凭祥口岸，来自重庆、深圳的电子元件装车后，运往越南同登站。这段跨境铁路长17.8公里，车程40分钟左右，最多时一天发车6列。这条铁路线是中国与越南等东盟国家间最便捷的铁路运输大通道之一。

在广西对外开放的前沿——广西凭祥综合保税区友谊关口岸，载着满满当当货物的货车开往东盟、通达世界。该口岸实施人货分离分段运输的“甩挂通关”模式，既提升了新冠肺炎疫情防控能力，也提升了通关效率。

国内市场上的东南亚水果，有50%都是从凭祥进口，再从中国—东盟（凭祥）水果城分销到国内各地。

在广西百色重点开发开放试验区，设立了全国首家金融政务服务中心，首创全域开展边境小额贸易业务试点，外贸进出口总额突破400亿元大关。

乡村旅游托起群众致富梦

乡村振兴战略实施以来，广西主动担当作为，积极开拓创新，乡村旅游发展如火如荼。2021年4月，习近平总书记在广西视察时强调，全面推进乡村振兴，要立足特色资源，坚持科技兴农，因地制宜发展乡村旅游、休闲农业等新产业新业态，贯通产加销，融合农文旅，推动乡村产业发展壮大，让农民更多分享产业增值收益。广西各地把乡村旅游作为实施乡村振兴战略的重要抓手，努力刺激旅游消费、增加农民收入，乡村旅游助力乡村振兴取得实效，群众的幸福感、获得感不断提升。

精准施策，乡村旅游势头旺。根据中央和自治区党委的决定，广西制定并印发了《广西旅游乡村振兴三年行动计划（2018—2020年）》，出台了《关于促进乡村旅游高质量发展的若干措施》。近年来，广西先后派出20多批次专家组指导各贫困村理清乡村旅游发展思路，开展乡村旅游品牌建设，指导各地充分挖掘山水田园、民族民俗、文化历史等旅游资源，因地制宜培育乡村旅游新业态，差异化打造乡村旅游特色品牌，形成“一村一品”的品牌效应。截至2021年9月，全区共创建四星级及以上乡村旅游区（农家乐）630家。南宁市忠良村、桂林市红岩村等40个村和3个镇（乡）被文化和旅游部、国家发展改革委列入全国乡村旅游重点村镇名录，获得国家支持。

广西还突出集约化发展，强化乡村旅游集群化、片区化发展，重点打造南宁环大明山生态乡村旅游廊道、柳州洛清江人文风情乡村旅游廊道、桂林兴全灌红色文化乡村旅游廊道、防城港江山半岛京族风情乡村旅游廊道等一批主题鲜明、景观标识突出、示范带动性强的乡村旅游廊道。

经过不断努力，乡村旅游这把火越烧越旺，典型越来越多。

来宾市金秀瑶族自治县把发展乡村旅游与精准脱贫、乡村振兴结合起来，带动5万多名群众吃上“旅游饭”，发了“旅游财”。金秀大力培育文化旅游富民产业链，突出特色，重点抓好民宿产业，截至2021年9月，拥有营业民宿67家，床位1356张，民宿业成为金秀乡村旅游的一张闪亮名片。当时处于偏僻落后状态的六巷乡大岭村，在引进“瑶岭天下”生态民宿项目后，当地村民人均收入从2015年底的2378元逐年增加到2020年底的8250元，村级集体经济收入也由0元突破到每年10余万元，大岭村还被评为全国乡村旅游重点村。

柳州市融水苗族自治县以乡村民族风情为核心，打造新禾节、金秋烧鱼季等民俗节庆旅游品牌，带动全县稻花鱼、高山紫糯等特色农业产业发展，全县稻田养殖禾花鲤面积7万多亩，特色产业覆盖率达98.78%，乡村旅游取得新成果。融水还以发展大健康产业为纽带，推进乡村振兴与文旅融合发展，打造一批休闲农业与乡村旅游集聚区和示范带，推出一批特色鲜明、优势突出的乡村旅游品牌。

深化融合，旅游业态渐丰富。广西加快促进乡村旅游与农业、林业、水利、文化、体育、康养等产业深度融合发展，打造以生态农业为基、以农耕文化为魂、以美丽田园为韵、以村落民居为形的乡村旅游品牌，旅游产业的业态日渐丰富。截至2021年9月，全区共创建休闲农业与乡村旅游示范点263家。

崇左市通过推动“旅游+”向“+旅游”转变，打造了明仕田园、新和乡村旅游度假区等一批乡村旅游和民宿集聚区，推动乡村旅游高质量发展。根据乡村振兴工作计划，崇左市加快推进农文旅融合，大力发展现代休闲农业、科普体验、文化体验、健康养生产业，推进休闲农业和乡村旅游品质提升，打造乡村旅游创客基地，吸引旅游人才返乡创业，实现农民增收，通过乡村旅游不断推进乡村振兴。

河池市以大健康大旅游产业为主要发展方向，重点建设南丹巴平梯田文化旅游度假区、云水谷国家4A级旅游景区、油茶健康旅游小镇国家4A级旅游景区，大力发展油茶和中药材产业、生态肉牛产业、旅游产业，致力建设集生态农业、文化体验、休闲娱乐、观光度假、避暑养生等功能于一体的产业园。2019年，该产业园项目建设以来，当地群众通过土地流转获得收入2000余万元，建成面积约5万亩的油茶基地，可为周边近万名群众提供劳动务工机会。该产业园每年为到生产基地、加工基地务工和到景区开展管理服务的群众支付6000余万元工资。

创新发展，旅游合作模式多。为加快促进乡村旅游发展，帮助更多群众走上致富路，广西积极探索乡村旅游发展模式，“公司＋农户”“合作社＋农户”“景区＋农家”“企业带动＋村寨联盟”“能人＋农户”等模式起到了良好的示范带动作用。

2020年，桂林市全州县大碧头国际旅游度假区成功创建旅游产业扶贫示范区，度假区采取分红、门票赠送、整体搬迁、带动就业、和谐共建的方式与当地群众共荣共富。龙胜各族自治县探索形成了特色村寨旅游扶贫、龙头企业带动发展扶贫、村寨旅游联盟开发等多种扶贫模式，成为旅游脱贫、助力乡村振兴的典范。桂林市乡村旅游正带动一、二、三产业融合发展，涌现出阳朔县鸡窝渡村、灵川县甘草村、临桂区田心村等一大批“网红村”。

百色市鼓励农村集体经济组织成立旅游合作社，引进社会力量开发乡村旅游，走“公司＋农户”“合作社＋农户”的发展路子，如田阳区巴某村村民合作社与华润五丰公司签订了巴某村旅游项目合作协议，自2018年10月起，合作社每年可获收益35万元。

崇左市大新县堪圩乡明仕村率先在全区成立首个“农宿协会”，采取“公司＋农户”的模式，每家农家乐结对帮扶4户贫困户，指导贫困户大力发展特色种养业，带动130多户贫困户脱贫致富，参与的农户人均月收入有3000元。

梧州市蒙山县古定村通过“党支部＋合作社”模式，发动全村群众开荒山扩种脐橙8000余亩，建设农业水果采摘园300亩，打造幽庐山居、东篱菊舍、“橙柿”便捷客栈等6处特色民宿，创建“桃梨橙柿”休闲农业（县级）示范区。

贺州市富川瑶族自治县虎头村采用“公司＋农民专业合作社＋农户”的运营模式，大力发展水果产业、渔业，发展农家乐、生态农庄、客栈民宿、汽车营地等乡村旅游产业。截至2021年9月，虎头村年接待游客30万人次，农民人均纯收入从2016年的4100元提高到2020年的1万元，形成旅游带动产业、产业推动扶贫、乡村振兴富民的良好格局。

（三）守望相助和谐家园

各美其美，美美与共

民族团结是各族人民的生命线。

在八桂大地，“同顶一片天，同耕一垌田，同饮一江水，同建一家园”的和谐景象随处可见。多年来，中华民族共同体意识早已在广西各族群众心中生根发芽。

一家十口，四代同堂，拥有苗、瑶、侗、壮、汉等5个民族，家人和睦相处，其乐融融——这是桂林市龙胜各族自治县泗水乡八滩村里排屯村民侯振荣家阐释的民族团结佳话。

全国第七次人口普查结果显示，广西各民族之间通婚十分普遍，由汉族和少数民族组成的家庭有145.86万户，比2010年增长近三成，全户少数民族混合的家庭户户数比2010年增长超过20%。尊重包容、以诚相待，一个个守望相助、和睦相处的幸福小家，构成了广西民族团结“大家庭”。

改革开放以来，我国进入了各民族跨区域大流动的活跃期，少数民族人口大规模向东部和内地城市流动，内地人口向民族地区及不同民族之间也进行着大规模流动。南宁市作为全国民族团结进步创建活动示范市，扎实做好新时代城市民族工作，推动各民族群众更好融入城市。

南宁市建立了“六必访”制度，做到少数民族流动人口及其家庭有矛盾纠纷的必访、有重大疾病的必访、有重信重访的必访、有生产生活困难的必访、有家庭重大变故的必访、有重要节日和重要活动时必访，使走访慰问成为密切干群关系、增进民族感情的重要渠道。

“我们都是一家人”“我爱广西，我爱中国”……走进南宁市中华中路社区的民族之家，墙上少数民族同胞的书法作品非常醒目。这个社区居住着壮、维吾尔、满、瑶等20个民族的群众。来自新疆和田的买吐送·玉送在该社区生活了20多年。“社区让我感到家的温暖，虽然远离家乡，但在这里，大家就像一家人。”他说。

走进南宁市青秀区凤岭北社区民族之家，10多位居民正在用简易织机学织壮锦。凤岭北社区是全国民族团结进步创建示范单位，在这里聚居着壮、瑶、彝、苗、侗等20个民族的群众，人们和谐互助、亲如一家。欢度“壮族三月三”、组织“百家宴”等丰富多彩的活动，

田林县利周瑶族乡亮福村坛亮屯村民用淳朴的山歌唱响各族群众心连心之歌（蓝庆侃 摄）

让各族群众的情感越走越近，一幅幅各族群众共居共学、共建共享、共事共乐的画面跃然呈现。

做好民族团结工作重在交心，将心比心、以心换心。

贵港市港北区贵城街道荷城社区常住人口5.9万，由壮、汉、瑶、苗、侗等17个民族组成。该社区建立各民族居民需求的“问题清单”，完善健全帮扶机制，推行民族团结工作精细化管理，切实解决实际问题，打造各民族共居共乐的幸福家园。

在河池市罗城仫佬族自治县龙岸镇龙凤村金鸡屯，居住着壮、汉、仫佬、侗等6个民族75户人家，当地有11种方言，长期以来各族群众亲如一家，彼此尊重，团结互助。

各美其美，美美与共。这些幸福的家庭，是广西民族团结进步的缩影。

广西壮族自治区成立后，自治区党委、政府坚决贯彻党的民族政策，实行各民族一律平等，采取切实措施消除民族歧视、民族隔阂，有力破除了各民族交往、交流、交融的障碍，建立起平等团结互助和谐的社会主义民族关系。

党的十八大以来，广西各地以民族团结进步创建为抓手，开展“十百千”工程、“百点工程”和民族工委委员单位结对挂点打造民族团结进步示范村三年行动等，不断擦亮民族团结一家亲的亮丽名片。大力推广普及国家通用语言文字，2020 年全区普通话普及率达 85.68%，高于全国 4.96 个百分点，提前 5 年达到国家规定目标。2021 年，制定并印发实施《自治区民族工作委员会贯彻落实习近平总书记视察广西时关于民族工作的重要讲话精神责任分工方案》，协调 51 个委员单位共同研究 60 条具体措施，不断促进各民族共同团结奋斗、共同繁荣发展。

共筑和谐家园

近年来，广西全面贯彻落实《城市民族工作条例》，印发加强和改进社区民族工作的实施意见，制定实施一系列有关政策配套措施，把城市民族工作纳入法治化轨道，有序推进少数民族流动人口市民化，提升各族群众的幸福感、归属感、认同感，带领各族群众共建美好家园、共创美好未来。

社区是城市的基本单元，也是各民族交往、交流、交融的重要平台。广西建立健全多部门参与的城市民族工作领导协调机制，建立市、区、街道、社区四级民族工作联动机制，抓实抓细服务管理，建设和谐宜居互嵌式社区。

贵兴社区是北海市银海区银滩镇下辖的一个流动人口密集居住社区，流动人口占比约 59%，辖区居民涵盖汉、壮、满、傣、蒙古、朝鲜、达斡尔等 17 个民族，是典型的各民族共居城市社区。该社区以“党建 + 民族团结”模式，帮助辖区少数民族流动人口更好地融入城市。

贵兴社区党总支部每月定期联合召开少数民族群众座谈会，让少数民族群众直接反映遇到的各种难题，并按照相关政策予以解决。贵兴社区、社会爱心人士根据每年的时间节点，开展多次走访慰问帮扶活动。家住贵兴社区桥东小区的壮族群众老周，大儿子属于一级语言及智力残疾，社区在其申请残疾证、申请残疾待遇等方面提供了相关帮助和服务，让其大儿子获得重度残疾人护理补贴。

走进玉林市玉州区玉城街道南观社区，不太宽敞的荣誉室被各类荣誉牌匾挤得满满的。这些牌匾的取得，是多年来南观社区发挥基层党组织战斗堡垒作用和各民族党员先锋模范作用，做好各族居民服务管理工作的成果。

南观社区针对多民族分散杂居的特点，创新提出“群众救助，10分钟到位；大厅一站式服务，10分钟受理；居民咨询，10分钟答复；

南宁市西乡塘区相思湖社区各族群众欢度“壮族三月三”，展示五色糯米饭创意拼盘，庆祝中国共产党成立100周年（何学俏 摄）

邻里纠纷，10 分钟到场”的“10 分钟服务圈”服务新模式，承诺社区接到求助电话 10 分钟内有社区工作人员到现场为他们解忧、解困、解难。

“各民族在城市社区交错杂居，要搭建交往、交流、交融的平台，进一步巩固你中有我、我中有你，谁也离不开谁的多元一体格局。要切实为各民族群众排忧解难，使少数民族群众感受到中华民族一家亲的温暖。”广西大学教授罗树杰说。

在城市民族工作中，广西扎实推进民族团结进步创建工作和持续深化中华民族共同体意识宣传教育，使各民族人心归聚、精神相依，在尊重差异、包容多样中交流互鉴、和谐发展。

在梧州市万秀区城南街道南中社区，活跃着一支由多民族居民组建的“骑楼大妈”志愿服务队。她们戴上“红袖章”，既是骑楼城街巷里的治安员、巡查员、调解员，也是维护民族团结进步的宣传员。她们发挥文艺特长，自创快板、莲花板、粤曲等节目，用通俗易懂的方式向群众宣传党的民族政策。2021 年以来，“骑楼大妈”志愿服务队利用传统节庆举办了“壮族三月三”骑楼城传统文化节、“壮族三月三”民乐歌会等特色民族团结联谊活动。

南宁市抓好阵地建设，推动精神家园同建。如今该市建设有 1 个青少年铸牢中华民族共同体意识研学实践教育基地，命名了 8 个铸牢中华民族共同体意识实践教育基地，打造“中华民族一家亲　同心共筑中国梦”系列实践教育活动平台，开展“结对子”“手拉手”“心连心”“一家亲”等多层次、多领域、多样化的城市社区民族联谊活动，增进各民族间感情交流。

民族团结与山水同美

坐落在桂林市秀峰区的东西巷，是明清时期留下的一片历史街巷。在东巷的2号房屋，有一处“团结和谐”的标志景观。当年由于其地处交通要道的拐弯处，屋主特意把外墙的墙角做成圆弧形，形成上方下圆的“拐弯抹角”，这样虽然牺牲了屋内部分使用面积，但方便了来往交通，熙来攘往的人们在这里见证了穿越历史时空的和谐与礼让。

如今，这份和谐一脉相承、与时俱进。在缱绻山水画卷中，民族团结和谐之花开得更加绚丽。

2019年7月，桂林市成立七星区少数民族服务中心，这是全区最早设立的少数民族服务中心之一。通过一站式服务平台，桂林做实做精服务管理，打造了“党委、政府领导，各职能部门协作，社会各界参与”的民族团结连心桥服务，推出就业、就学、医疗、社保、租房租赁等便民举措，帮助少数民族同胞解决汉语学习、职业培训、就业居住、子女入托入学、婚姻等问题，使少数民族群众享受均等化待遇和服务。

针对一些少数民族群众进入城市后不能很好适应城市生活和管理方式的问题，桂林加强法律法规宣传教育，引导少数民族群众自觉遵守国家法律和城市管理规定，做知法守法的公民。

通过不断探索，七星区少数民族服务中心建立了“双网格长”“双向管理”“多部门联席会商”“社会各界参与服务”4项机制，并得到推广。7名热心公益的少数民族群众担任市内各城区网格长，与社区干部密切配合，建立了“共听民意、共访民情、共商民事、共解民忧”的联合管理模式。少数民族输出集中地政府还派驻工作人员到服务中心参与“双向管理”，实现了原籍地与居住地联合、服务管理无缝对接。

针对少数民族同胞融入城市面临的一系列问题，七星区少数民族服务中心以语言为突破口，开设“石榴籽课堂”，组织少数民族同胞学习国家通用语言文字，加强技能培训，让大家每周参加“一课一歌一电影”，做到“三讲二学一唱”（宣讲党史、爱国主义、民族政策，学法律法规、国家通用语言文字和就业技能，唱红歌），累计培训人数达3500余人次，使该中心成为党的政策“宣讲站”、知识技能的“充电站”，让爱党爱国的精神根植于各族群众心中。

七星区辰山小学语文教师唐金玉在该中心负责国家通用语言文字培训已有两年。“学员们淳朴热情，每周一个小时的培训，学得十分认真。有的学生刚来时还不敢与人交流，通过学习培训不光能与本地人流利交谈，还能提笔用汉字写菜单和记账。”唐金玉说。

桂林市以铸牢中华民族共同体意识为主线，做好新时代城市民族工作，打造少数民族流动人口一站式服务平台，架设起政府与群众的连心桥。截至2021年12月，该市建成少数民族服务中心3个、少数民族流动人口服务站（联络站、咨询窗口） 79个、社区民族之家76个、少数民族流动人员党支部3个，全市136个社区中都配备有专职（兼职）民族工作干部，各民族群众共居共学、共建共享、共事共乐，形成互嵌式社会结构和社区环境，增进了“五个认同”，让少数民族流动人口在城市“住得下、融得进、能发展”，有效维护了全市民族团结进步、社会和谐稳定。

幸福之花开边疆

“2021年我每月收入平均有8000元左右，一年下来有10万元左右，房子建了3层半，买了小汽车。”崇左市宁明县爱店镇堪爱村板堪屯组长马建自豪地说起2021年的收获。

党的十九届六中全会强调要“团结带领全国各族人民不断为美好生活而奋斗”。广西壮族自治区第十二次党代会指出，要“加快少数民族聚居区发展”。近年来，宁明县持续铸牢中华民族共同体意识，

崇左市文艺工作者到田间地头开展新时代文明实践快闪活动，唱响民族团结之歌（卢文斐 摄）

不断加强民族村屯建设，推动各族人民群众团结一心，过上幸福生活。

堪爱村地处中越边境，是全国民族团结进步示范村，村民以壮族、瑶族为主。马建是村里的致富带头人，在屯里组建了建筑服务部，平时主要为邻里乡亲提供服务。

“我们村平时都有互相帮助的习惯，虽然我现在生活过得好了，但不会忘本，会帮助更多同胞一起过上好日子。”在马建看来，民族团结是生活和谐幸福的底色。

“现在，谁家有困难，首先想到的是请屯里的各族兄弟姐妹帮一把，大家相互关爱、相互扶持。”瑶族小伙赵振立说。

堪爱村里，一幢幢崭新的民居拔地而起，一面面鲜红的五星红旗在屋顶迎风飘扬。该县大力实施“边境之窗”项目，分别在爱店、桐棉、峙浪、寨安等4个边境乡镇的16个抵边村屯建设“国旗工程”点，激发边境地区各族群众的爱国热情，铸牢中华民族共同体意识。

村民们团结进步、携手共进。经过努力，2021 年堪爱村集体经济收入达 22 万元，人均收入超过万元。村里发生的变化大家都看得见，村民们的获得感、幸福感满满。

（四）边疆稳定平安家园

稳边固边，守好祖国边疆

治国必治边。

广西地处祖国南疆，陆地边境线长 696 公里。安边先安民，安民重安心。“十三五”以来，广西积极打造“边境民族团结进步模范长廊”，边民“五个认同”意识不断增强。边境基层党组织建设扎实推进，党政军警民“五位一体”合力强边固防机制不断完善，维稳控边能力进一步增强，保障了边境和谐稳定。

尖峰岭国防民兵哨所坐落在防城港市防城区峒中镇尚义村，该村与越南山水相连，村辖区边境线长 7 公里。哨长陆兰军每天带着哨兵巡边护碑，在崎岖的边境线上已经走了 32 年。

其实，陆兰军一家三代 6 人已为国守边 43 年。

1979 年 3 月，尖峰岭哨所建立后，陆兰军的父亲陆之方、二哥陆兰廷先后担任第一、第二任哨长。在父亲和兄长的影响下，1990 年陆兰军也当上了边防哨所的哨兵，1996 年调到尖峰岭哨所担任第三任哨长。

32 年来，陆兰军坚持在哨所所辖 24.5 公里长的边境线上步行巡逻，总行程约 7 万公里，相当于绕地球赤道一圈半多。陆兰军守卫的这段边境线，矗立着 26 块界碑，始终稳如磐石。在陆兰军的感召下，两个侄子、一个外甥也先后成为哨兵，他所在的尚义村 400 户人家中

防城港市防城区三代守边模范、尖峰岭哨所哨长陆兰军在中越边界护理界碑（李东岳 摄）

有350人当哨兵。

长期以来，广西边境一线各族边民肩负着保家卫国的责任，一个村就是一个哨所，一个边民就是一个哨兵，涌现出陆兰军、林成宝、凌尚前等一大批新时代各民族“爱国戍边模范”。

广西在边境所有村屯开展爱国主义教育品牌“国旗工程”，各族干部群众和广大解放军指战员、公安民警共同筑起国家安全、社会稳定、边境安宁的“三道防线”。

友谊关边境派出所主要担负友谊关国家一类口岸和浦寨、弄尧2个边贸点等15平方公里边境地区的治安管理工作，该所先后获得“全国民族团结进步模范集体”“全国公安机关成绩突出青年集体”等省部级以上荣誉表彰60余次。群众工作是争取民心、稳定民心、凝聚民心的系统性工作，更是确保国家长治久安的基础性工作。友谊关边境派出所教育引导边境各族群众继承和发扬爱国主义传统，自觉维护祖国统一、国家安全、社会稳定。

千里边境线上，广西不断创新边境社会治理方式方法，筑起了维护安全稳定的铜墙铁壁。

百色市德保县都安村，一片宁静祥和。这里治安良好，该村共有“零案件屯”11个，占全村总屯数的98.13%。该村以村警务室为主导，在每个屯成立了综治中心，综治中心下设若干个平安协作组，组建村屯义务巡防队。工作中，辖区派出所与村警务室联防，村警务室与村巡防队联防，村巡防队与屯平安协作组联防，屯平安协作组与党员群众联防。通过建立村社会治安防控新机制，该村综治维稳和平安建设工作取得显著成效。

靖西市积极打造“百里和谐边关示范带”，开展地企共建、村企共建活动；探索建立跨国民间纠纷调解机制，龙邦镇护龙村被司法部授予“全国模范人民调解委员会”称号。

千里边关国旗红

2002年起，广西在全国首创实施“国旗工程”，先后在边境一线、海疆一线和少数民族乡的行政村建设了国旗台（杆）。20年来，各地结合实际，不断创新举措，持续深化拓展国旗工程内涵，深入开展形式多样的爱国主义教育活动，大力弘扬爱国主义精神，使“国旗工程”这一广西特色爱国主义教育品牌熠熠生辉。如今，全区1513个“国旗工程”点常年悬挂国旗，成为千里边境线上最亮丽的风景。

2021年5月1日，当第一缕阳光洒在中越界碑上时，伴着雄壮的国歌，友谊关国旗护卫队队员迈着矫健的步伐，将鲜艳的五星红旗缓缓升起，早早赶来观摩的游客纷纷行注目礼。友谊关国旗护卫队是崇左市“国旗工程”的亮点，截至2021年5月，该国旗护卫队圆满完成了口岸升旗任务500余次。数百万出入境中外旅客领略了雄关国旗护卫队的风采。

“国旗工程”实施以来，崇左市始终把其作为深化爱国主义教育、国防教育和民族团结教育的重要抓手，建立健全爱旗护旗的长效管理机制，不断丰富国旗工程的内容和覆盖面，持续激发全市各族干部群众的爱国热情、国防意识、国家自豪感和民族自豪感。截至2021年5月，全市“国旗工程”已由最初的4个边境县市的56个行政村延伸到全市所有县市，共有“国旗工程”点110个、国旗街41条、国旗工程示范村（屯）等186个、国旗户8000多户，构筑了从边境向内地延伸、从乡村向城市发展的国旗工程体系格局。

百色市建立健全机制，市委宣传部统一领导，县委宣传部牵头组织，乡镇分管党务副书记具体负责，乡（镇）宣传委员、边境村（街）第一书记、挂点干部、村校校长、村（街）党（总）支部书记（村委主任）和屯干部“护国旗户”组成“国旗工程”护卫队，实施网格化管理，保证了“国旗工程”的日常管理。截至2021年5月，该市结合当地红色文化特色、边境文化特色、民族文化特色等建成“国旗工程”点210个，覆盖了7个县区。

东兴市将“国旗工程”与口岸文化、红色文化、民族文化深度融合，把国旗街建设扩大到市区所有街道，每到重大的节庆日，家家户户都挂国旗，成为旅游一景，树立了祖国南疆国门新形象。

地处中越边境法卡山脚下，群山环抱的上黎屯有26户100多人。屯里每户人家的院里，都飘扬着五星红旗。

边民下地干活时，远远看到国旗，心里就有底气，干得踏实，从心里感谢党的好政策，人人争当神圣国土守护者、幸福家园建设者。如今这里已建设成为幸福宜居村屯和法卡山爱国主义教育基地，户户住上了新房，出门就是干净的水泥路，种养有政府补贴，还有集体分红。

从靖西市龙邦镇护龙村到岳圩镇兴利村，沿线村屯鲜艳的五星红旗在阳光的映照下格外美丽壮观，传递出浓浓的爱国情怀和满满的正能量。

走进兴利村足英屯，60多岁的老党员、老护边员黄文范正在国旗下给屯里的青少年讲述守边故事。“守护国旗、看好界碑就是守护我们的家园。”黄文范曾是老民兵，经历过边境战火，对国旗有着特殊的感情。

近年来，靖西市在边境实施“屋顶一面旗、村头一盏灯、墙上一片瓦、山上一个池、地上一片绿”等五大工程，推动边境地区经济发展、民族团结、平安稳定，兴利村的百姓从中受益得实惠，爱边护边意识进一步提高。

广西沿边各市县依托“国旗工程”，结合五四青年节、六一儿童节、少先队建队日和开学季等，定期组织开展“国旗下的讲话”“国旗在我心中”“向国旗敬礼”等主题活动，引导广大青少年爱国爱旗护旗。

防城区坤闵小学是防城港市离边境最近的一所小学，学校的第一课，是面向鲜艳的国旗，从国旗的历史和故事开始讲起。该校负责人说，学校经常组织学生开展爱民固边活动，每月带领学生到界碑前，开展“爱国家，护界碑”活动。师生们擦拭界碑，为界碑序号填充红色，教育效果显著。学生黄群超的家距离边界线仅3米，紧邻界河坤闵江。他在校多次升旗、护旗，家国情怀已融入他的血脉中。他在学校经常跟同学讲，要爱护边境线上的设施，要懂得美好生活来之不易。

东兴市竹山小学的地理位置很特殊，紧邻中国大陆最南端海岸线的零起点，紧靠广西沿边公路的零起点。该校因地制宜开展“升国旗”开学第一课，用好两个零起点，大力开展爱国主义教育活动。

“在边就要守好边，守边就是守国，有国才有家。”该校负责人说，“沿边公路的建设，体现了党中央对边境（地区）人民的厚爱。我们经常教育学生感党恩、跟党走。”

法治守护“团结花”

在推动法治广西建设当中，广西运用法治思维和法治方式，谋划提高推进民族团结进步事业的能力水平，不断创新民族团结进步示范创建工作机制和手段。

广西每年启动“法治三月三”系列法治宣传教育活动，将广西少数民族传统文化与法治文化有机结合，通过形式多样、丰富多彩的活动，让文本上的法律条文“活”起来，走到群众身边，走进群众心里。

桂林市七星区少数民族服务中心成立矛盾纠纷排查化解工作小组，派驻公益律师提供免费咨询，成功化解各类矛盾纠纷。“我们把维护各民族群众合法权益纳入法治化轨道。2021 年以来共帮助调解矛盾纠纷 11 起，线上线下咨询的就更多了。”该中心的公益律师介绍。

防城港市出台《防城港市京族文化保护条例》，为保护少数民族文化提供法治保障。全市所有社区都设立有少数民族之家，解决少数民族特别是城市外来少数民族在生活中遇到的困难。

柳州市将城市民族工作延伸和落实到社区网格，引导少数民族群众参与社区党建共创、文明共建、治安共管、卫生共抓等共创共建活动，构建共建共治共享的社会治理格局。

2021 年，柳州市两级法院紧扣“中华民族一家亲，同心共筑中国梦”主题，坚持以人民为中心，一手抓审判执行工作，一手抓民族团结进步创建工作，不断巩固和发展平等团结互助和谐的社会主义民族关系，以法为线，将文化、语言、习俗不尽相同的各民族牢牢串起，凝成最坚固的绳索。

2018年以来，柳州中院积极推动壮汉双语法官评定工作，支持双语法官在调解审判中化解少数民族群众纠纷，依法保障各族群众的合法权益。在执法办案中充分尊重少数民族群众的宗教信仰和风俗习惯，注重总结适合化解少数民族纠纷的机制，让村寨较有威望的寨老参与调解，妥善化解涉少数民族纠纷，努力将矛盾化解在基层，解决在萌芽状态。

后记

“小康”一直是千百年来中国人民最朴素的愿望和憧憬，是中华民族自古以来追求的理想社会状态。2021 年 7 月 1 日，习近平总书记在庆祝中国共产党成立 100 周年大会上的重要讲话中庄严宣告：“经过全党全国各族人民持续奋斗，我们实现了第一个百年奋斗目标，在中华大地上全面建成了小康社会，历史性地解决了绝对贫困问题，正在意气风发向着全面建成社会主义现代化强国的第二个百年奋斗目标迈进。”全面建成小康社会标志着中国共产党向全国人民交出了一份彪炳史册的答卷，兑现了“把人民对美好生活的向往作为奋斗目标”的承诺，践行了中国共产党人为中国人民谋幸福、为中华民族谋复兴的初心和使命。

广西是全国脱贫攻坚主战场之一。党的十八大以来，在以习近平同志为核心的党中央坚强领导下，广西壮族自治区党委、政府团结带领各族人民艰苦奋斗、砥砺前行、攻坚克难，经过多年大规模持续奋战，如期打赢脱贫攻坚战，所有贫困地区、贫困人口与全国各地、全国人民一道迈入全面小康社会。从贫穷落后到繁荣振兴，从偏远闭塞到开放前沿，从温饱不足到全面小康……八桂儿女用苦干实干、实绩实效，书写了决战决胜脱贫攻坚、全面实现小康社会的壮美篇章。

为了全面记录广西全面建成小康社会的伟大历程，展现广西取得的辉煌成就和发生的深刻变化，根据中央宣传部的统一部署，广西壮族自治区党委宣传部组织策划、编写了“纪录小康工程”地方丛书。《全面建成小康社会广西变迁志》是丛书中的一本，全书紧扣“全面建成小康社会”的目标要求，立足八桂大地从贫穷落后到繁荣振兴、从告别绝对贫困到全面小康、从相对封闭的边陲地区到面向东盟开放前沿的变迁历程，从《广西日报》近年来刊发的各类综述性报道、通讯中精选有时代性的典型事件，以小见大地展现广西的沧桑巨变。

广西日报社具体负责本书的编写工作，各部分编写者：第一部分，吕欣；第二部分，李湘萍、郑柳芩；第三部分，吕欣、师晓鹃、李湘萍；第四部分，吕欣；第五部分，郑柳芩；第六部分，李湘萍。统稿：吕欣。黎攀同志负责本书的统筹工作。在本书编写过程中，编写组选取了广西日报社多名记者、通讯员采写的近 150 篇稿件，还参考了多位专家学者提供的大量资料，在此一并表示感谢！

本书内容丰富，时间跨度长，虽数易其稿，仍然存在许多不足之处，恳请读者批评指正。

本书编写组

2022 年 6 月